AF410949

NOUVEAU MANUEL

DU

FABRICANT DE COULEURS

Ch. COFFIGNIER

INGÉNIEUR-CHIMISTE (E. P. C.)

DIRECTEUR DE L'USINE DES COULEURS ET VERNIS « ASTRAL »

RÉDACTEUR EN CHEF DE LA « *Revue de Chimie Industrielle* »

NOUVEAU MANUEL

DU

FABRICANT DE COULEURS

PROCÉDÉS GÉNÉRAUX DE FABRICATION — LAQUES — COULEURS LAQUÉES
COULEURS MINÉRALES — BROYAGE DES COULEURS — PEINTURES
PRÉPARÉES — PEINTURES VERNISSÉES — AQUARELLE
— GUACHE — PASTEL — ENCAUSTIQUES —
DÉCAPANTS

PARIS

Librairie Bernard TIGNOL

PUBLICATIONS DE LA

LIBRAIRIE de L'ÉCOLE CENTRALE des ARTS et MANUFACTURES

53 *bis*. Quai des Grands-Augustins, 53 bis.

INTRODUCTION

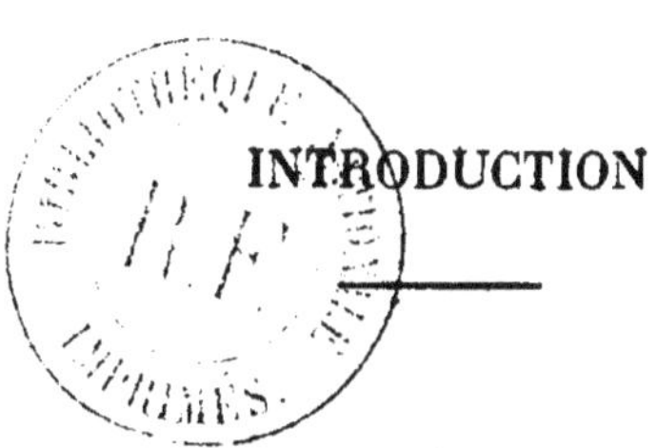

Dans l'ouvrage que nous présentons au public, nous nous sommes attaché à traiter avec détails les couleurs véritablement commerciales ; nous avons laissé dans l'ombre un grand nombre de produits n'ayant, pour ainsi dire, qu'un intérêt historique, nous contentant de les signaler en quelques lignes.

Nous avons divisé notre travail en trois parties.

La première partie examine les propriétés générales des couleurs et les procédés généraux de fabrication. Contrairement à ce qui existe dans les ouvrages similaires, nous nous sommes étendu sur les procédés généraux, qui méritent de fixer l'attention. De cette façon, nous avons pu décrire la préparation de toutes les couleurs sans répétitions, les opérations communes ayant été développées une fois pour toutes. Les laques et les couleurs laquées, à peine signalées antérieurement, font l'objet de deux chapitres spéciaux.

Dans la seconde partie, consacrée à la fabrication des différentes couleurs, nous avons fourni le plus possible de détails sur une couleur peu connue il y a quelques années, *le lithopone*, et sur une autre, on peut dire inconnue, *le sulfure de zinc*.

La troisième partie contient tout ce qui a trait à la préparation et à l'emploi des couleurs : broyage, peintures préparées, peintures vernissées, etc.; la préparation des gouaches, des pastels et des couleurs pour l'aquarelle.

Tels sont les points principaux qui nous paraissent caractériser ce nouveau volume.

Ch. Coffignier.

PREMIÈRE PARTIE

CHAPITRE PREMIER

GÉNÉRALITÉS

L'industrie des couleurs peut être divisée en deux grands groupes :

1° L'industrie des couleurs industrielles;

2° L'industrie des couleurs fines.

Il n'est pas rare qu'une fabrique de couleurs ne produise que des couleurs industrielles, et les plus grandes installations de France nous en fournissent des exemples. Les couleurs fines, très nombreuses, et demandant un grand soin dans la fabrication, sont quelquefois préparées dans de petites usines, dont chacune a une réputation plus ou moins grande pour un certain nombre de produits. Pourtant, depuis un certain nombre d'années, en France comme à l'étranger, de grandes usines ont centralisé cette fabrication à laquelle elles ont fini par adjoindre celle des couleurs industrielles.

Les préparations que l'on fait subir à ces deux genres sont très variables.

Pour la facilité des recherches nous avons adopté une division en deux parties:

1° Couleurs industrielles et couleurs fines ;

2° Préparation des couleurs.

Dans la première partie, nous traiterons uniquement de la fabrication des couleurs en poudre.

Dans la deuxième partie, nous passerons en revue les broyages à l'huile, à l'essence, la préparation des couleurs pour tableaux, aquarelle, gouache, etc.

Il est bien évident que cette séparation en couleurs fines et en couleurs industrielles n'est pas absolue. Mais la séparation est assez nette, à un certain moment, pour qu'il nous soit possible d'adopter cette division.

HISTORIQUE

Les couleurs ont été en usage depuis la plus haute antiquité. A l'époque d'Apelle, il n'était fait usage que de quatre couleurs (1) : un *blanc* (que l'on croit être le carbonate de chaux), des ocres *jaune* et *rouge* et un *noir*.

Plus tard, d'après les écrits de Théophraste, Pline et Vitruve, la palette devient plus riche car elle contient des blancs, des noirs, des bruns, des rouges, des jaunes, des bleus et des verts (2).

Quand furent pratiquées des fouilles aux bains de Titus, à Rome, Davy fit toute une série d'analyses des couleurs trouvées dans des pots ou détachées de fragments de stuc. Les blancs étaient composés, dans le plus grand nombre des cas, d'un mélange de craie et d'argile. De son côté, Mérimée, en examinant le blanc des Egyptiens, émit l'opinion que c'était uniquement du sulfate de chaux. Davy, dans toutes ses recherches, n'a jamais trouvé trace de céruse. La chose mérite d'être signalée, car Vitruve et Pline décrivent parfaitement la fabrication de cette couleur.

« Les Rhodiens mettent des sarments dans des tonneaux avec une certaine quantité de vinaigre, puis ils placent des lames de plomb sur les sarments ; enfin, ils ferment les tonneaux avec des couvercles. En les ouvrant au bout d'un certain temps, on trouve le plomb changé en céruse. »

Ainsi s'exprime Vitruve. Pline dit : « On introduit des lames

---

(1) Halpein. *Couleurs et vernis*, p. 1.
(2) Manuel Roret. *Fabrication des couleurs*, p. 1 à 22.

de plomb dans des outres contenant du vinaigre, qu'on laisse bouchées pendant 8 jours. Sur ces lames il se dépose une crasse qu'on enlève ; on les replonge ensuite dans les outres, on les racle de nouveau au bout de quelque temps et ainsi de suite jusqu'à ce que la matière manque. »

C'est la genèse du procédé hollandais, encore pratiqué de nos jours, où la fabrication électrolytique de la céruse ne semble pas donner les résultats qu'on en attendait.

Grecs et Romains utilisaient surtout cette couleur comme blanc de fard, utilisation piquante devant l'interdit dont est victime la céruse en ce moment.

Les blancs de plomb couvrent très bien, et l'on pourrait dire qu'ils sont parfaits, s'ils n'avaient le grave défaut de noircir sous l'influence des émanations sulfureuses. Thénard a bien proposé un remède : l'emploi de l'eau oxygénée, qui transforme le sulfure de plomb, noir, en sulfate, blanc. Mais, dans le cas particulier des tableaux, ce n'est là qu'un palliatif qui peut être pire que le mal, quand on opère sur un tableau où de nombreuses couleurs se trouvent réunies.

Les anciens ne connaissaient pas le blanc de zinc. C'est à la fin du XVIIIe siècle qu'un chimiste français, Courtois, en proposa l'usage. Cet oxyde de zinc, qui couvre moins bien que la céruse, rend pourtant de grands services, notamment pour éteindre certaines nuances, le vermillon, par exemple, qui noircirait à la longue si on le mélangeait à la céruse. De plus, c'est un blanc qui ne craint pas les émanations sulfureuses.

Depuis un certain nombre d'années, l'industrie s'est enrichie d'une nouvelle couleur blanche, le *lithopone,* mélange de sulfure de zinc et de sulfate de baryte, avec de petites quantités d'oxyde de zinc. Cette couleur, déjà très employée, paraît avoir un très bel avenir. Il convient d'ajouter le sulfure de zinc pur.

Les bruns des anciens renfermaient de l'oxyde de manganèse ; ceux que l'on remarque dans les peintures de la *Noce Aldobrandine* ont été obtenus par un mélange d'une ocre avec des noirs.

L'ocre rouge, qui était tirée d'Egypte, s'obtenait, comme maintenant d'ailleurs, par calcination de l'ocre jaune. Davy a trouvé, aux ruines des bains de Titus, quatre couleurs rouges qu'il a reconnu être deux ocres différentes, du minium de plomb et du vermillon.

D'après Pline, le minium fut découvert à la suite d'un incendie au Pirée, l'action de la chaleur ayant transformé la céruse en une couleur rouge. Il est intéressant de remarquer que, si ce n'est pas ainsi que l'on prépare actuellement le minium, c'est une méthode toute semblable que l'on utilise pour la fabrication de la mine-orange, dont la constitution chimique est analogue à celle du minium.

Il est également certain que les anciens savaient faire des laques, végétales ou animales, Davy n'étant pas arrivé à une conclusion ferme, à la suite des nombreuses recherches qu'il fit sur une couleur d'un beau rose pâle, trouvée dans les bains de Titus.

L'industrie des laques, surtout depuis la fabrication des matières colorantes artificielles, a pris une importance considérable.

Dans les jaunes examinés par Davy, il y avait, à côté de l'ocre, très fréquemment rencontrée, du *massicot* (oxyde de plomb), ce qui n'a rien de surprenant puisque les anciens connaissaient le minium et la céruse.

Nous sommes moins pauvres à cette heure et l'industrie moderne produit un grand nombre de couleurs jaunes : les jaunes de chrome, les jaunes de cadmium, dont les variétés de nuances permettent de constituer toute une gamme, sont des couleurs produites journellement. Les jaunes de chrome ont un bon pouvoir couvrant et une inaltérabilité assez grande à la lumière. Malheureusement, comme toutes les couleurs contenant du plomb, ils noircissent sous l'influence des émanations sulfureuses. Les jaunes de cadmium (sulfure de cadmium), bien purs, sont d'une stabilité parfaite ; ils résistent admirablement à la lumière et sont susceptibles de se mélanger à toutes les couleurs sans qu'il y ait d'altération.

Sur les couleurs bleues, l'attention doit se fixer d'une façon toute spéciale, car elles montrent bien à quelle perfection les anciens étaient arrivés. Vauquelin a retrouvé dans des tombeaux égyptiens une couleur bleue dont la solidité est au plus haut point remarquable, puisqu'elle nous est parvenue intacte après trente siècles d'existence. C'est à Alexandrie que se fabriquait le bleu des anciens. Vauquelin a reconnu, à l'analyse, la présence de l'oxyde de cuivre, à côté de silice et de bases alcalines et alcalino-terreuses. Cette couleur est remplacée, de nos jours, par les cendres bleues, dont la fabrication est encore un secret.

Voici les résultats de l'analyse faite par Vauquelin :

Silice	70
Chaux	9
Oxyde de cuivre	15
Oxyde de fer	1
Soude et potasse	4

Les cendres bleues anglaises sont bien supérieures aux cendres bleues françaises, mais toutes deux se prêtent mal à la peinture à l'huile et n'ont pas cette solidité remarquable du bleu des anciens.

Il est juste de ramarquer que nous disposons maintenant d'une série de bleus pouvant faire bonne figure : le bleu de cobalt (silicate double de cobalt et de potasse) résiste très bien aux émanations sulfureuses et à la chaleur, à l'action de la lumière, des acides et des alcalis, mais il a le défaut de paraître violet à la lumière du gaz ou des bougies. Le bleu cœruleum (stannate de cobalt) avec toutes les propriétés de résistance du bleu de cobalt, a, sur ce dernier, l'immense avantage de conserver sa teinte bleue, légèrement verdâtre.

Quant à la découverte de l'outremer artificiel (1), elle nous a permis l'emploi d'une couleur qui joint à une très grande richesse de ton une remarquable solidité et la précieuse qualité de se mélanger à toutes les autres couleurs sans les altérer. Il résiste à l'action de la lumière, des alcalis et des émanations sulfureuses. Il est malheureusement détruit par les acides dilués, et il paraît noirâtre à la lumière artificielle.

Davy, en examinant les couleurs vertes trouvées dans les bains de Titus, remarqua qu'elles étaient toutes à base de cuivre ; pourtant, elles n'avaient rien de commun avec le vert de Schweinfürth ou le vert de Scheele, puisqu'à l'examen le plus attentif

(1) Guimet en 1828.

Davy ne découvrit pas trace d'arsenic. Il est certain, également, que les anciens connaissaient le vert-de-gris.

Vitruve, après avoir décrit la fabrication de la céruse, ajoute : « L'œrugo ou œruca (vert-de-gris) se fait de la même manière, en remplaçant les lames de plomb par les lames de cuivre. » On pense même que certains verts anciens, qui sont aujourd'hui des carbonates de cuivre, furent mis en œuvre à l'état d'acétates.

Enfin, Davy a encore trouvé un vert d'une nuance olivâtre qui n'était autre chose qu'une terre naturelle, encore en usage sous les noms de *terre verte* ou de *terre de Vérone*. C'est une argile renfermant un assez grand nombre d'impuretés (oxyde de fer, magnésie, soude, chaux). Cette couleur est inoffensive et d'une solidité à toute épreuve. Sa nuance est assez terne et nous avons eu en mains un échantillon qui nous était garanti terre de Vérone véritable dont la nuance était encore plus sale que celle des terres vertes couramment employées dans l'industrie.

Si l'on ajoute à toutes les couleurs dont nous venons de parler rapidement quelques couleurs plus modernes que nous n'avons pas eu occasion de signaler, on aura une idée assez exacte de l'ensemble des produits de l'industrie des couleurs.

Au commencement du xviiie siècle, Dippel et Diesbach préparèrent le bleu de Prusse, assez peu employé à l'état de pureté, mais rentrant dans la composition des bleus charrons, des verts anglais, des verts de zinc et des verts à voitures.

Vers la même époque, Rusz et Sattler lancèrent, sous le nom de *vert de Schweinfürth*, une belle couleur verte, arsénite et acétate de cuivre, encore employée maintenant. Plus récemment, M. Guignet a doté l'industrie d'une couleur très solide et très belle, connue sous le nom de vert émeraude (1) ; c'est un oxyde de chrôme hydraté.

Signalons encore le très beau violet de Leykauf (phosphate de cobalt), dont M. Lefèvre, de Dijon, a rendu la fabrication industrielle.

Toutes les tentatives de l'industrie moderne ont eu pour but de mettre la chimie à contribution, pour produire des couleurs très

____

(1) Brevet de juillet 1859.

éclatantes à très bas prix. C'est ainsi que la fabrication des verts anglais, par exemple, dans le domaine des couleurs minérales, a pris une place telle que la production annuelle se chiffre par un nombre très respectable de tonnes.

Les couleurs laquées, obtenues à l'aide de la série si vaste des couleurs d'aniline, ont permis de créer toute une classe de couleurs dont le nombre va tous les jours en augmentant. A tel point que les laboratoires des fabriques de couleurs ont constamment à faire des essais de laquage, au fur et à mesure qu'apparaissent de nouvelles matières colorantes. Il est vrai que ce soin leur est largement évité par les fabriques de matières colorantes qui, trouvant un débouché sérieux pour leurs produits dans la fabrication des couleurs, travaillent beaucoup la question du laquage et font profiter les fabricants de couleurs des résultats intéressants qu'ils peuvent trouver.

Dans cet ordre d'idées, la fabrication des couleurs trouve un concours de première utilité.

PROPRIÉTÉS FONDAMENTALES DES COULEURS

La fabrication des couleurs exige une connaissance sérieuse de la chimie, à moins de rester continuellement dans l'ornière de la routine. S'il est nécessaire de connaître certains tours de main indispensables, il est néanmoins certain qu'il y a, dans les recettes employées encore par quelques petits fabricants, des inutilités qu'un chimiste reconnaît de suite. Aussi, n'est-il pas rare de voir certains fabricants ne pas pouvoir lutter contre les prix de maisons bien organisées. Souvent la cause unique ne réside pas, comme ils le croient, dans un outillage plus perfectionné, mais surtout dans une mauvaise utilisation des produits mis en œuvre.

Des auteurs déjà anciens, mais versés dans la chimie, ont reconnu les difficultés qu'il y a à vaincre pour mener à bien la fabrication des couleurs. En 1803, Tingry, professeur à Genève, écrivait : « La composition des parties colorantes que nous suivrons dans cette seconde partie, demande des procédés plus étendus, plus variés et dont la théorie exige assez de connaissances préliminaires » (1).

Les propriétés fondamentales qu'on exige des couleurs sont les suivantes :

1° *Solidité*. — Les couleurs les meilleures sont celles qui résistent le mieux aux influences extérieures : action des acides, des bases et surtout de la lumière.

La lumière solaire a une action particulièrement destructive sur un assez grand nombre de couleurs ; nous avons eu occasion de le voir à propos des différentes couleurs. Cette action de la lumière explique pourquoi certaines nuances ne disparaissent pas tout à fait, mais se modifient considérablement : les verts anglais, par exemple, dans lesquels la matière colorante est un mélange de bleu de Prusse et de jaune de chrôme, *passent* rapidement sous l'action de la lumière. Le bleu de Prusse, en effet, est complètement et assez rapidement détruit, tandis que le jaune de chrôme ne change pour ainsi dire pas. Aussi, après une exposition plus ou moins longue, les verts les plus bleus deviennent-ils jaunes.

Quant aux acides, nous avons vu que leur action est tellement marquée sur certaines couleurs que, même étendus, ils les détruisent complètement. L'acide sulfureux, dont on connaît la réaction classique sur les violettes, décolore les laques à base de matières colorantes végétales.

En résumé, le fabricant doit s'attacher le plus possible à produire des couleurs solides. Mais les exigences du commerce l'obligent à fabriquer quantité de produits d'une solidité illusoire.

Il est intéressant de remarquer que, si les composés chimiques ont, en général, une action mauvaise sur les couleurs, il est des cas, au contraire, où ils les développent.

C'est ainsi que W. Weshle dit transformer le sulfure noir de mercure, par ébullition avec du sulfure d'antimoine et de potassium, en sulfure rouge ou vermillon. Les deux modifications ont la même constitution chimique. Enfin, M. Ringault, en 1859,

(1) *Traité théorique et pratique sur l'art de faire et d'appliquer les vernis* tome second, page 2.

a indiqué comme mode d'avivage du vermillon un lavage à l'acide nitrique.

2° *Pouvoir couvrant.* — On entend par pouvoir couvrant la propriété des couleurs de masquer complètement le fond sur lequel on les applique. Certaines couleurs couvrent en une couche, d'autres, au contraire, demandent plusieurs couches. Plus une couleur sera opaque, plus elle couvrira. Sous ce rapport, le procédé de fabrication a une grande action : le sulfate de baryte précipité couvre bien mieux que le sulfate naturel.

On utilise également la propriété transparente, contraire au pouvoir couvrant, pour produire ce qu'on appelle des effets de *glacis.*

Quand on charge les couleurs, dans le but de diminuer leur prix de revient, il ne faut pas dépasser une certaine limite, déterminée précisément par le pouvoir couvrant (1).

3° *Finesse.* — La finesse des couleurs en poudre est une qualité de plus en plus exigée, surtout pour les couleurs employées en carrosserie. Et on comprend aisément qu'il en soit ainsi. Plus une couleur sera fine, plus la peinture qu'elle donnera sera unie et moins pénible sera le travail de ponçage.

Les fabricants de couleurs obtiennent une grande finesse en soignant les opérations du broyage et du tamisage, opérations dont nous parlons plus loin. Il convient d'examiner particulièrement les tamis dont les toiles ne doivent présenter aucune déchirure.

4° *Innocuité.* — Beaucoup de couleurs industrielles sont des poisons plus ou moins violents. Exception faite pour la céruse, aucune réglementation ne régit l'usage des couleurs industrielles. Remarquons en passant que cette réglementation sur la céruse fait qu'on se demande pourquoi des couleurs, comme les rouges laqués, contenant jusqu'à 95 % de minium ou mine-orangé, ne sont soumis à aucun contrôle.

Quelques couleurs étant employées pour les matières alimen-

---

(1) Le pouvoir couvrant ainsi défini peut-être dit *par opacité*. On désigne encore, sous le nom de pouvoirs couvrants, les surfaces plus ou moins grandes *recouvertes* par un même poids de diverses couleurs. On pourrait ajouter : pouvoirs *couvrants en surface.*

taires ou les jouets, le Conseil d'hygiène en a fait interdire un certain nombre.

Nous donnons ci-dessous, d'après M. Guignet (1), la reproduction des ordonnances.

Ordonnance du 8 juin 1881.

Ordonnance du 3 juillet 1883.

Ordonnance du 21 mai 1885.

(Sucreries, bonbons ; papiers servant à envelopper les substances alimentaires.)

Couleurs minérales interdites :
Cendres bleues, Bleu de Montagne.
Massicot. Minium. Mine-orange. Jaunes de Cassel, de Turner, de Paris.
Blanc de plomb. Céruse. Blanc d'argent. Jaune de Naples (antimoniate de plomb). Jaunes de chrôme, de Cologne. Sulfate de plomb.
Chromate de baryte. Outremer jaune.
Vert de Schéele. Vert de Schweinfürth.
Vermillon (sulfure de mercure).
Gomme-gutte. Aconit napel.
Couleurs organiques :
Fuchsine et dérivés immédiats, tels que bleu de Lyon.
Eosine.
Matières colorantes renfermant au nombre de leurs éléments de la vapeur nitreuse, tels que : jaune de naphtol, jaune victoria. Matières colorantes préparées à l'aide des composées diazoïques, tels que : tropéoline, rouges de xylidine, etc.

Ordonnance du 5 avril 1884.

(Concernant les jouets.)

Produits interdits.
Couleurs arsénicales : vert de Schéele, de Schweinfürth, vert métis.

____

(1) *Encyclopédie chimique.* Fabrication des couleurs, p. 3.

Oxyde de plomb : massicot, minium, blanc de plomb (céruse, blanc d'argent).

Jaune de chrôme.

Préparations de mercure, telles que vermillon.

Sels de cuivre, tels que cendres bleues.

Exception pour les articles de fer battu et les ballons de caoutchouc, vernis au vernis gras, pour lesquels on tolère :

Les jaunes de chrôme.

Le blanc de plomb.

Le vermillon.

Depuis 1885, des circulaires ministérielles sont venues modifier les précédentes ordonnances.

M. Guignet, dans l'ouvrage cité plus haut, disait que ces ordonnances, déjà remaniées, étaient l'objet d'une nouvelle étude.

Voici les modifications que nous avons trouvées. Le texte intégral des circulaires que nous citons se trouve dans le *Recueil des travaux du Comité consultatif d'hygiène publique de France* ; nous sommes heureux de pouvoir remercier ici M. Bonjean, chef du laboratoire du Comité, qui a bien voulu mettre à notre disposition les documents cités.

Circulaire du 5 août 1887.

(Coloration des jouets d'enfants.)

Verts à l'arsenic (verts métis, vert de Schweinfurth, etc.).

Sels de plomb solubles à l'eau et aux acides. Céruse, jaunes de chrôme, etc., en un mot, toutes les couleurs du plomb.

Exceptionnellement, le vermillon et le chromate de plomb sont autorisés, à condition d'être employés aux vernis gras ou à l'alcool. La céruse est également autorisée pour les ballons, sous réserve d'être employée aux vernis gras.

Circulaire du 29 décembre 1890.

(Substances alimentaires.)

Composés de cuivre. Cendres bleues. Bleu de Montagne.

Toutes couleurs du plomb.

Chromate de baryte.

Couleur arsénicales.

Vermillon.

Par exception, sont autorisées pour bonbons, pastilles, glaces, liqueurs, sucreries, pâtes de fruits :

Eosine. Erythrosine. Rose bengale. Phloxine.

Rouges Bordeaux. Ponceaux.

Fuchsine acide.

Jaune acide.

Bleu de Lyon. Bleu Lumière.

Vert malachite.

Violet de Paris.

Par suite, toutes les laques faites avec ces matières colorantes sont autorisés, si le support de la matière colorante n'est pas interdit.

En 1890, une circulaire ministérielle, également du 29 décembre, a interdit les mêmes couleurs pour les papiers d'emballage des substances alimentaires.

THÉORIE DES COULEURS

Phénomènes de coloration

La théorie physique des couleurs, telle qu'elle est admise maintenant, a été établie en grande partie par Chevreul qui, de 1839 à 1884, a constamment publié des mémoires et des ouvrages sur une question à laquelle il a consacré une grande partie de sa belle carrière scientifique (1).

Nous ne pouvons entrer ici dans de grands détails. Nous nous contenterons d'indiquer les grandes lignes de la théorie des couleurs, renvoyant le lecteur aux ouvrages spéciaux, notamment aux publications de Chevreul :

1° *De la loi du contraste simultané des couleurs et de l'assortiment des objets colorés considérés d'après cette loi.* Paris, 1839.

____

(1) On trouvera dans l'encyclopédie chimique, *Fabrication des couleurs,* page 232, la liste complète des travaux de Chevreul, ainsi qu'un résumé parfait de la théorie physique des couleurs.

2° *Des couleurs et de leurs applications aux arts industriels à l'aide des cercles chromatiques.* Paris, 1861.

Newton, à la fin du xvıı⁰ siècle, fut le premier à étudier scientifiquement le rayon de lumière blanche qui paraît être si simple et est, au contraire, décomposable. Il est composé de 7 rayons colorés : violet, indigo, bleu, vert, jaune, orangé, rouge. Cette décomposition se fait très simplement, à l'aide d'un prisme de verre. Un rayon, après avoir traversé ce prisme, donne, sur un fond blanc, une image colorée, composée des nuances citées plus haut : cette image a reçu le nom de *spectre solaire*. Le rayon violet est celui qui est le plus fortement dévié, le plus *réfrangible*.

Toutes les nuances du spectre sont d'une pureté remarquable, que l'on n'obtient jamais par le mélange de ce que l'on a appelé les 3 nuances primitives : bleu, rouge et jaune. On peut, en effet, constituer les 7 nuances du spectre par des mélanges judicieux de ces 3 couleurs : c'est ainsi que le bleu et le jaune donnent du vert, le bleu et le rouge du violet ou de l'indigo (selon que le rouge ou le bleu domine), etc.

Si la lumière blanche est décomposée par le prisme, le mélange des couleurs obtenues donne, par contre, la sensation du blanc. L'expérience classique du disque de Newton le démontre. Le disque est peint à l'aide des 7 couleurs du spectre ; en le faisant tourner très rapidement, il paraît blanc.

Il semble que Newton ait eu un prédécesseur au point de vue de sa conception des couleurs :

« Isaac Nossius, qui vivait avant Newton, avait pressenti, avait même avancé que les couleurs variées qui teignent les objets qui se présentent à nos yeux, résidaient dans les rayons solaires. Mais cette théorie, isolée de toute espèce de résultat capable de servir d'autorité, fut mise au nombre des ingénieuses hypothèses qui occupoient les physiciens de son temps. » (1).

Cet Isaac Nossius était un savant allemand, né en 1577, mort en 1649. Quant à Newton, il est né en 1642 et mort en 1727.

____

(1) Tingry. *Traité théorique et pratique sur l'art de faire et d'appliquer les vernis*, p. 124, tome II.

Cette décomposition de la lumière premet d'expliquer simplement les diverses perceptions colorées. La matière peut, en effet, retenir parfois un certain nombre de rayons colorés qu'elle absorbe ; de sorte que notre rétine ne perçoit que le reste des rayons émis dont le mélange constitue une couleur qui est celle que nous attribuons au corps. Supposons une substance absorbant tous les rayons du spectre, moins le rayon rouge, ce dernier seul impressionnera notre rétine et nous dirons que la substance est rouge.

Un corps absorbant tous les rayons du spectre est un corps noir ; celui n'en absorbant aucun est un corps blanc.

En pratique, les corps blancs ne sont pas des mélanges formés des couleurs du spectre. Ce sont des variétés chimiques réfléchissant la lumière sans lui faire subir les décompositions dont nous venons de parler.

Quand un corps transparent reçoit de la lumière blanche, une partie des rayons est réfléchie, tandis que l'autre traverse le corps en donnant réciproquement une *couleur réfléchie* et une *couleur transmise*. Souvent ces 2 couleurs sont identiques ; quelquefois elles sont dissemblables. Dans ce dernier cas, le deuxième mélange des 2 couleurs, réfléchie et trasmise, donne du blanc : on dit que les 2 couleurs sont *complémentaires*. Une lame très mince d'or est jaune orangé par réflexion et vert bleuâtre par transparence.

Cette définition des couleurs complémentaires nous montre de suite que, quand un rayon lumineux agit sur un corps, la couleur absorbée est la complémentaire de la couleur réfléchie.

Le tableau suivant indique les principales couleurs avec leurs complémentaires :

Bleu est complémentaire de Orangé.

Rouge est complémentaire de Vert.

Jaune est complémentaire de Violet.

Jaune-vert est complémentaire de Violet-rouge.

Et ainsi de suite pour toutes les couleurs composées.

Le mélange des 3 couleurs bleu, rouge, jaune, permet d'obtenir toutes les autres nuances. Ainsi, le bleu et le rouge donnent du violet ou de l'indigo, selon que le rouge ou le bleu domine ; le bleu et le jaune, selon les proportions de chacun d'eux, fournissent toute une série de verts, du vert bleuâtre au vert jaunâtre. Les effets du coloris, au point de vue artistique, demandent, pour être bien connus, une étude assez longue. Nous renvoyons le lecteur que ces détails intéressent particulièrement à l'ouvrage de J. G. Vibert, chapitre III (1). Il est regrettable que cet auteur, dans le chapitre suivant de son volume, ait présenté les admirables travaux de Chevreul sous le couvert du ridicule. Il est vrai que le volume se termine par une réclame, analogue à celle que l'on trouve dans l'ancien traité de Watin, qui avait au moins l'excuse d'être à la fois fabricant et auteur.

Nous avons vu plus haut de quelle façon était décomposée la lumière solaire par son passage à travers le prisme. Au delà des rayons violets et des rayons rouges il existe d'autres rayons invisibles : ultra-violets et infra-rouges. Les premiers se manifestent par leurs actions chimiques (*rayons photo-chimiques*), les seconds par leur action thermique (*rayons calorifiques obscurs.*)

La couleur d'un corps change avec la nature de la lumière servant à l'éclairer. Une lumière monochromatique, c'est-à-dire envoyant des rayons d'une seule couleur, ne changera pas la nuance des objets blancs ou ayant la même couleur, mais elle fera paraître tous les autres noirs, ou d'un noir teinté de cette couleur si la nuance des corps est mélangée de blanc.

Classification des couleurs

Chevreul a donné un mode de classification, basé sur l'emploi d'un cercle divisé, dit *cercle chromatique*. La circonférence est divisée en 12 parties égales, et on forme 12 secteurs égaux en traçant des rayons partant du centre et aboutissant aux points de divisions (fig 1).

Les 3 couleurs dites fondamentales seront placées à distances égales en 1, 5 et 9. Le rayon rouge prolongé donnera un rayon placé à égale distance du jaune et du bleu, ce sera le n° 7, rayon vert (mélange de jaune et de bleu) ; même raisonnement

(1) La science de la peinture, p. 39 à 69.

pour le rayon 11, violet, et le rayon 3, orangé. Chacun des 6 secteurs obtenus ainsi, partagé en 2 parties, nous donnera un nouveau rayon, 2, par exemple, qui sera rouge orangé, et ainsi de suite.

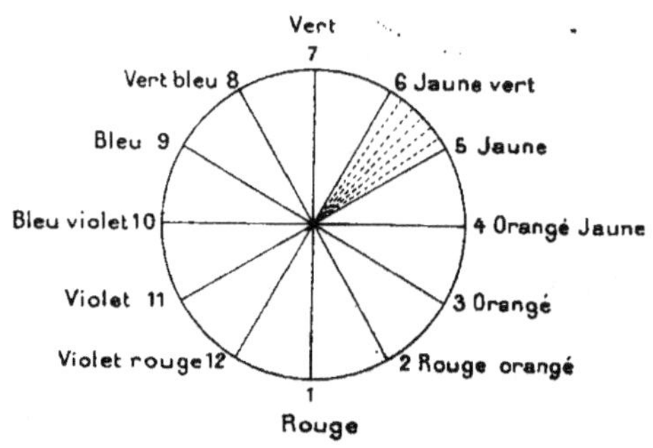

Fig. 1.

Enfin, chacun de ces 12 secteurs, partagé lui-même en 6 parties égales, comme le représente la figure entre 5 et 6, permettra de passer d'un nuance à une autre. C'est ainsi qu'on dira en 5 jaune, ensuite jaunes 1, 2, 3, 4, 5, pour arriver en 6 au jaune-vert.

Le cercle ainsi construit permet donc de désigner nettement 72 couleurs franches.

Couleurs dégradées

Les 72 couleurs franches, obtenues comme nous venons de le dire, sont susceptibles de donner chacune, par mélange avec des quantités croissantes de blanc, des couleurs de nuances de plus en plus affaiblies dites *couleurs dégradées.* Chevreul a indiqué un mode de désignation basé sur une dégradation en 20 étapes, de la nuance franche au blanc absolu. C'est ainsi que l'on dira rouge 1 ton, pour le rouge pur, puis rouge 2 tons, 3 tons, etc., jusqu'au rouge le plus dégradé, dit rouge 20 tons. Entre le rouge et rouge orangé, nous aurons : un rouge orangé 1 ton jusqu'à un rouge orangé 20 tons, puis 1, 2, 3, etc., jusqu'à 12 rouges orangés 20 tons.

Nous avons donc maintenant le moyen de désigner :

$$72 \times 20 = 1440 \text{ tons.}$$

Couleurs rabattues

Les couleurs sont dites *rabattues* quand on ajoute aux couleurs franches ou dégradées des quantités de plus en plus fortes de noir.

Le noir, lui-même, d'après ce qui vient d'être dit plus haut, peut fournir une gamme dégradée de 20 tons, donnant les *gris normaux*.

En ajoutant le noir par dixième, on peut former toute une série de gammes rabattues, comprenant 9 nuances rabattues par couleur franche, soit au total $72 \times 9 = 648$ gammes rabattues ; chacune d'elles peut être faite en 20 tons dégradés, ce qui nous donne un total de $648 \times 20 = 12.960$ tons.

Les couleurs se désigneront alors ainsi, par exemple :

1 rouge orangé, 5 ton, 8/10.

Ce qui voudra dire rouge orange pur dégradé au 5e ton et rabattu avec 8/10 de noir.

Avec cette désignation simple on peut donc nommer :

1440 tons de couleurs franches.
12960 tons de couleurs rabattues.
20 tons de gris normaux.
—————
14420 tons au total.

On trouve dans le commerce des cercles chromatiques en couleurs franches et couleurs rabattues.

Phénomènes de contraste

Les phénomènes de contraste peuvent être rangés en 4 classes ; nous allons en donner une description sommaire en suivant l'ordre adopté par M. Guignet (1).

____

(1) *Fabrication des couleurs. Encyclopédie chimique*, p. 239 à 246.

I. Contraste successif

L'explication en a été donnée par Scherffer. Quand on fixe attentivement et longuement un objet coloré, posé sur un corps blanc, la rétine se fatigue et devient insensible au rayon ayant la couleur de l'objet examiné. De sorte que, si l'on ôte brusquement cet objet, le corps blanc envoie tous les rayons composant la lumière blanche, mais la rétine ne perçoit pas le rayon rouge, et le corps blanc paraît avoir la nuance complémentaire de l'objet fixé antérieurement.

Cette explication fait très bien comprendre pourquoi une découpure blanche sur fond noir, regardée longtemps, paraît noire sur fond blanc quand le regard se porte sur un fond blanc. La rétine devenant insensible au blanc, c'est-à-dire à l'ensemble de tous les rayons, la perception complémentaire est l'absence de tous rayons, c'est-à-dire le noir.

II. Contraste simultané

C'est Chevreul qui en a établi les lois. Le contraste de ton fait que, ayant 2 couleurs juxtaposées, puis de chaque côté, séparées par du blanc, les couleurs correspondantes, la différence de ton entre les 2 couleurs juxtaposées s'exagère : la plus claire prend du blanc, la plus foncé du noir ; c'est le *contraste de ton*. Mais un second phénomène se produit, chacune des couleurs juxtaposées change de nuance en prenant la teinte complémentaire de la voisine : c'est le *contraste de nuance*. Ces deux effets sont rendus plus frappants par la présence des couleurs seules, séparées des juxtaposées par du blanc, car ces 2 couleurs ne changent pas. On comprend aisément l'importance de ces phénomènes de contraste simultané au point de vue artistique.

Quand on fixe attentivement une surface jaune, par exemple, placée sur un fond blanc, elle paraît entourée de violet (complémentaire du jaune).

Ce phénomène de contraste simultané explique pourquoi 2 couleurs complémentaires mises à côté l'une de l'autre se rehaussent réciproquement.

III. Contraste mixte

On entend par contraste mixte le phénomène qui fait que, en fixant longtemps une certaine couleur, l'œil tend à voir la couleur complémentaire. Par suite, en remplaçant la couleur par une autre, celle-ci se trouvera modifiée en raison de la perception de la complémentaire de la précédente.

IV. Contraste rotatif

Ce contraste a été observé par Chevreul, en 1878.

En faisant tourner un disque blanc, peint sur une moitié seulement, on contaste :

1° Pour une grande vitesse (400 tours à la minute), une couleur uniforme, qui est la couleur peinte dégradée.

2° Pour une faible vitesse (60 à 170 tours à la minute), le blanc du disque se colore de la couleur complémentaire de la couleur peinte. C'est un moyen simple de déterminer la complémentaire d'une nuance quelconque.

3° Pour une vitesse intermédiaire, on perçoit nettement et régulièrement les 2 couleurs du disque. En remplaçant le blanc par la couleur complémentaire de la couleur peinte, l'impression est très agréable à l'œil : « L'impression résultante est une sorte de *mélodie...* » (1).

On a même poussé plus loin la comparaison musicale et le Père Chaftel, se basant sur l'analogie de quantité, 7 couleurs et 7 notes, a composé une gamme que nous donnons ci-dessous à titre de curiosité.

Ut........................	Bleu
Ut dièze...................	Vert canard
Ré........................	Vert pré
Mi bémol..................	Vert olive
Mi........................	Jaune
Fa........................	Orangé

(1) Guignet. *Fabrication des couleurs*, page 245.

> Fa dièze.................... Aurore
> Sol....................,..... Rouge
> La bémol................. Cramoisi
> La....................... Pourpre
> Si bémol................. Violet
> Si...................... Violet évêque

L'auteur (1) qui reproduit cette gamme donne la description du clavecin utilisé par le Père Chaftel : « Un buffet haut de huit pieds, dont la base avait environ trois pieds et demi de largeur et de profondeur sur la hauteur de trois pieds, contenoit trois jeux d'orgue, un pertevent masqué par un tableau couvert par un double clavier. Le haut du buffet, de même largeur, sur une profondeur d'environ deux pieds, étoit rempli d'éventails fermés, placés à distances suffisantes pour être tous ouverts sans se gêner les uns les autres. La même touche, qui tiroit un son de l'orgue, ouvroit un éventail dont la couleur étoit analogue au son. D'abord, les éventails étoient d'une seule teinte, mais ils ont été ensuite historiés ; les uns représentoient des oiseaux sur des arbres ; d'autres des paysages ; ceux-ci des incendies, et ceux-là des tempêtes ; chacun portoit une couleur dominante analogue au son ; le reste de l'éventail étoit en harmonie avec la couleur dominante et d'accord avec les accompagnements de l'orgue. Un anglois, grand amateur de musique et de peinture, se plaisoit à toucher ce clavecin, et souvent ne faisoit jouer que les éventails ..... ».

« La musique est aux passions ce que la peinture est aux actions, l'une représente les âmes, l'autre les corps ».

Ajoutons qu'à l'exposition de 1900, au Palais de l'optique, on pouvait voir une reproduction de ce clavecin où les éventails étaient remplacés par des lampes électriques de couleurs.

(1) M. Mauclerc. *Traité des couleurs et vernis*, p. 26, Edition de 1773.

CHAPITRE II

PROCÉDÉS GÉNÉRAUX DE FABRICATION

L'industrie des couleurs, qui est souvent confondue avec celle
des matières colorantes, n'a pourtant qu'un seul point de contact avec cette dernière : en ce sens que l'industrie des couleurs
demande des matières premières à l'industrie des matières colorantes.

Les couleurs dont font usage les peintres peuvent être divisées
en 4 groupes :

1° Couleurs naturelles.

2° Couleurs minérales de fabrication.

3° Laques.

4° Couleurs laquées.

Dans le premier groupe, nous comprenons toutes les couleurs
que la nature fournit et que l'industriel n'a qu'à extraire du sol
et à soumettre à des procédés de lavage, pour amener le produit
naturel à un état plus grand de pureté et augmenter ainsi la
richesse et l'intensité de la nuance. Une simple calcination permet de modifier considérablement la nuance.

Les couleurs minérales de fabrication sont, ou des composés
chimiques définis, comme le vermillon, qui est un sulfure de
mercure, ou des mélanges de composés chimiques définis, comme
des jaunes de chrôme, qui contiennent, à l'état de pureté, du
chromate de plomb et du sulfate de plomb, quand on envisage
les nuances claires. La connaissance parfaite de la constitution
des composés chimiques susceptibles d'être employés comme
couleurs, l'étude des conditions dans lesquelles ils peuvent se

former, sont d'un grand secours au fabricant de couleurs. Il peut arriver ainsi à supprimer tout ce que l'empirisme a introduit d'inutile et à réduire, dans la mesure du possible, tous les tours de main qui entourent encore la fabrication des couleurs.

Les laques sont obtenues par fixation sur une substance insoluble des matières colorantes naturelles ou artificielles. On les emploie rarement pures dans la peinture en bâtiments ou en voitures. Par contre, les arts en font un large usage. Nous aurons occasion de définir d'une façon précise les différentes laques.

Enfin, quand on forme une laque en présence d'une autre couleur, ayant par elle-même peu de richesse, et n'agissant alors que comme charge, on obtient ce que nous appellerons les couleurs laquées. La laque formée rehausse le ton et permet de le varier à l'infini.

L'industrie prépare de grandes quantités de couleurs laquées : le minium et la mine orange, laqués avec des éosines ou des ponceaux, fournissent toute une série de couleurs, du jaune rougeâtre au rouge intense, connues généralement sous la dénomination de *rouges factices* et sous une infinité de noms commerciaux.

Les différents verts d'aniline, laqués sur la terre verte, donnent également des couleurs fort employées sous le nom de *verts à la chaux*.

C'est la classification que nous venons d'indiquer que nous emploierons dans l'étude des différentes couleurs industrielles ; les couleurs fines, qu'utilisent seuls les artistes ou les décorateurs, pouvant rentrer dans une catégorie spéciale où l'on retrouverait néanmoins les quatre grandes classes que nous venons d'indiquer.

Couleurs naturelles

Ainsi que nous l'avons dit, les couleurs naturelles sont simplement lavées et broyées. Quand on les recueille en roches il est nécessaire de faire un cassage et un triage, pour séparer les impuretés qui accompagnent toujours la couleur. C'est ainsi que le sulfate de baryte naturel est souvent accompagné de quartz, de galène, de composés ferrugineux, que l'on sépare par cassage et triage.

Le lavage opéré sur les couleurs naturelles avant broyage s'appelle *débourbage*.

Le broyage est généralement pratiqué à l'aide de meules, analogues à celles qu'on emploie dans les meuneries. Bien que ces appareils demandent une force considérable, ce sont encore eux qui sont le plus employés. A propos des couleurs artificielles, nous donnerons quelques renseignements sur certains broyeurs qui ont été essayés, en général sans grand succès.

Le broyage des gros morceaux se fait à l'aide d'une meule verticale, tournant sur une meule horizontale dont elle parcourt toute la circonférence.

Le concassage à l'aide de concasseurs à mâchoires facilite beaucoup cette opération.

Le lavage des produits broyés, en mettant les poudres en suspension dans l'eau, permet de les séparer par ordre de finesse, les poudres les plus grossières se déposant les premières.

Quand on soumet certaines couleurs naturelles à la calcination, on modifie considérablement leurs nuances : c'est ainsi que, choisissant parmi les diverses ocres des qualités convenables, on peut les transformer en ocres rouges par simple calcination.

Couleurs artificielles

Il y a lieu de considérer dans la fabrication des couleurs artificielles deux genres de procédés essentiellement différents :

1° Ceux empruntant la voie sèche.

2° Ceux empruntant la voie humide.

Les couleurs se fabriquant à la fois par voie humide et par voie sèche constituent en effet des exceptions fort rares. L'exemple le plus frappant de ce mode de fabrication a été donné par M. Guignet (1). Le vert émeraude se prépare en chauffant à 400°

_____

(1) *Encyclopédie chimique. Fabrication des couleurs*, p. 9.

un mélange de bichromate de potasse et d'acide borique hydraté, et en traitant le produit obtenu par l'eau bouillante.

La première phase est nettement une opération par voie sèche et la seconde une opération par voie humide ; le résultat final donne un oxyde de chrôme hydraté.

Couleurs par voie sèche

Bien que cette méthode donne un assez petit nombre de couleurs, et qu'il soit admis qu'en général les procédés par voie sèche donnent des produits inférieurs comme couleurs, il est néanmoins certains que la voie sèche fournit des produits de premier ordre, tant au point de vue de leurs qualités comme couleurs qu'à celui de leur importance commerciale. L'outremer et le blanc de zinc, pour ne citer que deux exemples, le démontrent suffisamment.

Il est également certain que le vermillon, préparé par voie humide, est incomparablement plus beau que celui fourni par la voie sèche.

Tous les procédés où l'on fait agir la chaleur dans certaines conditions, sans l'intervention de l'eau, constituent des procédés par voie sèche.

Certains fabricants, ignorant les procédés souvent complexes de la voie humide, préparent néanmoins des couleurs par des moyens se rapprochant de la voie sèche, en ce sens qu'ils opèrent par simples mélanges, dans des tonneaux à billes, sans faire intervenir un liquide. C'est ainsi que nous avons vu fabriquer des verts par mélange de bleu de Prusse, jaune de chrôme et sulfate de baryte.

Il est facile de comprendre que ces couleurs manquent d'éclat et qu'elles exigent, à nuances égales, une bien plus grande quantité de produits colorants. Il est en effet impossible, quels que soient les moyens mécaniques employés, d'obtenir, par ce procédé, des couleurs où les différents composants se trouvent mélangés à l'état de perfection nécessaire.

La sensation du vert parfait, donnée par le mélange des rayons bleus et jaunes, ne sera obtenue que par un mélange poussé à l'extrême perfection du bleu et du jaune.

C'est pourqoui la voie humide, par l'homogénéité des solutions qu'elle emploie, et par la précipitation simultanée des couleurs composantes, qui se mélangent intimement et instantanément, puisqu'on les précipite en même temps, permet seule d'obtenir des couleurs composées parfaites.

Néanmoins, il convient de signaler quelques tentatives faites dans le but de généraliser les procédés par voie sèche, non par de simples moyens mécaniques, mais par l'application de réactions chimiques.

C'est ainsi qu'on a proposé la réduction du sulfate de zinc, en présence d'autres sulfates métalliques, réduction donnant des oxydes colorés (1). Au mélange des sulfates on ajoute du charbon pulvérisé et on porte à 650°.

Le mélange suivant donnerait une couleur vert bleu :

Sulfate de zinc	100,
Sulfate de cobalt	0,616

En modifiant les proportions et la nature des mélanges, on fait varier les nuances obtenues.

Dans un autre ordre d'idées, en Allemagne (2), on a préconisé la préparation de couleurs noires en chauffant différentes terres colorées avec du soufre. Les terres doivent être parfaitement lavées. L'opération se pratique dans un creuset, à l'abri de l'air ; il faut éviter l'action de l'air pendant le refroidissement. Ces noirs calcinés à l'air donnent d'autres couleurs : le noir obtenu avec l'ocre donne, dans ces conditions, une nuance brun chamois.

Les silicates doubles ont également été mis en avant (3). Pour obtenir une couleur bleue on fait un silicate double de cuivre ou de baryum :

	1	2
Silice	80	80,
Carbonate de baryte	49	»,

(1) *Couleurs composées de blanc de zinc et d'oxydes d'autres métaux.* Hampe. Brevet 265.501 ; année 1897.

(2) *Couleurs minérales.* Wentzky. Brevet allemand, 108.789 ; année 1899.

(3) *Nouvelle matière colorée.* Lechatellier. Brevet 292.947 ; année 1899.

Bioxyde de baryum ....   »   38,20
Oxyde de cuivre   20   12,
Bicarbonate de soude ....   »   2,40

Dans le premier cas, on cuit à 1050°, dans le second, entre 950° et 1000°. Tous ces procédés n'ont pas remplacé les procédés généraux déjà décrits.

Voie humide

La voie humide, par laquelle on prépare la généralité des couleurs, utilise toutes les réactions chimiques de doubles décompositions dans lesquelles le corps insoluble formé peut constituer une couleur.

En voici quelques exemples :

1° Une solution de chlorure de baryum, traitée par une solution de sulfate de soude, donne naissance à un composé insoluble, le sulfate de baryte, utilisé comme couleur blanche sous le nom de *blanc fixe*.

2° Une solution d'un sel de plomb soluble (acétate ou nitrate) donne, en présence d'une solution de bichromate de potasse, un précipité jaune de chromate de plomb, base des *jaunes de chrôme*.

3° L'hydrogène sulfuré, en solution ou à l'état gazeux, dirigé dans une solution de chlorure de cadmium, fournit un précipité jaune, le *jaune de cadmium*.

4° Une solution de ferrocyanure de potassium, traitée par une solution de perchlorure de fer ou de nitrate ferrique, précipite en bleu : il se fait un ferrocyanure ferrique, connu sous le nom de *bleu de Prusse* (1).

Dans la pratique industrielle, les conditions dans lesquelles se font ces précipitations (concentration des solutions, températures, etc.) permettent d'obtenir des nuances marchandes.

Les couleurs chimiques ainsi obtenues constituent, en général, des composés chimiques définis ; les conditions de fabrica-

____

(1) Ce n'est d'ailleurs pas ainsi que se prépare industriellement le bleu de Prusse.

tion peuvent être assez bien déterminées et l'opération conduite facilement.

Mais il existe des couleurs préparées par voie humide qui sont des mélanges de couleurs définies. C'est ainsi qu'on obtient des verts par mélange de bleu de Prusse et de jaune de chrôme. Les couleurs ainsi obtenues ont été appelées par M. Kletzinski (1) *couleurs mixéolytiques*. On précipite en même temps le bleu et le jaune, par exemple. Si l'on fait une solution contenant du ferrocyanure de potassium et du bichromate de potassium, ces deux sels étant sans action il ne se formera pas de précipité ; si, d'autre part, on prépare une solution d'acétate de fer et d'acétate de plomb, on obtiendra, pour les mêmes raisons, le même résultat. En versant la deuxième solution dans la première, l'acétate de plomb, d'une part, donnera, avec le chromate de potasse, un précipité jaune de chromate de plomb ; l'acétate de fer, d'autre part, fournira, avec le ferrocyanure de potassium, un précipité de bleu de Prusse.

Etant donnée l'homogénéité obtenue avec les solutions, malgré les différences de densités des corps insolubles, le bleu et le vert, précipités au même moment, au sein du même liquide, se mélangent avec une intimité parfaite et donnent une couleur mixte d'une homogénéité extraordinaire.

On comprend très facilement que ce procédé consiste uniquement à étudier les combinaisons de quatre sels, deux à deux, de manière à obtenir deux solutions, dans chacune desquelles les deux sels employés ne produisent pas de double décomposition.

Les opérations nécessaires dans la fabrication des couleurs par voie humide sont les suivantes :

Précipitation.

Lavage.

Filtration.

Séchage.

Broyage et tamisage.

Nous allons les étudier successivement avec la description des appareils mis en œuvre.

(1) *Manuel Roret. Fabrication des couleurs*, tome I page 41.

Précipitation

L'atelier où se font toutes les opérations, jusqu'au séchage, doit avoir un sol cimenté, avec une pente telle que l'écoulement des eaux puisse se faire aisément. Il ne faut pas oublier, en effet, que la fabrication des couleurs exige une dépense d'eau considérable.

Sur un tréteau à claire-voie, construit d'une façon très solide, se placent des cuves en bois de forme légèrement tronconique. Dans ces cuves, on prépare la solution précipitante. Un peu au-dessus du niveau du sol, sur des madriers supportés par des dés en maçonnerie, on installe d'autres cuves en bois, de même forme, mais de dimensions plus grandes. On calcule la hauteur du tréteau supportant les petites cuves de manière à ce que les fonds de celles-ci se trouvent un peu plus élevés que la partie supérieure des grandes cuves.

La cuve supérieure est munie d'un robinet auquel on adapte un tuyau en caoutchouc pouvant amener le liquide de la petite cuve dans la solution à précipiter, solution que l'on a préparée dans la grande cuve.

Une conduite de vapeur et une conduite d'eau complètent l'aménagement indispensable de l'atelier.

Il est bien évident que les dispositions de détail peuvent varier à l'infini. Mais on retrouve toujours, dans son principe, l'installation que nous venons de décrire.

La conduite à vapeur porte une série de robinets, auxquels on visse une conduite en cuivre, terminée en serpentin, et à l'aide de laquelle on peut porter l'eau à l'ébullition par barbottage de vapeur.

Les cuves en bois doivent être parfaitement construites pour éviter toute perte de liquide. Les cercles en fer permettent un serrage nécessaire quand les cuves sont restées, pendant les périodes de chaleur, quelques jours inutilisées.

Ces cuves ont parfois des contenances assez fortes. C'est ainsi que, pour les fabrications de produits à grand débit, comme la fabrication des verts anglais, par exemple, la contenance des cuves où se fait la précipitation, est de 2.000 à 3.000 litres pour les petites usines. Dans les grandes fabriques, ces contenances sont dépassées de beaucoup.

Il arrive parfois qu'il est nécessaire de soumettre la couleur fabriquée à une ébullition plus ou moins prolongée.

Soit pour satisfaire à cette condition, soit uniquement pour préparer des solutions, nous avons employé des chaudières en cuivre qui nous ont donné entière satisfaction. Ces chaudières en cuivre sont à double fond en fonte ; la vapeur entre et sort par deux piétements en bronze. Un tube coudé part du fond de la chaudière ; il est terminé par un robinet et permet la vidange de l'appareil, l'opération terminée.

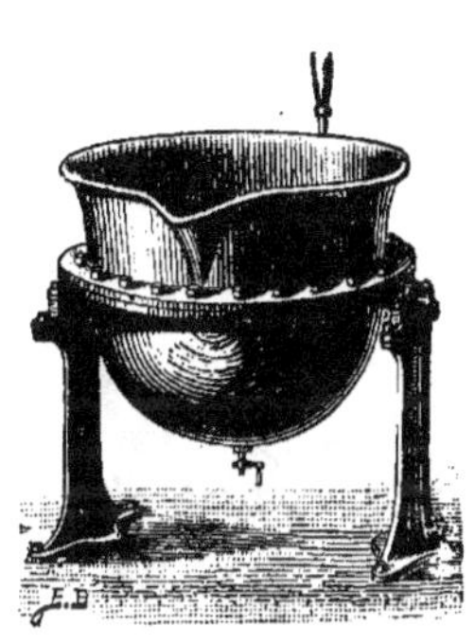

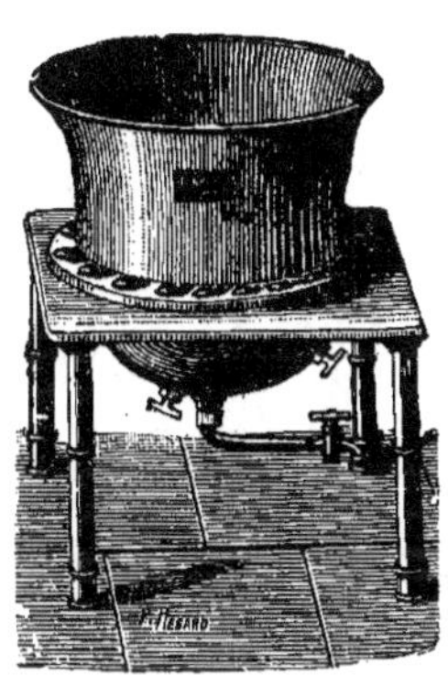

Fig. 2.   Fig. 3.

Dans certains types, le tube de vidange est supprimé, les bassines sont montées à tourillons et peuvent basculer pour permettre une sortie facile des matières un peu épaisses.

L'entrée de la vapeur se fait par l'un des tourillons et la sortie par l'autre. Les bassines basculantes sont d'un prix sensiblement plus élevé que les bassines fixes.

Ce système est particulièrement avantageux pour deux raisons : la première, c'est qu'il permet de porter le liquide à l'ébullition dans un temps très court ; la seconde réside dans l'économie considérable de vapeur qu'il réalise sur le système par serpentins. De plus, la vapeur condensée peut être retournée à la chaudière et servir à son alimentation.

Pour le fabricant de couleurs, l'avantage de pouvoir faire bouillir sans étendre les solutions et sans crainte des coups de feu est particulièrement appréciable dans la fabrication de certaines couleurs.

Les figures 2 et 3 représentent les deux genres de bassines dont nous venons de parler. On en fabrique couramment d'une contenance de 5oo litres, mais il est très facile d'en avoir de plus grandes.

Fig. 4.

Pendant la précipitation, il est indispensable de bien remuer la masse liquide. Dans les petites installations, l'ouvrier opère avec un grand manche en bois, au bout duquel est solidement fixé un plateau en bois ayant la forme d'un demi-cercle. En ramenant ce système, appelé par les ouvriers *ringal* ou *ringard* (1), d'un mouvement brusque, du fond de la cuve à la surface, on produit l'agitation nécessaire pour un mélange rapide des deux solutions.

Cette agitation est encore plus nécessaire au moment de la charge dont nous allons parler plus loin.

Aussi, dans les grandes usines où le travail se fait sur des quantités importantes, le moyen que nous venons d'indiquer serait à la fois trop onéreux et trop pénible.

On emploie alors des agitateurs mécaniques, dont il est facile d'imaginer nombre de systèmes. Un dispositif qui nous paraît très pratique est celui représenté par la figure 4. Il est dit « à planète » ; un simple examen de la figure en fait comprendre le fonctionnement. L'agitation produite est parfaite, par suite de la double rotation sur l'axe et en cercle.

Nous allons immédiatement parler de la charge, étant donné que l'on fait indifféremment celle-ci avant ou après le lavage. Il est même souvent préférable de faire la charge avant le lavage, dans le but de faire *descendre* la couleur plus rapidement.

Dans nombre de cas, la couleur obtenue par précipitation n'est pas employée pure. Soit pour satisfaire à la nécessité d'offrir des couleurs à bas prix, soit que la couleur obtenue revienne à un prix tel qu'elle ne serait pas commercialement utilisable, soit enfin que son pouvoir colorant demande à être réduit, on ajoute, après précipitation, des couleurs blanches à très bas prix. C'est ce qui constitue la *charge*. Nous aurons occasion de voir que, dans les couleurs laquées, la charge n'est pas uniquement composée de blanc, mais de différentes couleurs naturelles ou artificielles, contenant plus ou moins de blanc. Dans ce cas, la charge modifie la nuance de la laque obtenue par précipitation.

La couleur blanche la plus employée comme charge est le sulfate de baryte naturel. Sa grande densité, d'une part, sa valeur marchande très minime, d'autre part, expliquent aisément l'usage général qui en est fait. Certaines usines reçoivent, en effet, le sulfate de baryte par bateau complet, et les fabriques les plus

---

(1) Il a d'ailleurs la forme d'un ringard et l'expression *ringal* n'est qu'une altération du mot ringard.

petites ne prennent pas moins de *10 tonnes* par livraison. Ce sont, d'ailleurs, des conditions indispensables pour obtenir des prix avantageux. Les qualités inférieures s'offrant à 20 francs la tonne environ sur les lieux de production, les frais de transport entrent immédiatement en ligne de compte comme facteur très important. Les blancs les plus employés comme charge sont, après le sulfate de baryte : le sulfate de chaux, le blanc de silice, le kaolin.

La nature de la charge influe beaucoup sur la couleur finale, non seulement par suite de sa composition chimique, mais aussi en raison de son état physique. C'est ainsi que le sulfate de baryte naturel et le sulfate de baryte précipité employés dans les mêmes proportions, donnent des résultats différents, le sulfate précipité ayant un pouvoir couvrant bien supérieur à celui du sulfate naturel.

Une expérience que l'on fait chaque jour dans les fabriques de couleur, dans le but de voir comment se dégrade une couleur donnée, permet de se rendre compte très facilement de l'influence de la charge.

En ajoutant à un poids donné d'une couleur un même poids de différents blancs, et en opérant en milieu aqueux, on obtient des pâtes qui, séchées et étendues à l'aide d'huile ou de vernis sur une plaque de verre, donneront des nuances variant avec chaque nature de blanc.

Le fabricant de couleurs se base encore sur d'autres considérations pour déterminer la nature de la charge à employer : pour les couleurs où la légèreté doit jouer un grand rôle, par exemple, le sulfate de baryte est avantageusement remplacé par le blanc de silice.

Lavage

La précipitation terminée, le liquide surnageant contient les produits solubles formés pendant la réaction. Il est indispensable de les éliminer complètement pour que la couleur ait toutes les qualités demandées. Il est d'ailleurs facile de suivre aisément le lavage, car on connaît dans tous les cas la nature des produits en solution : il suffit de pousser le lavage jusqu'au moment où une réaction sensible indique qu'ils sont complètement éliminés.

Il est bien évident que tous les sels solubles incomplètement éliminés, principalement les sels alcalins, viendraient effleurir à la surface des couleurs pendant le séchage. Des couleurs contenant du chlorure de calcium seraient trop hygrométriques. A chaque sel soluble on pourrait trouver un inconvénient ; ainsi, par exemple, comme le fait remarquer M. Guignet (1), le borax ou l'acide borique fait coaguler la gomme, ce qui peut conduire à des résultats désastreux dans la préparation des gouaches.

Les grandes cuves en bois, dans lesquelles se font la précipitation et la charge, sont munies d'une série de robinets placés à diverses hauteurs. Quand la couleur a été bien remuée dans la cuve remplie d'eau, on la laisse déposer et on décante le liquide qui surnage à l'aide du robinet approprié.

Il est bien évident que le nombre de lavages nécessaires varie avec la quantité de couleur produite. Mais, avec des proportions normales pour la dimension des cuves employées, certaines couleurs sont lavées à fond après deux ou trois lavages, tandis que d'autres en demandent cinq ou six.

Le volume d'eau employé dans une fabrique de couleurs est toujours très considérable. On en aura une idée quand on saura que 100 kilogrammes de bleu de Prusse exigent, pour être complètement lavés, environ 10 mètres cubes d'eau. Mais il convient de faire remarquer que cette couleur est celle qui exige la plus grande quantité d'eau.

Filtration

Quand la couleur est parfaitement lavée et déposée, on soumet la pâte très aqueuse à une filtration pour en séparer la plus grande quantité d'eau possible. Dans les petites installations, la pâte est retirée de la cuve à l'aide de seaux en bois et versée sur une toile en tissu spécial. La toile est supportée par un cadre en bois et maintenue par un filet en cordes. On

(1) *Fabrication des couleurs.* p. 7.

remue de temps à autre avec une grande spatule en bois pour permettre au liquide de filtrer plus rapidement ; quand cette opération est terminée, on retire la toile avec la pâte ferme qu'elle contient et on la place dans un cadre rectangulaire en bois. La toile doit être assez longue pour pouvoir être repliée complètement ; on place dessus une planche et des poids. Il s'écoule encore un peu d'eau. Enfin, toute une série de ces gâteaux, séparés par des planches en bois, sont soumis à une pression énergique à l'aide d'une presse à vis ordinaire.

On élimine encore une notable proportion d'eau. La pâte qui reste dans la toile, après passage à la presse, peut alors être découpée à l'aide de couteaux en bois. On place les petits blocs découpés sur des planches en bois que l'on porte au séchoir.

Ce procédé est trop long et trop onéreux pour être pratiqué dans les usines travaillant sur de grandes quantités. On utilise alors le filtre-presse. Le filtre-presse ordinaire, alimenté par une pompe spéciale pour liquides épais, convient parfaitement. Certains constructeurs ont légèrement modifié l'appareil courant, notamment dans la construction des plateaux, dans le but de présenter des modèles particulièrement destinés à l'industrie des couleurs.

Un dispositif très pratique consiste à alimenter le filtre à l'aide de l'air comprimé. La pâte à filtrer est reçue dans un récipient clos, traversé complètement par un tube communiquant avec l'entrée du filtre-presse. Un compresseur d'air envoie de l'air comprimé sur la pâte qui se trouve chassée. A l'aide d'un robinet à trois voies, on peut envoyer l'air comprimé soit directement sur le filtre, soit sur la pâte.

Nous avons vu fonctionner ces appareils dans une fabrique de couleurs de Paris. Les résultats obtenus sont excellents.

Séchage

La pâte sortant de la presse ou du filtre-presse est découpée en petits pains, à l'aide de couteaux en bois. Tous ces pains sont placés sur une claie en bois garnie de papier. On peut imaginer toute une série de dispositifs, et em-

ployer, par exemple. des claies à cadre métallique et à surface émaillée, pour que la couleur ne subisse aucun contact pouvant altérer sa nuance.

Les claies sont portées au séchoir, dont on règle la température selon la nature de la couleur à sécher. On se tient toujours
un peu au-dessus de 100°. Certaines couleurs peuvent, sans
inconvénient, supporter une température plus élevée. Mais, pour
le bleu de Prusse, en particulier, si l'on veut obtenir un produit
parfait, il convient de surveiller avec soin la température du
séchoir.

Celui-ci consiste en une grande pièce, autour de laquelle sont
placés des cadres métalliques dont l'écartement permet de faire
glisser facilement les claies. Une série de tuyaux, partant d'un
foyer extérieur chauffé au coke, rayonnent dans le séchoir de
manière à faire parcourir un long chemin aux gaz chauds, avant
de les laisser échapper par la cheminée. Une autre cheminée,
placée au centre du séchoir, permet l'évacuation de la vapeur
d'eau produite pendant le séchage.

Dans certaines usines de petite importance l'installation est
si mal comprise qu'il nous a été donné de voir une fabrique où
l'on avait omis la cheminée destinée au départ de la vapeur
d'eau !

Un grand progrès réalisé dans l'opération du séchage a été
l'introduction de séchoirs à basse température, dans un vide
plus ou moins parfait.

Un modèle employé dans les fabriques de couleurs est le séchoir
système Passburg, dont la figure 5 donne une vue, la porte
étant ouverte.

L'appareil se compose d'une chambre à section rectangulaire
ou cylindrique, munie d'une porte à fermeture hermétique à
joints de caoutchouc. Tout l'intérieur est garni de chambres
de chauffe dans lesquelles circule la vapeur ou de l'eau chaude,
amenée par des tubulures fixées à ces chambres. Les chambres
peuvent supporter une pression de cinq atmosphères. Sur les
chambres se placent les claies contenant la matière à sécher.
On fait, à l'aide d'une pompe, un vide partiel (700 mm. de
mercure environ). Ce vide est suffisant pour faire évaporer l'eau
à la température de 35°. Une soupape, placée sur la conduite de

vapeur, permet de régler la température à l'intérieur du séchoir. En faisant un vide plus parfait, et en chauffant avec circulation d'eau chaude, l'évaporation est obtenue à 17°.

Fig. 5.

Le constructeur dit, qu'en utilisant la vapeur d'échappement du cylindre de la pompe à air, il suffit de 1 kgr. 2 de vapeur pour évaporer 1 kilogramme d'eau.

On comprend aisément l'économie que peut donner l'usage

d'un pareil système de séchage. Mais une considération très intéressante à retenir est celle qui résulte des basses températures
auxquelles on opère. Certaines couleurs, en particulier le bleu
de Prusse, demandent à être séchées aux plus basses températures possibles. Avec les séchoirs des petites installations il faut
une surveillance constante si on veut obtenir un beau résultat.

Broyage et tamisage

Quand les couleurs sont parfaitement sèches, on les sort du séchoir et on concasse en petits fragments les pains plus ou moins gros
que l'on retire des claies. Cette opération est nécessaire avant le passage à la meule, qui est encore l'appareil de broyage le plus em-

Fig. 6.

ployé dans les fabriques de couleurs. Les meules utilisées sont tout
à fait analogues à celles en usage pour la mouture du blé. On comprend alors qu'il soit nécessaire, pour l'alimentation de la meule,
de n'envoyer que des fragments très petits.

On peut faire un broyage préliminaire à l'aide d'une meule verticale, tournant en parcourant la circonférence d'une meule gisante.

Nous avons obtenu de bons résultats, pour de petites productions, en remplaçant cet appareil par un moulin à noix de grandes dimensions.

Nous venons de dire que les meules étaient les appareils de broyage les plus employés. Des tentatives ont néanmoins été faites pour utiliser différents genres de broyeurs.

Les broyeurs genre Carr ne paraissent pas pouvoir être employés avantageusement.

Pourtant, des broyeurs centrifuges, dont le principe repose sur la désagrégation des matières par percussion, semblent convenir car ils donnent assez facilement l'impalpabilité. La fig. 6 représente un de ces appareils.

Fig. 7.

Un appareil dont le principe paraît mériter de fixer l'attention est connu sous le nom de « Désintégrateur Devil ».

Il se compose de deux anneaux munis de dents disposées en cercles ; un anneau est fixe, l'autre est mobile.

Les dents deviennent de plus en plus petites, et aussi la distance les séparant, au fur et à mesure qu'elles s'éloignent du centre. L'anneau mobile est monté sur un arbre en acier, faisant de 800 à 1.000 tours à la minute. L'ensemble est recouvert d'une cage, et une trémie distributive amène au centre la matière à broyer. Les volants de l'anneau mobile jettent la matière entre les dents.

Nous donnons fig. 7 la vue d'un moulin à meules en silex encore très employé pour le broyage des couleurs. C'est la meule supérieure qui tourne.

La finesse étant une des qualités primordiales demandées aux couleurs en poudre, il est indispensable de faire suivre le broyage d'un tamisage. Pour les couleurs de peu de valeur, on emploie des toiles à mailles un peu larges ; pour les couleurs de prix, on utilise au contraire des toiles à mailles très fines.

Les tamis peuvent affecter différentes formes. Ceux qui paraissent convenir le mieux sont de forme hexagonale, légèrement inclinés, pour permettre à la matière de descendre lentement. Les tambours sont animés d'un mouvement de rotation, et une came, placée à l'extrémité de l'arbre, donne une secousse à chaque tour. Le tamis est enfermé dans une cage en bois, munie de tiroirs à la partie inférieure. La couleur tamisée est recueillie dans les tiroirs.

La fig. 8 représente un de ces appareils.

M. Morel, de Domène, a proposé l'emploi d'une bluterie à tamis conique que l'on a pu voir à l'Exposition de 1900, dans la classe 28.

Une cuvette en tôle, servant de bâti, contient deux tamis coniques renversés, assemblés par leurs bases. Ils sont animés d'un mouvement circulaire et d'un autre mouvement produisant de fréquentes trépidations. Une trémie permet de distribuer la matière à tamiser qui se trouve répartie sur le premier tamis à l'aide de brosses. La matière tamisée par le tamis supérieur tombe sur le second où s'opère un deuxième tamisage. Un conduit spécial reçoit la matière qui a refusé de traverser les tamis.

Couleurs pour papiers peints

Les couleurs employées dans l'industrie des papiers peints sont utilisées à l'état de pâtes, contenant une très grande proportion d'eau, c'est dire que leur fabrication est plus simple, puisque les opérations très longues du séchage, du broyage et du tamisage se trouvent **supprimées**.

Fig. 8

Les couleurs employées pour les décors de théâtre se livrent également en pâtes. Voici, à titre d'indication, les quantités d'eau qu'elles renferment, quantités que nous avons déterminées en analysant quelques types.

Bleu français	62 o/o
Laque géranium	68 o/o
Vert brillant	78,5 o/o
Laque solférino	74,5 o/o

Le bleu français était un mélange de bleu de Prusse et d'alumine, la laque géranium une laque d'éosine, la laque solférino une laque de fuchsine acide et le vert brillant une laque à base de vert acide.

Un certain nombre de couleurs pour papiers peints sont encore préparées en laquant les matières colorantes des bois de teinture, principalement des bois rouges.

L'extraction de la matière colorante de ces bois se fait généralement par un épuisement méthodique, dans une série de cuves.

On peut opérer plus rapidement, tout en épuisant d'une façon plus parfaite, en utilisant l'appareil représenté figure 9 qui est

Fig. 9.

construit à la fois pour l'épuisement des matières contenant du tannin et des bois de teinture.

L'appareil se compose d'une sphère munie d'une ouverture pouvant se fermer hermétiquement. La sphère est mobile autour d'un axe ; à l'intérieur se trouvent deux serpentins, placés dans le même plan, et par lesquels on amène de la vapeur destinée à échauffer le liquide par barbottage.

La sphère est chargée avec de l'eau et des bois de teinture, puis mise en mouvement. Quand on juge que l'épuisement est terminé, on arrête l'appareil ; un des serpentins se trouve alors placé au-dessus du liquide chargé de matière colorante. En faisant arriver de la vapeur uniquement par ce serpentin, on oblige la solution colorée à sortir complètement de l'appareil.

Ce dispositif permet donc de faire un épuisement parfait et de recueillir intégralement tout le liquide provenant de cet épuisement.

CHAPITRE III

LES LAQUES

Les *laques* sont des couleurs obtenues en fixant une matière colorante naturelle ou artificielle sur un support minéral dont la constitution chimique varie avec les matières colorantes employées. De plus, avec une même matière colorante, en faisant varier le support, on change les nuances obtenues. En général, on fixe la matière colorante en précipitant le support. Nous disons en général, car nous verrons que certaines substances jouissent de la propriété d'absorber les matières colorantes en solution pour donner de véritables laques : tel est le cas d'un silicate particulier, dénommé *serpentine*.

Les laques ont été parfaitement étudiées au point de vue chimique et on trouvera sur ce sujet des renseignements précis en consultant les travaux d'Engel, de Leo Vignon et de Carl Otto Weber, notamment.

On peut encore obtenir de véritables laques en faisant des sels insolubles de la matière colorante. C'est ainsi qu'une solution aqueuse d'éosine, traitée par l'acétate de plomb, donne un précipité insoluble, constituant une véritable laque rouge.

Se basant sur la constitution chimique des matières colorantes utilisées dans la fabrication des laques, Carl Otto Weber (1) a réuni dans deux classes les différentes laques :

1° Laques avec matières colorantes acides ;
2° » » » basiques.

Les matières colorantes du premier groupe donnant des laques par combinaison avec une base ; celles du second groupe, par

(1) *Moniteur Quesneville.* 1894. — *Etude sur la formation des laques colorées*, p. 34.

combinaison avec un acide. Nous renvoyons à ce travail déjà ancien pour tous les détails généraux fournis, base d'excellents guides pour le fabricant de laques.

M. Halphen, tout en s'inspirant des considérations développées par Carl Otto Weber, a donné une classification des laques plus en harmonie avec l'industrie proprement dite (1).

Le nombre des formules pour la préparation des laques est fort grand ; on a pu en lire un grand nombre dans les journaux français, données comme originales ou empruntées aux périodiques étrangers.

Nous allons résumer les différents modes de fabrication des laques, en indiquant la préparation de celles que nous avons fabriquées nous-même et qui étaient d'une vente plus ou moins courante.

1° Laques par précipitation de matières colorante

Nous avons dit plus haut que certaines matières colorantes artificielles étaient susceptibles de donner de véritables sels colorés. Les éosines, et toutes les couleurs de la même série (phloxine, cyanosine, etc.), ainsi que les ponceaux, se prêtent particulièrement à ce procédé de laquage. Les solutions aqueuses d'éosine précipitent par l'acétate de plomb, en donnant un rouge plus ou moins vif selon la richesse et la nature de l'éosine employée.

Le chlorure de baryum donne, dans les solutions aqueuses de ponceaux, des précipités rouges volumineux.

Mais ces précipités sont chers et leur pouvoir couvrant est faible. Aussi, charge-t-on les laques ainsi obtenues de substances inertes qui donnent de l'opacité tout en diminuant le prix de revient.

Voici, par exemple, comment il sera possible d'obtenir des laques rose et rouge.

Laque rouge

Eosine bleuâtre . . . .   4 kgr.
Acétate de plomb . . . .   6 —

(1) *Couleurs et vernis*, p. 18.

Kaolin .... 28 —
Sulfate de baryte .... 10 —

opération fournissant 43 kilogrammes de laque.

Laque rose n° 1

Eosine bleuâtre .... 2 kgr.
Rose bengale .... 2 —
Acétate de plomb .... 6 —
Kaolin .... 30 —
Sulfate de baryte .... 14 —

opération fournissant 47 kgr. 500 de laque.

Laque rose n° 2

Eosine bleuâtre .... 0 kgr. 5
Rose bengale .... 2 kgr. 5
Acétate de plomb .... 0 —
Kaolin .... 30 —
Sulfate de baryte .... 15 —

opération fournissant 48 kilogrammes de laque.

Les laques de matières colorantes naturelles peuvent être obtenues de cette façon. On épuise les bois tinctoriaux par l'eau et on précipite par une solution de chlorure d'étain. Pourtant, si ce procédé paraît, *a priori,* entrer dans la classe des laques par précipitation directe, il s'en écarte en réalité ; car, dans ce cas, la matière colorante est, en somme, fixée sur mélange d'acide stannique et de protoxyde d'étain, si on a employé le *sel d'étain* (mélange de proto et de bichlorure d'étain).

Les matières colorantes basiques peuvent également être précipitées, en donnant une sorte de sel. On se sert d'un acide faible, l'acide tannique. Il paraît évident que ces laques ne sont pas des sels purs, mais des sels retenant par attraction un excès de tannin, étant données les proportions qu'indique Weber lui-même à la suite de ses nombreuses expériences.

Il convient également d'opérer en présence d'un sel destiné à saturer l'acide mis en liberté pendant la réaction. On s'adresse en général aux cristaux de soude. Pour les raisons données plus haut une charge en couleur blanche opaque est également nécesaire.

Voici, par exemple, comment nous préparions une laque violette :

Laque violette

Violet de Paris	4	kgr.
Tannin	5	—
Cristaux de soude	1	—
Kaolin	3o	—
Sulfate de baryte	14	—

Laque couvrant bien, d'une très belle nuance violette. La fuchsine se prête, dans les mêmes conditions, à la fabrication d'une laque rouge.

1° Laques par précipitation sur corps inerte

C'est dans cette classe que l'on rencontre le plus grand nombre de procédés, mais les composés où entre l'alumine sont toujours les plus importants.

L'alumine en gelée a la propriété d'absorber, en les fixant, quantité de matières colorantes.

Quand on précipite à chaud une solution d'alun par une solution de carbonate de soude, ce dernier sel représentant seulement les 2/3 de la quantité suffisante pour neutraliser l'alun, on obtient un sulfate tribasique, ayant sur l'alumine l'avantage d'une opacité plus grande.

L'aluminate de magnésie, le stannate d'alumine, le phosphate, le borate d'alumine peuvent également servir de bases à la fabrication des laques. On pourrait aussi faire des laques arsénicales, si la toxicité de ces produits n'en limitait pas l'emploi.

Parmi les acides organiques utilisables, il convient de citer, au premier rang, l'acide benzoïque. Carl Otto Weber l'a bien indiqué, mais n'a donné aucune indication sur la façon de préparer ces laques. Les laques benzoïques sont des produits industriels : le support est un benzoate basique d'alumine, car il ne faut pas oublier que le benzoate d'alumine est non seulement assez soluble dans l'eau, mais qu'il est certainement hydrolisé par celle-ci.

La craie albuminée, la gélatine, l'amidon, sont des **attirants** des matières colorantes et, à ce titre, peuvent servir de supports dans la fabrication des laques.

Ces considérations générales établies, nous allons indiquer la préparation de quelques laques.

Un certain nombre appartiennent à la fois aux deux groupes de laques, en ce sens que la matière colorante peut être considérée comme précipitée à l'état de sel et fixée à la fois sur un support inerte.

Jaune sans danger

Chlorure de baryum .... 16 kgr.
Sulfate de soude .... 12 —
Jaune de quinoléine .... 2 —

Dans la cuve inférieure, on fait entrer en solution, en le faisant bouillir dans l'eau, le sulfate de soude et le jaune. On précipite avec la solution de chlorure de baryum, également bouillante, et préparée dans la cuve supérieure. On maintient à l'ébullition pendant la précipitation. On lave jusqu'à élimination des sels solubles.

Orangé

Chlorure de baryum .... 16 kgr.
Sulfate de soude .... 12 —
Orangé R. .... 2 —

Même mode opératoire. On fait varier les nuances en employant les divers orangés qui sont fournis par l'industrie.

Voici maintenant des exemples de laques benzoïques :

Rose nouveau

Sulfate d'alumine .... 48 kgr.
Carbonate de soude .... 53 —
Acide benzoïque .... 33 —
Rhodamine .... 4 — 800

On prépare à chaud une solution de sulfate d'alumine dans laquelle on fait dissoudre la rhodamine. On coule dessus le benzoate de soude, préparé en ajoutant peu à peu l'acide benzoïque à la solution de carbonate de soude. La précipitation se fait à l'ébullition et est maintenue quelques minutes après. On lave avec le moins d'eau possible ; nous avons expliqué pourquoi d'ailleurs.

Vert de Chypre

Sulfate d'alumine	48 kgr.
Carbonate de soude	53 —
Acide benzoïque	33 —
Vert acide J. E. E.	4 — 800

Même mode opératoire que pour le rose nouveau. Nous ne pousserons pas plus loin des exemples qui ne seraient que des répétitions. Ces laques benzoïques sont remarquables par leur légèreté et leur grande fraîcheur de tons.

Les laques sur phosphate d'alumine, ou sur mélange de phosphate d'alumine et de sulfate tribasique d'alumine, sont toujours avivées par l'emploi d'eau de savon ou, préférablement, par l'usage d'acide sulforicinique ou de sulforicinate de soude.

Laque carminée

Alizarine pour rose	15 kgr.
Phosphate de soude	14 —
Sulfate d'alumine	22 —
Carbonate de soude	15 —
Huile sulforicinique	7 —

Voici comment se conduit la fabrication de cette laque. Dans la cuve inférieure, on fait une solution bouillante de sulfate d'alumine. On dissout d'autre part le phosphate de soude, ajoute à cette solution l'alizarine livrée en pâte et coule sur la solution de sulfate d'alumine. On porte le tout à l'ébullition et ajoute alors, peu à peu, la solution chaude de carbonate de soude à laquelle on a adjoint 5 kilogrammes d'huile sulforicinique. On prolonge l'ébullition pendant 10 minutes, puis on arrose d'un jet d'eau froide. Quelques minutes après, on verse le reste de l'huile sulforicinique, en brassant bien.

Jaune péruvien

Alizarine orangée A	15 kgr.
Phosphate de soude	14 —

Sulfate d'alumine .... 22 —
Carbonate de soude .... 15 —
Huile sulforicinique .... 7 —

On opère comme pour la laque précédente. Pourtant, quelques fabricants ajoutent l'huile sulforicinique en deux parties égales ; mais, après la dernière adjonction d'huile, ils maintiennent encore l'ébullition pendant une dizaine de minutes, jettent à nouveau de l'eau froide et terminent par une nouvelle ébullition de quelques minutes.

Voici encore un autre procédé pour l'obtention de laques d'alizarine ;

Rouge d'alizarine

Alizarine en pâte pour rouge.... 1 kgr.
Soude .... o kgr. 250
Eau .... 20 litres
Huile sulforicinique .... o kgr. 400

La solution se fait à chaud. D'autre part, on mélange les trois solutions suivantes :

1° Sulfate d'alumine .... 1 kgr. 060
    Eau .... 20 litres
2° Acétate de chaux .... o kgr. 250
    Eau .... 2 litres
3° Chlorure de zinc .... o kgr. 080
    Eau .... 1 litre

La solution d'alizarine est ajoutée lentement dans le mélange ci-dessus. Si l'on veut obtenir des laques intenses et de belle nuance il convient d'opérer à basse température.

On fabrique encore de belles laques d'alizarine en partant de l'aluminate de soude.

Comme on le voit, le nombre des procédés de laquage est assez grand.

On fabrique aussi des laques contenant plusieurs matières colorantes, se laquant de la même façon, où à procédés de laquage différents.

Laque carminée

Ponceau acide	1	kgr.
Chlorure de baryum	16	—
Sulfate de soude	12	—
Sulfate d'alumine	4	— 800
Carbonate de soude	5	— 300
Acide benzoïque	3	— 300
Rhodamine extra	0	— 300

On dissout le ponceau dans la solution de sulfate de soude et on précipite par la solution de chlorure de baryum. La rhodamine étant dissoute dans le sulfate d'alumine, on coule la solution sur la laque de ponceau et on précipite par le benzoate de soude, ainsi qu'il a été dit précédemment. On brasse énergiquement.

Vert bleu

Bleu B. L. S. E. (Poirrier).......	1	kgr.
Chlorure de baryum	16	—
Sulfate de soude.	12	—
Sulfate d'alumine	48	—
Carbonate de soude	53	—
Acide benzoïque...............	33	—
Vert acide J. E. E.	2	— 500

Même mode opératoire que pour la laque carminée.

Vert clair sans danger

Jaune de quinoléine	5	kgr.
Chlorure de baryum	26	—
Sulfate de soude	20	—
Sulfate d'alumine	2	— 400
Carbonate de soude	2	— 800
Acide benzoïque	2	—
Vert acide J. E. E...........	0	— 400

Rouge toréador

Orangé R	2	kgr.
Chlorure de baryum	16	—

Sulfate de soude .... 12 —
Sulfate d'alumine .... 4 — 800
Carbonate de soude .... 5 — 300
Acide benzoïque .... 3 — 300
Rhodamine extra .... 0 — 500

Ces deux dernières laques sont préparées comme le vert bleu.

Laques de garance

Les véritables laques de garance, employées uniquement dans la couleur fine, en raison de leur prix très élevé, sont à base de purpurine. La richesse de la gamme commerciale est vraiment extraordinaire. Il y a de nombreux tours de mains pour obtenir les produits de toute beauté que livrent certaines maisons. En principe, la fabrication consiste à laquer en précipitant une solution d'alun contenant la matière colorante, par une solution de carbonate de soude. Persoz (1) a recommandé l'emploi du sous-acétate de plomb, versé dans la solution de matière colorante et d'alun. On sépare la solution rouge foncée obtenue du sulfate de plomb formé et on précipite la laque en portant le liquide à l'ébullition. On peut faire usage d'un procédé mixte qui consiste à employer moins de sous-acétate de plomb et à précipiter à l'ébullition par une solution bouillante de carbonate de soude. On emploie :

Alun .... 24 kgr.
Acétate de plomb .... 8 —
Carbonate de soude .... 12 —

Voici les quantités de purpurine nécessaires pour obtenir les différentes nuances :

R. C. .... 0 kgr. 050
P. C. .... 0 — 070
P. M. C. .... 0 — 100
F. .... 0 — 200
T. F. .... 0 — 400

La solution de purpurine doit être filtrée sur de la flanelle.

____

(1) Guignet. *Fabrication des couleurs*, p. 130.

La présence de sulfate de fer dans l'alun permet d'obtenir des laques de nuance violette.

A l'aide de l'alizarine, on peut obtenir des laques de garance artificielles à des prix beaucoup plus bas. Voici les proportions à employer :

Alun	20 kgr.
Carbonate de soude	12 —
Carbonate d'ammoniaque	2 —
Huile sulforicinique	4 —
Alizarine pour rouge	0 — 500

On précipite l'alun à l'ébullition par le carbonate de soude et on ajoute de suite le carbonate d'ammoniaque et l'huile sulforicinique. L'ébullition est maintenue pendant 20 minutes. On modifie les proportions d'alizarine selon l'intensité de la nuance qu'on a en vue :

P. C. — alizarine	1	kgr.
P. F. »	2	—
T. F. »	4	—

Comme il existe des colorants dits alizarines pour orangé et pour violet, notamment, on a ainsi en mains un moyen fort simple pour faire varier les nuances.

Procédés divers

Nous avons dit que certaines substances avaient la propriété de fixer directement les matières colorantes en donnant de véritables laques dans le sens technique du mot : telles sont, entre autres, l'amidon, la gélatine, l'albumine. Un corps particulièrement intéressant au point de vue industriel, est un silicate de magnésie complexe, dénommé *serpentine,* se prêtant admirablement à la fabrication de certaines laques à très bas prix. On prendra, par exemple:

Vert acide	2 kgr.
Serpentine	100 —

Le vert est mis en dissolution dans l'eau et la serpentine est ajoutée peu à peu en remuant énergiquement. Au bout de quelques minutes, toute la matière colorante est absorbée et la solution surnageante incolore. Il suffit de filtrer, sans aucun lavage.

Certaines matières colorantes insolubles constituent des laques, préparées maintenant par les fabricants de couleurs. Les rouges de paranitraniline se fabriquent ainsi. On opère de la façon suivante :

Solution n° 1

β. naphtol	1 kgr.
Soude à 40° B.	1 —
Carbonate de soude	2 —
Eau	50 litres.

Solution n° 2

Paranitraniline	1 kgr.
Acide chlorhydrique	2 — 500
Eau	6 litres

Solution n° 3

Nitrite de soude	0 kgr. 500
Eau	40 litres

La solution n° 3 est coulée peu à peu dans la solution n° 2, de manière à former un dérivé diazoïque, en se maintenant par adjonction de glace, si la chose est nécessaire, à une température inférieure à 10°. On coule ensuite lentement le diazoïque formé sur la solution froide de naphtol. La copulation donne naissance à un sel sodique, matière colorante insoluble d'un très beau rouge fixe.

Voici un autre mode opératoire :

Solution n° 1

β. naphtol	1 kgr. 440
Soude à 40° B.	1 — 440
Eau chaude	1 litre
Eau froide, apr. dissolut.	6 —

Solution n° 2

Paranitraniline	1 kgr. 400
Nitrite de soude	0 — 780
Eau	5 litres

pâte coulée lentement sur le mélange suivant :

Glace	5 kgr.
Eau	5 litres
Acide chlorhydrique	5 kgr.

Après une heure de contact, on coule sur la solution n° 1 à laquelle on a préalablement ajouté 2 kgr. 800 de carbonate de soude et 0 kgr. 300 de chlorure de baryum. Ces laques ne se livrent pas pures ; mais nous aurons occasion de voir qu'elles sont la base de toute une série de rouges commerciaux.

Nous avons dit, précédemment, que les fabricants de matières colorantes s'occupaient de la fabrication des laques. Voici, à titre d'exemple, la description d'un brevet pris parmi les nombreux existant (1). Laques obtenues en combinant les dérivés diazoïques de l'acide 2-naphtylamine 1-6 disulfonique ou le même acide sulforé en 3-6 avec des acides naphtol sulfoniques et en précipitant par le chlorure de baryum. Ces laques sont solides à la lumière. Les proportions employées sont les suivantes :

Pâte d'hydrate d'alumine à 10 %.	10 p.
Eau	200 p.
Colorant azoïque indiqué ci-dessus.	6 p.

Le colorant est ajouté dans la pâte en agitant. La précipitation est obtenue en ajoutant, jusqu'à précipitation complète, une solution de chlorure de baryum à 5 %.

La nuance peut varier du rouge bleuâtre au rouge jaunâtre ainsi que le montre le tableau suivant :

	Laque
1. — Acide 2 naphtylamine 1-6 disulfonique et acide 2 naphtol 3-6 disulfonique. .	rouge bleuâtre
2. — Acide 2 naphtylamine 1-6 disulfonique	

(1) Préparation de laques nouvelles, par F, Bayer et Cie. Brevet n° 343631 année 1904.

et acide 1 naphtol 3-6 disulfonique. .   rouge vif
3. — Acide 2 naphtylamine 3-6 disulfonique
    et acide 2 naphtol 3-6 disulfonique. .   rouge bleuâtre
4. — Acide 2 naphtylamine 3-6 disulfonique
    et acide 1 naphtol 3-4 disulfonique. .   rouge jaunâtre
5. — Acide 2 naphtylamine 3-6 disulfonique
    et acide 2 naphtol 3-6-8 trisulfonique   rouge jaunâtre

Dans un autre brevet *(344-395, année 1905)* il est encore fait mention d'un procédé tout à fait analogue en employant un colorant azoïque obtenu au moyen du dérivé diazoïque de l'acide amido-benzène-ortho-sulfonique et de l'acide 2 naphtol-8 sulfonique.

Il convient enfin de signaler la possibilité d'obtenir des laques en formant des résinates de matières colorantes. Quand on fait entrer la colophane en solution dans une lessive alcaline, on forme un résinate soluble.

Ce résinate alcalin peut donner, avec certaines matières colorantes, des précipités colorés insolubles, constituant des laques. La rhodamine, par exemple, se prête bien à ce genre de laquage. Les laques résiniques sont légères, brillantes, d'une belle vivacité de ton.

Voici comment M. Jacob décrit cette fabrication (1). Faire un savon avec :

Colophane . . . .   100 p.
Soude à 96 % . . . .   10 p.
Cristaux de soude . . . .   33 p.

Après une heure d'ébullition, on laisse tomber à 50° et ajoute 1000 litres d'eau.

D'autre part, une solution tirée (5 à 15 %) d'une matière colorante basique est additionnée à une solution d'un sel métallique, par exemple, 55 parties de sulfate de zinc dans 1000 parties d'eau. Ce mélange est versé dans le résinate de soude.

En pâte ces résinates colorés sont utilisés dans la fabrication des crayons de couleurs. Avec de l'amidon et de l'albumine ils sont employés pour les papiers. Enfin ils servent à préparer les vernis colorés transparents.

(1) *Moniteur Scientifique.* — Couleurs de résine, p. 56, 1890.

CHAPITRE IV

LES COULEURS LAQUÉES

Dans le précédent chapitre, nous avons indiqué les méthodes générales de préparation des laques, tout en donnant un certain nombre de recettes.

Quand on se sert de ces laques pour rehausser des couleurs naturelles, ou des couleurs minérales de fabrication, on obtient une classe de couleurs très importante au point de vue commercial et dont la carrosserie, principalement, fait grand usage, dans les nuances rouges et brunes.

Rouges

Les rouges sont connus sous une infinité de noms commerciaux : *Rouges français, romains, américains, gaulois,* etc. Les noms seuls diffèrent, les produits étant tous identiques. Dans ces dernières années, toute une fabrication nouvelle a été créée pour produire des rouges dits *sans plomb* ; nous avons eu occasion de les signaler déjà.

Les rouges ordinaires sont à base de mine-orange ou de minium. Les différentes nuances sont obtenues avec des éosines, des orangés, des ponceaux ; les différentes qualités par adjonction de sulfate de baryte et variations dans les quantités des matières colorantes employées.

Nous avons analysé toute une série de rouges que nous avons ensuite reconstitués ; nous avons constamment trouvé : du sulfate de baryte, de l'oxyde de plomb (minium ou mine-orange) et une matière colorante soluble dans la potasse. Nous opérons de la façon suivante : 5 grammes de rouge sont traités par une solution concentrée de potasse. Le liquide rouge obtenu, neutralisé par l'acide chlorhydrique, laisse déposer des flocons d'un jaune rougeâtre que l'on recueille sur un filtre taré ; on sèche et pèse. Le liquide provenant de cette seconde filtration est précipité par l'ammoniaque ; le précipité blanc est recueilli sur un filtre taré, lavé, séché et pesé.

Quant au résidu de l'attaque par la potasse, il est également lavé, séché et pesé. Traité par l'acide nitrique étendu, ce mélange d'oxyde particulier de plomb et de sulfate de baryte prend une coloration brune en raison de la formation d'oxyde puce de plomb que l'on dissout en ajoutant un peu de sucre. On filtre, lave bien à l'eau chaude. En incinérant le résidu et en le pesant on obtient le sulfate de baryte. Le plomb se dose dans la solution.

Voici les résultats de quelques analyses :

1. — Mine-orange	....	81,75
Sulfate de baryte	....	12,32
Matière colorante	....	3,08
2. — Mine-orange	....	8
Sulfate de baryte	....	86,50
Matière colorante	....	1,86
3. — Mine-orange	....	67
Sulfate de baryte	....	28
Matière colorante	....	1,16
4. — Mine-orange	....	31,75
Sulfate de baryte	....	52,26
Matière colorante	....	3,20
5. — Mine-orange	....	41,10
Sulfate de baryte	....	54,68
Matière colorante	....	3,50

Nous avons écrit partout mine-orange ; mais, dans les rouges ordinaires, la mine-orange est remplacée par du minium dont le prix est considérablement plus bas. Il est vrai que les rouges au minum ne sont pas comparables, comme beauté, aux rouges à la mine-orange.

Etant données les considérations précédentes, la fabrication de ces rouges s'en déduit aisément.

L'éosine donne, avec l'étain, des laques jaune-orange ; tandis que ses solutions aqueuses sont précipitées en rouge vif par l'acétate de plomb.

A une solution très étendue d'éosine, placée dans la cuve inférieure, on ajoute, en remuant, une solution d'acétate de plomb, placée dans la cuve supérieure. Quand le précipité est obtenu on incorpore, en brassant énergiquement, le mélange de sulfate de baryte et de mine-orange. Suivent les opérations déjà décrites de lavage, passage au filtre presse, séchage, broyage et tamisage.

Voici quelques recettes :

1. — Eosine bleuâtre .... 6 kgr.
  Acétate de plomb .... 9 —
  Mine-orange . ... 85 —
  Sulfate de baryte .... 7 —

2. — Eosine bleuâtre .... 3 kgr. 200
  Acétate de plomb .... 5 —
  Mine-orange .... 41 — 500
  Sulfate de baryte .... 55 —

On comprend aisément le nombre de formules que l'on peut créer en employant différentes qualités d'éosines et en faisant varier les proportions entre le sulfate de baryte et la mine-orange. Tous ces rouges à l'éosine pure ont une couleur franchement rouge, d'une grande richesse ; ils sont très frais de tons.

Si l'on ajoute un orangé à l'éosine, on fait virer la couleur et l'on obtient des nuances se rapprochant de la nuance des vermillons véritables. Ces rouges sont des *vermillons factices* :

1. — Eosine jaunâtre .... o kgr. 750
  Orangé II .... o — 900
  Acétate de plomb .... 3 —
  Mine-orange .... 71 —
  Sulfate de baryte .... 26 —

2. — Eosine jaunâtre .... 2 kgr. 900
Orangé II .... 0 — 800
Acétate de plomb .... 7 —
Mine-orange . ... 71 —
Sulfate de baryte .... 24 —

3. — Eosine bleuâtre .... 2 kil.
Orangé II .... 2 —
Acétate de plomb .... 7 — 200
Mine-orange .... 40 —
Sulfate de baryte .... 55 —

On peut obtenir également des rouges de nuances différentes en substituant à l'éosine : la phloxine, la cyanosine, etc.

Nous avons signalé aussi les différents procédés de laquage de l'alizarine ; ces laques peuvent servir à la fabrication de rouges d'une solidité remarquable.

Le commerce exige des couleurs à bas prix, ayant néanmoins assez d'apparence pour séduire le client. Les éosines, et autres matières colorantes analogues, sont d'un prix trop élevé pour qu'on puisse songer à les utiliser dans la fabrication des couleurs communes. On s'adresse alors aux ponceaux, qu'il est possible de se procurer maintenant à des prix extraordinairement bas. C'est avec ces matières colorantes que se fabriquent les rouges communs dits : *Rouge universel, rouge charron*, etc.

Voici un exemple de recette :

1. — Ponceau .... 3 kgr. 500
Chlorure de baryum .... 7 —
Minium de plomb .... 30 —
Sulfate de baryte .... 66 —

Pour les détails de la fabrication, nous renvoyons au chapitre sur les laques et à celui sur les procédés généraux de fabrication.

On peut modifier la nuance en employant divers ponceaux (2 R, 3 R, 4 R, 6 R, brillant, etc.), ou, d'une façon générale, les matières colorantes azoïques se laquant bien et à bas prix.

Voici, par exemple, une formule utilisant la crocéine.

2. — Ponceau. .... 5 kgr.
Crocéine orange .... 2 —

Chlorure de baryum........ 14 —
Minium de plomb .... 32 —
Sulfate de baryte .... 65 —

Enfin, dans le but de modifier la nuance, et pour les qualités intermédiaires, on emploie, à la fois, les azoïques et les éosines.

3. — Ponceau .... 4 kgr.
Eosine .... o — 500
Chlorure de baryum .... 8 —
Acétate de plomb .... o — 800
Minium de baryte .... 31 —
Sulfate de baryte .... 65 —

Il va sans dire que ces trois recettes ne sont que des exemples et qu'elles peuvent servir de modèle à quantité d'autres formules.

Bruns

Les couleurs brunes laquées sont employées en carrosserie principalement. Les noms sous lesquels ces couleurs sont vendues sont assez nombreux. Mais les matières colorantes employées, qu'il s'agisse de couleurs définies ou de mélanges, appartiennent presque toutes au groupe des matières colorantes diazoïques.

Certaines nuances claires s'obtiennent à l'aide des ponceaux, en remplaçant une partie du sulfate de baryte par diverses couleurs minérales : Bruns van Dyck, rouge métallique, brun-rouge, etc.

1. — *Brun d'Islande foncé*

Rouge S. S. .... 12 kgr.
Chlorure de baryum .... 48 —
Sulfate de soude .... 36 —
Brun van Dyck rouge supérieur .... 31 —
Sulfate de baryte .... 29 —

Chacun des modes de laquage a été indiqué antérieurement.

2. — *Brun d'Islande clair*

Ponceau .... 8 kgr.
Chlorure de baryum .... 32 —

Sulfate de soude .... 24 —
Rouge métallique .... 54 —
Sulfate de baryte .... 19 —

3. — *Brun de Suède*

Amaranthe .... 7 kgr.
Chlorure de baryum .... 72 —
Sulfate de soude .... 48 —
Brun-rouge .... 50 —

On peut facilement diminuer le prix de revient, mais dans une proportion assez légère, en remplaçant une partie du brun-rouge par du sulfate de baryte.

4. — *Brun Russe*

Cérasine .... 14 kgr.
Chlorure de baryum .... 64 —
Sulfate de soude .... 48 —
Brun rouge .... 48 —

5. — *Brun de Norwège*

Cérasine .... 16 kgr.
Chlorure de baryum .... 72 —
Sulfate de soude .... 54 —
Brun van Dyck rouge supérieur..... 41 —

Parmi tous ces bruns, dont nous pourrions encore donner de nombreuses recettes, il en est, connus sous les noms de *Bruns Victoria,* qui se consomment en assez grande quantité. On connaît un grand nombre de formules pour la fabrication des bruns Victoria. Nous en fournirons deux à titre d'exemples.

1. — *Brun Victoria clair*

Cérasine .... 12 kgr.
Ponceau 3 R. S. .... 2 —
Chlorure de baryum .... 64 —
Sulfate de soude .... 48 —
Brun van Dyck rouge supérieur .... 20 —
Brun rouge .... 11 —
Sulfate de baryte .... 19 —

2. — *Brun Victoria moyen*

Cérasine	16 kgr.	
Chlorure de baryum	72 —	
Sulfate de soude	54 —	
Éosine	1 —	
Acétate de plomb	1 — 600	
Brun van Dyck rouge supérieur.....	40 —	

Pour les préparations des ces bruns Victoria on peut utiliser quantité de matières colorantes, connues sous les noms suivants : *Cramoisine, camélia, azorubine, nacarta, grenat V, grenat R*, etc. Ces noms commerciaux désignent des mélanges de matières colorantes définies.

De même que pour les rouges, on fabrique des bruns laqués à bas prix. Les formules suivantes peuvent servir de types pour ces fabrications.

1. — Cérasine	4 kgr.	
Chlorure de baryum	22 —	
Sulfate de soude	18 —	
Sulfate de baryte	60 —	
Brun van Dyck ordinaire......	16 —	
Brun rouge	10 —	
2. — Rouge S. S.	3 kgr.	
Chlorure de baryum	12 —	
Sulfate de soude	9 —	
Sulfate de baryte	64 —	
Brun van Dyck ordinaire	26 —	
3. — Cérasine	3 kgr.	
Chlorure de baryum	15 —	
Sulfate de soude	13 —	
Sulfate de baryte	62 —	
Brun van Dyck ordinaire	16 —	
Noir de charbon	10 —	

Toutes les formules que nous venons de donner sont largement suffisantes pour montrer avec quelle facilité il est possible de constituer une gamme extraordinairement variée de nuances.

Il suffit pour cela de modifier les proportions et la nature des matières colorantes, d'une part ; et, d'autre part, de s'adresser aux différentes tonalités que l'on rencontre dans les bruns van Dyck, en variété rouge et en variété violette.

Verts

Nous avons eu occasion de parler de la fabrication de ces verts qui sont, en fait, de véritables laques. La consommation de ces verts, généralement désignés sous le nom de verts à la chaux, est très importante. Mais ce sont toujours des couleurs à bas prix. Le vert acide et le vert brillant donnent des nuances différentes. Le premier fournit des tons bleuâtres ; le second des tons jaunâtres. Il y a donc déjà là un premier moyen de varier les nuances. On y parvient encore en choisissant certaines variétés de terres vertes se prêtant à ce genre de laquage.

DEUXIÈME PARTIE

DES DIVERSES COULEURS

CHAPITRE PREMIER

COULEURS BLANCHES

Céruse

Historique

Cett couleur blanche, la plus usitée de toutes, était connue dans l'antiquité. Quand furent pratiquées des fouilles aux bains de Titus, à Rome, Davy fit toute une série d'analyses de couleurs trouvées dans des pots ou détachées de fragments de stuc. Les blancs étaient composés, dans le plus grand nombre des cas, d'un mélange de craie et d'argile. De son côté, Mérimée, en examinant le blanc des Egyptiens, émit l'opinion que c'était uniquement du sulfate de chaux.

Davy, dans toutes ses recherches, n'a jamais trouvé trace de céruse. La chose mérite d'être signalée car Vitruve et Pline décrivent parfaitement la fabrication de cette couleur.

« Les Rhodiens mettent des sarments dans des tonneaux avec une certaine quantité de vinaigre, puis ils placent des lames

de plomb sur les sarments, enfin ils ferment les tonneaux avec
des couvercles. En les ouvrant au bout d'un certain temps, on
trouve ce plomb changé en céruse. »

Ainsi s'exprime Vitruve, Pline dit : « On introduit des lames
de plomb dans des outres contenant du vinaigre, qu'on laisse
bouchées pendant huit jours. Sur ces lames il se dépose une
crasse qu'on enlève ; on les replonge ensuite dans les outres,
on les racle de nouveau au bout de quelque temps, et ainsi de
suite jusqu'à ce que la matière manque. »

C'est la genèse du procédé hollandais, encore pratiqué de nos
jours où la fabrication électrolytique de la céruse ne semble pas
donner les résultats qu'on en attendait.

Grecs et Romains utilisaient surtout cette couleur comme blanc
de fard. Les Arabes préparèrent également la céruse dont la
fabrication passa ensuite, et succesivement, en Hollande, en
Angleterre, en Allemagne et enfin en France.

La céruse est encore connue sous les noms de *blanc de plomb,
blanc de Krems* ; elle porte parfois le nom du pays de fabrication : *céruse de Lille, céruse de Clichy, céruse de Rotterdam*, etc.

Fabrication

Les procédés de fabrication sont nombreux, le nombre des brevets
pris considérable. Nous nous contenterons, comme nous l'avons
déjà dit, de résumer succintement les caractères distinctifs des méthodes essentiellement différentes et que l'on peut placer dans 3
groupes :

1° Procédé hollandais ;
2° Procédé de Clichy ;
3° Procédé par électrolyse.

Procédé hollandais

Le procédé hollandais, le plus ancien, est encore celui qui donne
la céruse la plus appréciée.

La matière première, le plomb, est fondue dans une chaudière placée sous une hotte surmontée d'une cheminée à grand tirage. La hotte est elle-même fermée par une porte, de manière à mettre l'ouvrier fondeur dans les meilleures conditions hygiéniques.

La figure 10 représente un dispositif utilisé.

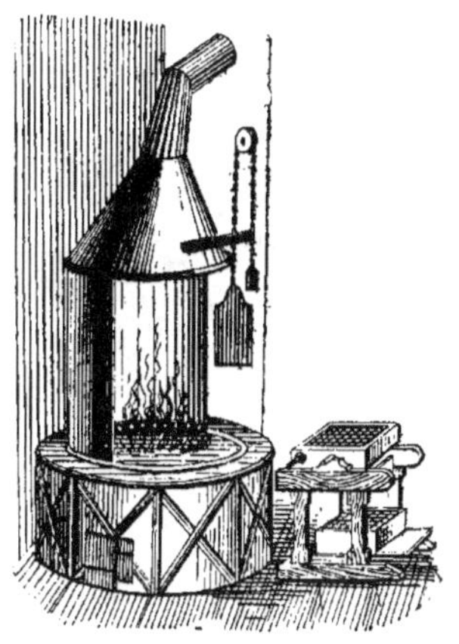

Fig. 10.

Le plomb fondu est généralement coulé sous forme de grilles, dans le but d'augmenter les surfaces de contact. Ces grilles sont placées dans des pots en grès et reposent sur une saillie divisant le pot en 2 parties ; la partie inférieure est remplie de vinaigre ordinaire, en particulier de vinaigre de bière. Ces pots sont bas et les grilles sont posées à plat. Quand on emploie des lames de plomb, on les enroule en spirales et on utilise des pots de forme haute (fig. 11).

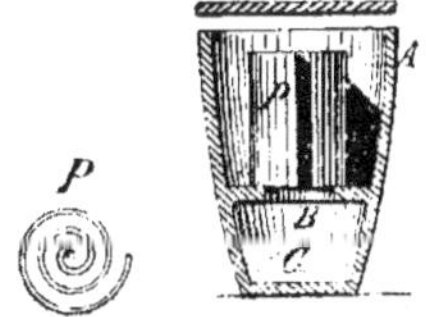

Fig. 11.

Ces pots sont rangés dans une fosse en maçonnerie, le premier rang sur une couche de fumier. On remplit les intervalles entre les pots de fumier et on forme ainsi plusieurs rangs. Les dispositifs de remplissage des fosses varient d'ailleurs avec les usines. Nous nous contentons d'en indiquer le principe. On peut remplacer le fumier par le tan épuisé des tanneries. Les pots restent en fosse 1 mois à 1 mois 1/2 avec le fumier, 2 à 3 mois avec le tan (fig. 12).

Fig. 12.

Ces fosses à céruse sont appelées *loges*.

La chaleur de fermentation provoque la formation de vapeurs d'acide acétique attaquant les lames de plomb avec production d'acétate basique de plomb. On peut écrire, en faisant intervenir l'oxygène de l'air :

$$4Pb + 4O + 2CH^3.CO^2H \;=\; (CH^3CO^2)^2Pb.2PbO + H^2O + PbO$$

En même temps, l'acide carbonique et la vapeur d'eau dégagés transforment l'acétate formé en carbonate de plomb basique (céruse) et en acétate neutre de plomb :

$$(CH^3.CO^2)^2Pb,2PbO + PbO + H^2O + 2CO^2 =$$
$$2(CO^3Pb).Pb(OH)^2 + (CH^3.CO^2)^2Pb.$$

Nous verrons plus loin que cette formule définie ne représente pas *toujours* la céruse.

On doit préférer le tan au fumier, car celui-ci dégage de l'hydrogène sulfuré noircissant le produit.

La réaction se produit donc ici lentement ; il y a toute une série des réactions ci-dessus. La céruse se forme par couches successives : c'est peut-être ce qui explique le grand pouvoir couvrant de la céruse hollandaise.

La conduite des loges exige une grande habileté. Au moment de la construction de la loge, on a ménagé une cheminée dont on règle l'ouverture pour qu'il ne se dégage que de la vapeur d'eau. Pendant les premières semaines, la température intérieure des loges varie entre 6o et 70° ; elle baisse ensuite continuellement. Les rendements moyens sont de 5o à 75 kgs de céruse par 100 kgs de plomb entrant en fabrication (1).

On retire la céruse des lames de plomb par une sorte d'épluchage mécanique dans des chambres closes. On opère, en général, par passage entre des cylindres cannelés et tamisage ; on obtient ainsi la céruse dite en *écailles*. Pour obtenir la céruse en poudre, on rebroie entre des cylindres cannelés, des cylindres lisses et enfin à la meule. On termine par un dernier blutage. Pour diminuer les dangers de ces opérations, on pratique tous les broyages en présence d'eau. La pâte des meules est mise en pots, séchée et réduite en poudre pour la vente.

Procédé de Clichy

Ce procédé est encore connu sous le nom de *méthode française,* ou de *procédé Thénard.* C'est Thénard, en effet, qui a indiqué ce procédé en 1801 et l'a monté industriellement pour la première fois à Clichy. La matière première employée est la litharge. On dissout celle-ci dans l'acide acétique étendu. En employant un excès de litharge on obtient un acétate bibasique, soluble dans l'eau. On

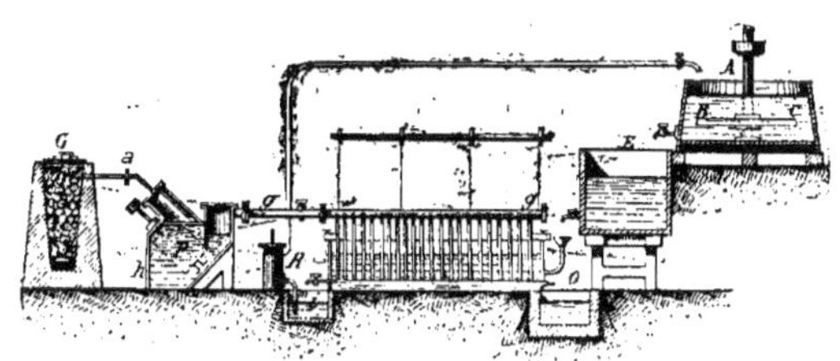

Fig. 13.

opère dans une cuve munie d'un agitateur mécanique. La liqueur obtenue doit marquer 17 à 18° B., elle est coulée dans une autre cuve où on laisse les impuretés se déposer. Le liquide clair est amené

(1) G. Petit. *Céruse et blanc de zinc,* p. 31.

dans un réservoir fermé par un couvercle et muni d'une série de tubes verticaux plongeant dans le liquide ; par ces tubes on fait arriver de l'acide carbonique provenant d'un four à chaux.

Il y a précipitation de céruse et formation d'acétate neutre. On arrête l'arrivée d'acide carbonique quand le liquide marque 5° B. L'acétate neutre rentre en fabrication pour remplacer l'acide acétique. La consommation d'acide acétique est donc très faible : il n'y a à tenir compte que de l'acétate neutre perdu pendant le lavage de la céruse (fig. 13).

A l'usine de Portillon, près de Tours, on a remplacé la litharge par le massicot.

Procédé par électrolyse

Beaucoup de méthodes ont été indiquées, mais le produit obtenu n'a pas grande faveur. Nous en indiquerons à titre d'exemples. On prépare l'électrolytite suivant :

> Acide nitrique 300
> Eau 200

Les anodes sont en plomb de 3 mm. d'épaisseur. Si le plomb est argentifère, l'argent se dépose à la cathode d'où on le sépare. On précipite ensuite par l'acide carbonique (1).

En électrolysant une solution d'un sel alcalin à acide minéral, en présence de bicarbonate alcalin, avec une anode en plomb et une cathode en charbon, il se forme un carbonate basique, de plomb. En envoyant de l'acide carbonique dans le bain, on reforme constamment le bicarbonate alcalin (2).

M. Riban a décrit un procédé qu'il a vu employer (3) par la Compagnie parisienne de l'air comprimé. Un mélange de chlorate de sodium et de carbonate de sodium, contenu dans une cuve en grès, est électrolysé. Les électrodes sont constituées par des lames de plomb. Le chlorate de plomb formé à l'anode est précipité par le

(1) Procédé Stevens.
(2) C. Waltereck. Brevet américain n° 589801, septembre 1897.
(3) Rapport au Conseil d'hygiène de la Seine. *Journal de Pharmacie et de Chimie.* 6ᵉ S. tome VII. p. 484, 1898.

carbonate de soude ; des raclettes en bois font tomber la céruse formée. En passant au filtre-presse, on sépare une eau chargée de soude qu'on sature d'acide carbonique et renvoie aux appareils.

PROCÉDÉS DIVERS

Les procédés généraux que nous venons d'indiquer ont été modifiés par un nombre considérable d'inventeurs. Leurs descriptions, même sommaires, nous entraîneraient beaucoup trop loin. Nous ne signalerons que les particularités d'un petit nombre.

Procédé de Krems ou de Kremmtz

On humecte la litharge d'acide acétique étendu en très faible proportion. Cette pâte est étendu sur des lames de plomb, dans des chambres où arive de l'acide carbonique.

Procédé Spence

Les composés du plomb sont attaqués par la soude caustique, soit par macération, soit par ébullition. La solution claire est précipitée par l'acide carbonique. Le carbonate de soude restant en solution est ramené à l'état de soude caustique par un lait de chaux.

Procédé Crompton

On remplace l'acétate basique de plomb par un azotate basique, obtenu par l'action de l'acide nitrique sur un excès de litharge.

Procédé Bischof (Brevet français, 1800).

On prépare un sous-oxyde par réduction des oxydes dans une atmosphère réductrice à 300° environ. On emploie :

500 kilogrammes sous-oxyde éteint ;

    100 litres acide acétique ;
    25 kilogrammes sucre ;
    1400 litres eau.

On fait agir l'acide carbonique sur ce mélange.

Brevet allemand 117.038. (Mai 1899).

On envoie de l'acide acétique, de la vapeur d'eau et de l'acide carbonique sur du plomb, placé dans un tambour tournant avec des billes en biscuit. L'auteur dit que la réaction est terminée en 2 heures.

Procédé Corbert. (Brevet français, 300.994. Juin 1900).

On met du plomb divisé, ou de l'oxyde de plomb, dans de l'eau acidulée contenant de l'aldéhyde ou de l'alcool ; on envoie de l'acide carbonique sous pression.

Procédé américain (1)

Le plomb fondu dans une chaudière est écoulé, par des tubes de petites dimensions, dans une chambre en maçonnerie où il est pulvérisé par un jet de vapeur le rencontrant sous un angle de 45°. Le métal pulvérisé est ensuite tamisé. Pour 1.000 kilos de plomb ainsi traité, et mis dans un tambour tournant, on ajoute 6 kgs d'acide acétique à 80 % et 6 kgs d'eau.

On fait tourner une journée en insufflant d'une façon continue de l'acide carbonique et de la vapeur d'eau. Le troisième jour, on ajoute 7 kgs d'acide et 7 kgs d'eau et le cinquième jour encore 7 kgs d'acide et 7 kgs d'eau. Une partie du plomb non transformé se dépose de suite. On forme à la meule une bouillie fluide de blanc qui est mise à couler dans des rigoles en bois où se dépose encore du plomb non transformé. On traite enfin la bouillie par une solution alcaline et on met à sécher.

(1) *Journal de Pharmacie et de Chimie*, octobre 1905, p. 359.

Propriétés

La céruse est un hydrocarbonate de plomb basique, mais sa composition est variable, ce qui s'explique puisque l'on connaît des hydrocarbonates basiques de formules $4(CO^3Pb)$. $Pb.O.H^2O$ et $3(CO^3)Pb.Pb.OH^2O$. C'est pourquoi on lui attribue la formule $2(CO^3.Pb)PbO.H^2O$, d'où la composition suivante :

Oxyde de plomb	86,32
Acide carbonique	11,36
Eau combinée	2,32

C'est une couleur d'un blanc très pur, d'une grande opacité, résistant très bien à l'action des agents atmosphériques, mais s'altérant et passant au noir sous l'influence des émanations sulfureuses. Mais c'est une couleur vénéneuse ; les ouvriers qui la fabriquent et ceux qui l'emploient sont sujets à prendre les *coliques de plomb*. Dans les fabriques de céruse il existe des salles de bains et des distributions de lait sont faites aux ouvriers. M. Guignet cite un cas curieux d'empoisonnement qu'il a pu constater (1).

« Un dessinateur ayant travaillé pendant 25 ans sur des *bois* préparés à la céruse et destinés à des ouvrages illustrés s'est empoisonné gravement et a eu beaucoup de peine à guérir d'une *colique de plomb* bien caractérisée. Il avait l'habitude de mouiller avec la langue l'extrémité du pouce dont il se servait pour effacer les *faux traits* sur la couche de blanc de céruse. Il absorbait ainsi chaque jour des quantités notables de plomb. »

La campagne menée contre la céruse est basée sur des considérations humanitaires et auxquelles on ne saurait trop applaudir ; mais il n'en reste pas moins certain qu'au point de vue solidité aucune autre couleur blanche ne peut lui être comparée.

D'ailleurs, la façon de l'employer est pour beaucoup dans les accidents qu'on lui reproche. On l'a compris de tout temps, mais on ne l'a peut-être pas dit assez. Nous ne pouvons résister

(1) *Fabrication des couleurs*, p. 26.

au désir de citer les lignes suivantes, *imprimées en 1773* ; elles sont de pleine actualité (1).

« Le Jardinier, dont le Manipulateur (2) nous raconte l'accident, d'après M. Tissot, étoit dans le cas des fondeurs ; il brûle dans un lieu clos de vieux treillages empreints de vert-de-gris et de céruse, c'est mettre le cuivre et le plomb en fusion ; il n'est pas étonnant que le sel arsenical, que ce feu a chassé de ces métaux, ait frappé ceux qui se chauffoient à ce feu, et qu'ils aient eu, comme le raconte M. Tissot, des coliques occasionnées par la vapeur de métaux : un pareil procédé peut faire plus de mal en une demi-heure que l'emploi ou l'usage des couleurs en un demi-siècle.

« La colique n'est pas un accident que les peintres ne peuvent pas éviter, s'ils prenoient des précautions pour ne pas respirer, soit par le nez soit par la bouche, les couleurs qu'ils pilent, s'ils ne mettoient pas leur pain dans leurs tabliers chargés de la poudre des couleurs pilées, s'ils secouoient leurs habits, s'ils lavoient leurs bras et leurs mains avant de toucher à leurs aliments ; enfin, s'ils n'introduisoient pas de couleurs dans leur estomac, ils n'auroient jamais la colique : c'est le meilleur avis qu'on puisse leur donner, avis confirmé par l'expérience de tous les peintres qui ont échappé à ce mal par ces précautions ».

Tous ceux qui ont vu travailler dans les fabriques de couleurs savent que beaucoup des conseils ci-dessus sont encore à donner aux peintres et aux ouvriers.

L'exemple cité par M. Guignet en est une preuve d'autant meilleure que le cas se rapporte à un ouvrier instruit.

Les études qui ont été la conséquence de la campagne contre la céruse ont permis à M. Livache de publier, dans le *Bulletin de la Société d'Encouragement*, des observations intéressantes. Prévoyant l'objection qui ne manquerait pas de lui être faite sur quantités de couleurs aussi toxiques que la céruse, M. Livache a dit que l'on remplaçait déjà les jaunes de chrome par des jaunes de zinc, et les verts anglais (au plomb), par des verts de zinc.

(1) *Traité des couleurs et des vernis*, par M. Mauclerc, marchand épicier, p. 68.
(2) Mauclerc désigne Watin sous le nom de Manipulateur.

Cela n'est, malheureusement, qu'en partie exact. Les jaunes et les verts de zinc ne se vendent encore qu'en quantité extrêmement faible, comparativement aux jaunes et aux verts de plomb. La proportion est même si minime, pour les jaunes, qu'il convient à peine de la faire entrer en ligne de compte.

Mais ce qui n'a pas été dit, c'est que tous les rouges rehaussés aux couleurs d'aniline sont à base de mine-orange ou de minium : ils sont donc doublement toxiques et on en vend encore, à l'heure actuelle, des quantités considérables.

Analyse et falsifications

Qualitativement, la céruse se reconnaît de la façon suivante : traitée dans un tube à essai par l'acide nitrique, en chauffant légèrement, la solution · doit être complète avec dégagement d'acide carbonique. La solution neutralise par la soude précipite en noir par l'hydrogène sulfuré.

D'après L. Lenoble (1), il convient de doser dans la céruse :

1° L'eau hygroscopique, par le procédé ordinaire de séchage à l'étuve à 100°.

2° L'acide carbonique, en employant les appareils courants pour ce dosage, en décomposant la céruse à l'aide de l'acide nitrique.

Weise (2) a trouvé les quantités suivantes d'acide carbonique dans différentes céruses.

Céruse de qualité supérieure	11,16 %	Bonnes.
Céruse de 1ʳᵉ qualité	11,68 %	
Céruse de 2ᵉ qualité	12,28 %	
Céruse de 3ᵉ qualité	14,10 %	Mauvaise.
Céruse anormale	16,15 %	Inutilisable.

3° L'oxyde $Pb.O$ par calcination de 1 gr. de céruse.

4° L'acide acétique, en distillant 1 gr. avec de l'acide tartrique.

(1) *Annales de chimie analytique*, **4**, 118.
(2) Lunge. *Analyse chimique industrielle*, t. I, p. 610.

L'eau combinée se détermine par calcul.

M. Halphen (1) recommande aussi de doser le résidu insoluble en traitant 5 grammes de céruse par 40 cc. d'acide azotique pur, à l'ébullition, dans une capsule en porcelaine. Ajouter de l'eau, faire bouillir à nouveau, décanter, filtrer, dessécher à l'étuve à 110° et calciner dans une capsule en platine.

Le pouvoir couvrant paraît diminuer quand le carbonate augmente et augmenter quand l'oxyde de plomb augmente.

Voici les résultats d'analyses de céruses :

		a	b
Céruse de Krems (2)	Oxyde de plomb .	83.77	86.25
	Acide carbonique.	15.06	11.37
	Eau combinée. .	1.01	2.21
Céruse précipitée de Magdebourg.	Oxyde de plomb .	85.93	
	Acide carbonique.	11.89	
	Eau combinée. .	2.01	
Céruse hollandaise (3).	Oxyde de plomb .	84.42	
	Acide carbonique.	14.45	
	Eau combinée. .	1.36	
Céruse de Clichy	Oxyde de plomb .	86.02	
	Acide carbonique.	11.45	
	Eau combinée. .	2.44	

Ces quelques exemples, pris parmi un grand nombre d'analyses, montrent bien que la composition chimique est variable, non seulement d'un procédé à un autre mais encore dans diverses fabrications par un même procédé.

La falsification générale, connue de tous les consommateurs, consiste dans l'adjonction de quantités plus ou moins grandes de sulfate de baryte. Quelques mélanges ont même reçu des noms particuliers, nous les indiquons dans le tableau suivant :

	Céruse	Sulfate de baryte
Blanc de Hambourg	100	200
Blanc de Hollande	100	3 à 400
Blanc de Venise	100	100

Plus la quantité de sulfate est importante, moins le produit résultant résiste aux agents atmosphériques.

(1) *La pratique des essais commerciaux. Matières minérales*, p. 314.
(2) Roret. *Manuel du fabricant de couleurs*, p. 73, t. I.
(3) Halphen. *Couleurs et vernis*, p. 29.

Usages

La céruse est la couleur blanche constituant la base de la peinture en bâtiment. On l'utilise également en carrosserie. Certaines poudres de riz et certains fards contiennent de la céruse.

Autres couleurs blanches à base de plomb

Un certain nombre de couleurs blanches à base de plomb ont été préconisées. Mais leur importance est très faible à côté de la céruse. Nous allons en parler très rapidement :

Céruse de Mulhouse

C'est du sulfate de plomb, sous-produit des teintureries. Les fabricants d'indiennes font un mordant en précipitant l'alun par l'acétate de plomb. Le résidu lavé constitue une couleur blanche, couvrant beaucoup moins bien que la céruse. On en trouve dans les jaunes de chrome, les verts anglais ; mais il n'y est pas ajouté, on le produit en cours de fabrication. Il entre dans la composition du mastic Serbat pour joints de vapeur. Ce mastic renferme :

Sulfate de plomb calciné....... 72
Peroxyde de manganèse........ 24
Huile de lin 13

On prétend que certains fabricants en ajoutent à la vraie céruse.

Sulfite de plomb

M. Scoffern, faisant remarquer que le sulfite de plomb est blanc et insoluble dans l'eau, a proposé de l'employer comme couleur. Sa fabrication industrielle pourrait être calquée sur le procédé Thénad, en remplaçant l'acide carbonique par l'acide sulfureux. Le sulfite de plomb couvre moins bien que la céruse, mais il noircit beaucoup moins vite sous l'influence des émanations sulfureuses.

Céruse Pattinson

Obtenue en partant de la galène. On traite par l'acide chlorhydrique. Le chlorure de plomb formé est dissous dans l'eau chaude. Par l'eau de chaux on précipite un oxychlorure de plomb qui peut servir comme couleur. On broie le chlorure de plomb à l'eau en présence de carbonate de chaux. On broie plusieurs jours, décante pour séparer le chlorure de calcium formé, ajoute de l'eau et rebroie à nouveau. Finalement, on obtient une couleur blanche contenant beaucoup de carbonate de plomb, un peu d'oxychlorure de plomb et de carbonate de chaux qui n'est pas entré en réaction. Ce blanc prend beaucoup d'huile et couvre bien.

Antimonite de plomb

On dissout 2 partie 1/2 d'antimoine dans 1 partie d'acide sulfurique concentré, à l ébullition. On ajoute à la masse, après dégagement des vapeurs acides, du carbonate de soude anhydre. On dissout dans l'eau bouillante, précipite par l'acétade de plomb, lave plusieurs fois, filtre et sèche.

Antimoniate de plomb

Mélanger une partie de sulfure d'antimoine en poudre à 5 parties de nitrate de potasse. On chauffe au rouge, traite par l'eau bouillante et continue comme ci-dessus.

Tungstate de plomb

Otenu en précipitant le tungstate de soude par l'acétade de plomb. Comme les deux précédents, ce blanc est plus cher que la céruse, n'en a pas toutes les qualités, mais en a tous les défauts.

Blanc d'argent

Ce blanc, auquel on a également donné le nom peu approprié de *blanc léger*, est constitué par du carbonate de plomb à peu près pur. On l'obtient de la façon suivante : on prépare une solution contenant 250 grammes par litre d'acétate de plomb et on précipite par une solution de cristaux de soude à 350 grammes par litre. Certains auteurs recommandent de verser l'acétate dans le carbonate, d'autres, au contraire, le carbonate dans l'acétate. En tous cas, il est indispensable d'opérer lentement et en remuant pendant toute la durée de la précipitation. Le précipité blanc est lavé à plusieurs eaux, moulé en trochisques et séché à l'étuve. C'est un blanc très pur, fabriqué surtout en Allemagne, mais d'un prix de vente assez élevé. C'est ce qui explique pourquoi son usage est limité à la peinture artistique et à la peinture en décors. Mais, en raison de ses qualités spéciales, l'usage qu'on en fait dans ces 2 cas spéciaux est fort appréciable.

Lithopone

Historique

Cette couleur blanche a fait son apparition sur le marché en 1874. A cette époque, elle était fabriquée par Thomas Griffith et Cie et portait le nom de *couleur sanitaire* ou *blanc anglais*. On trouve une description succincte du procédé employé pour sa fabrication dans le manuel Roret (1).

(1) *Fabricant de couleurs*, t. I, p. 236. Année 1884.

On peut dire que, pendant plus de 20 ans, le blanc sanitaire n'eut pour ainsi dire pas d'applications industrielles et que la céruse et le blanc de zinc restèrent les deux couleurs blanches uniquement employées.

M. Guignet, dans l'ouvrage qu'il a fait paraître, en 1888, dans l'*Encyclopédie chimique* (1), ne signale même pas cette couleur.

M. Halphen (2), à une époque où le blanc sanitaire est devenu le *blanc sulfite* ou *sulfide*, reproduit les renseignements que l'on trouve dans le manuel Roret.

Connu encore sous le nom de *blanc de Charlton,* le blanc sanitaire porte généralement aujourd'hui le nom de *lithopone*.

Depuis quelques années les importations ont accru dans une proportion formidable. Il nous a été impossible de nous renseigner officiellement sur leur importance, même au Ministère du Commerce ; mais, d'après les renseignements qui nous ont été fournis par divers agents à Paris de maisons allemandes, on peut fixer approximativement le montant annuel des importations à 20 ou 30.000 tonnes. Une seule maison française, très ancienne, et connue pour son mouvement d'affaires, prétend en écouler 15 tonnes par jour.

On peut donc être certain qu'il y a une énorme consommation de lithopone et, devant une industrie aussi importante, il est étrange de constater qu'*aucune* usine française ne fabrique encore ce produit à l'heure actuelle. Nous savons que des tentatives ont été faites, mais nous sommes persuadé qu'elles n'ont pas été continuées et que la fabrication industrielle n'a pas été montée (3).

Fabrication

Le lithopone s'obtient en précipitant une solution d'un sel de zinc par une solution de sulfure de baryum. On passe au filtre-presse et on chauffe les gâteaux en vases clos, à une température qu'il ne semble pas nécessaire d'obtenir très

(1) *Fabrication des couleurs.*
(2) *Couleurs et vernis.* p. 64. Année 1895.
(3) Nous apprenons que, depuis peu, une usine fonctionne à Corbie.

élevée, nous dirons pourquoi plus loin. Pourtant, dans les ouvrages cités plus haut, on donne comme indispensable de porter au rouge blanc. On projette la masse chaude sortant des fours dans l'eau froide, on lave, passe au filtre-presse, dessèche et broie.

On a donné, comme réaction chimique de cette fabrication, la formule suivante (1) :

$$ZnSO^4 + BaS = ZnS + SO^4Ba$$

Comme on trouve toujours, à côté du sulfure de zinc, des quantités plus ou moins fortes d'oxyde de zinc, l'auteur de l'article attribue son origine à l'oxydation du sulfure de zinc.

Cette théorie de la fabrication n'est certainement pas juste. En effet, le sulfure de baryum BaS, mis en contact avec l'eau, donne naissance à un sulfure hydraté, que l'on peut considérer comme un oxysulfhydrate, pendant qu'il se forme de la baryte hydratée et du sulfhydrate de baryum.

Cette hydratation, admise par beaucoup d'auteurs, est contestée par d'autres, non pas au point de vue de la formation d'un sulfure hydraté, mais à celui de la formation d'hydrate de baryte selon la quantité indiquée ci-dessus. Mais on peut admettre que le sulfure BaS, traité par l'eau, donne, *en solution*, un oxysulfulhydrate et une proportion plus ou moins grande d'hydrate de baryte et de sulfhydrate de baryum.

L'hydratation peut être expliquée, en effet, par les 2 réactions ci-dessous :

$$BaS + H^2O = Ba{<}^{SH}_{OH}$$

$$2BaS + 2H^2O = Ba{<}^{SH}_{SH} + Ba{<}^{OH}_{OH}$$

La première réaction serait de beaucoup prédominante, ce qui permet de n'admettre qu'une quantité peu importante d'hydrate de baryte dans la solution.

Nous n'avons pas à tenir compte de la quantité correspondante de sulfhydrate formé. Celui-ci donnera, avec le sulfate de zinc,

(1) *Revue des produits chimiques,* 15 janvier 1901.

du sulfhydrate de zinc, facilement transformé en sulfure de zinc.

La formation d'hydrate de baryte, d'oxysulfhydrate et de sulfhydrate de baryum, pendant l'hydratation du sulfure BaS, est admise d'ailleurs par les auteurs les plus éminents (1).

Les fabricants de lithopone préparent eux-mêmes leur sulfure de baryum, en réduisant le sulfate de baryte naturel par le charbon. Cette réduction se fait facilement, et c'est là néanmoins que réside une des difficultés industrielles à vaincre. Il faut, en effet, obtenir un rendement très élevé en BaS pour produire économiquement le lithopone.

Le sulfate de zinc se prépare aisément, en traitant les rognures ou déchets de zinc par de l'acide sulfurique renfermant un peu d'acide nitrique. Il est essentiel d'avoir une solution de sulfate de zinc ne contenant pas de métaux étrangers, en particulier du fer et du plomb. L'action du chlore, suivie d'une précipitation par un léger excès d'oxyde de zinc, permet de se débarrasser facilement du fer et du cuivre quand on a reconnu la présence de ces métaux (2).

M. Steinau (3) a pris un brevet pour la purification des solutions de sulfate de zinc. Il traite d'abord la solution par un mélange de poussière de zinc et de poudre de fer exempt d'oxyde, ou par la poussière de zinc et des lames de fer sans oxyde, suspendues dans le bain. Au bout de quelques heures, le cuivre, le plomb, l'arsenic et le cadmium sont précipités ; l'acidité libre est neutralisée.

Les oxydes hydratés de nickel et de cobalt (noirs) sont éliminés de la façon suivante : pour une solution de 3.000 kilos de sulfate de zinc à 30° B, ajouter 3 litres d'une solution d'hypochlorite de soude à 30-40° B et 2 litres d'une solution de soude caustique à 20-25° B. Une première partie des sels de nickel et de cobalt est précipitée. Pour éliminer le reste on fait le traitement à la poussière de zinc et au fer. L'hydrogène qui se dégage est l'agent de précipitation. En même temps la solution est débarrassée de toute trace de chlore.

---

(1) Voir Schützenberger. *Traité de chimie générale*, t. VII, p. 221.

(2) Méthode Leclaire et Rarruel.

(3) Brevet 309.164. mars 1907. Procédé de purification des solutions de zinc pour la fabrication de la lithopone.

Pour récupérer le zinc qui a pu être précipité en cours de purification, on ajoute de l'acide chlorhydrique ou de l'acide sulfurique dilué qui dissolvent le zinc en respectant le nickel et le cobalt.

On reproche souvent au lithopone de ne pas être résistant à l'extérieur et de changer de couleur sous l'influence de la lumière. Pour remédier à ces deux défauts la *Chemische Fabrik Marienhütte* (1) n'emploie dans sa fabrication que des corps exempts de chlore et arrive à ce résultat en purifiant à l'aide du permanganate de soude.

Reprenons maintenant la suite de la fabrication.

Ayant admis la présence d'un oxysulfulhydrate de baryum et d'hydrate de baryte dans la liqueur fournie par la dissolution du sulfure de baryum, cette liqueur ajoutée à une solution de sulfate de zinc donnera lieu aux deux réactions suivantes :

$$Ba\!\!<^{SH}_{OH} + SO^4Zn = Zn\!\!<^{SH}_{OH} + SO^4Ba$$

$$Ba\!\!<^{OH}_{OH} + SO^4Zn = Zn\!\!<^{OH}_{OH} + SO^4Ba$$

Et le précipité obtenu dans cette première phase de la fabrication se composera donc d'oxysulfulhydrate de zinc, d'hydrate d'oxyde de zinc (en faible proportion) et de sulfate de baryte. Nous estimons que c'est ainsi qu'il faut expliquer la présence de petites quantités d'oxyde de zinc que l'on trouve dans les lithopones.

Le précipité ainsi obtenu ne constitue donc pas du lithopone. La calcination qui suit a pour but de transformer l'oxysulfulhydrate de zinc en sulfure, et l'hydrate d'oxyde en oxyde :

$$Zn\!\!<^{SH}_{OH} = ZnS + H^2O$$

$$Zn\!\!<^{OH}_{OH} = ZnO + H^2O$$

Après cette calcination, on a donc bien un mélange de sulfate

(1) Brevet 434.944, 6 janvier 1904.

de baryte, de sulfure de zinc et d'oxyde de zinc. On sait, en effet, que les oxysulfhydrates métalliques perdent leur eau par simple dessication en donnant naissance aux sulfures correspondants ; ce qui permet de supposer qu'une température élevée n'est pas nécessaire.

Pourtant, cette calcination à température élevée est reconnue indispensable par tous les praticiens et beaucoup prétendent même que c'est elle qui donne au produit final la plus grande partie de ses qualités comme couleur. C'est ainsi qu'ils attribuent à cette calcination bien conduite le pouvoir couvrant et la siccativité.

L'expérience que nous citons ci-dessous nous paraît confirmer pleinement cette manière de voir. Le produit dont nous parlons, et qui n'a pas subi de calcination, a un pouvoir couvrant très faible, étant donné surtout sa teneur assez élevée en sulfure de zinc. Broyé à l'huile, il nous a donné une pâte qui, détrempée à l'essence, nous a fourni une peinture mettant plusieurs jours à sécher. Tandis que, dans les mêmes conditions, les lithopones commerciaux nous ont donné des peintures couvrant bien et séchant en 24 heures. Il convient d'ajouter, pourtant, que les proportions d'huile nécessaire au broyage étaient fort différentes (15 à 20 o/o pour les lithopones commerciaux, 37 o/o pour le produit examiné) ce qui, certainement, influe beaucoup sur la siccativité de la peinture.

A l'appui de la théorie que nous venons de donner, nous fournissons des résultats analytiques que nous avons obtenus sur un lithopone qui nous a été remis par un industriel ayant cherché à utiliser le produit de double décomposition (1), sans calcination ultérieure. On pourra voir que le séchage n'est pas suffisant pour décomposer complètement l'oxysulfulhydrate de zinc et que, en admettant la présence de ce composé, on arrive à un meilleur résultat analytique.

(1) C'est bien le produit de double décomposition puisque, *sec.* il donne Zn total, considéré en ZnS, 29,30 0/0 et que la théorie indique 29,40 0/0.

| | 1° | 2° | 3° |
	Zn total considéré en ZnS	Zn en ZnO et ZnS	Zn soluble dans acide acétique faible considéré en $Zn\big\langle{}^{SH}_{OH}$
Eau	»	2,88	2,88
Extrait aqueux	»	0,48	0,48
Sulfure de zinc	28,43	26,70	26,70
Oxysulfulhydrate de zinc	»	»	2,36
Oxyde de zinc	»	1.66	»
Sulfate de baryte	67,40	67,40	67,40
	95,83	99,02	99,72

Nous donnons plus loin la méthode analytique que nous employons.

La constitution théorique ZnS, SO^4Ba, permet d'indiquer, comme produit le plus riche, celui contenant 29,40 o/o de sulfure de zinc. En pratique, on vend des lithopones beaucoup plus riches ; généralement les produits inférieurs tiennent 15 à 16 o/o et les plus riches 40 à 42 o/o de ZnS. On offre aussi des lithopones à 50 o/o, et même à des teneurs plus fortes encore. Au-dessus de cette richesse la vente se fait à l'unité (1).

L'emploi du chlorure de zinc permet d'obtenir une richesse quelconque :

$$Zn\ Cl^2 + Ba\big\langle{}^{SH}_{OH} = Zn\big\langle{}^{SH}_{OH} + Ba\ Cl^2$$

Une quantité donnée de sulfate de soude permettra de précipiter le poids voulu de sulfate de baryte.

Propriétés

Cette couleur blanche est tout à fait remarquable, et il n'est pas étonnant de voir le développement qu'elle a pris. Son pouvoir couvrant, pour les qualités courantes, est égal à celui de

(1) L'unité de ZnS est généralement cotée 1 fr. 10.

la céruse, et comme son innocuité est complète, elle a de suite un avantage marqué sur le blanc de plomb. Le broyage à l'huile est facile et les lithopones bien fabriqués absorbent une faible quantité d'huile pendant l'opération du broyage.

Le lithopone ne noircit pas comme la céruse sous l'influence des émanations sulfureuses et, à pouvoir couvrant égal, il est moins cher que la céruse.

D'un prix infiniment moindre que le blanc de zinc, il donne comme celui-ci une pâte huileuse bien brillante et bien blanche, avec un pouvoir couvrant de beaucoup supérieur.

Nous signalerons en passant que nous avons eu entre les mains un blanc broyé à l'huile vendu comme céruse, qui n'était autre chose que du lithopone.

Voici quelques renseignements pratiques sur ce broyage à l'huile des lithopones.

Lithopones cachet jaune à 15/16 0/0 de ZnS

	E	A	G
Analyse :	$ZnS = 15.18$ $ZnO = 1.75$	$ZnS = 11.98$ $ZnO = 0.50$	$ZnS = 14.13$ $ZnO = 0.80$
Lithopone	1 k.	1 k.	1 k.
Huile de pavot	0 k. 150	0 k. 170	0 k. 150

Ces types prennent donc de 15 à 17 0/0 d'huile ; la pâte obtenue est bien grasse ; on pourrait faire un broyage plus serré. La même observation s'applique aux types suivants :

Lithopones cachet bleu à 22/23 0/0 de ZnS.

	A	G	E
Analyse :	$ZnS = 23.35$ $ZnO = 1.17$	$ZnS = 21.66$ $ZnO = 1$	
Lithopone	1 k.	1 k.	1 k.
Huile de pavot	0 k. 175	1 k. 150	0 k. 125

Absorption d'huile 12,5 à 17,5 0/0.

Lithopones cachet rouge à 29/30 0/0 de ZnS.

	A	G	E
Analyse :	ZnS = 27.55 ZnO = 1.90	ZnS = 28.68 ZnO = 1.46	ZnS = 28.10 ZnO = 1 79
Lithopone	1 k.	1 k.	1 k.
Huile de pavot	o k. 175	o k. 150	o k. 150

Absorption d'huile 15 à 17,5 o/o.

Lithopones cachet vert à 33/34 0/0 de ZnS.

	A	G	E
Analyse :	ZnS = 32.01 ZnO = 1.98	ZnS = 36.40 ZnO = 0.59	
Lithopone	1 k.	1 k.	1 k.
Huile de pavot	o k. 225	o k. 125	o k. 150

Absorption d'huile 12,5 à 22,5 o/o.

Ces types proviennent de différents fabricants. On trouvera plus loin, sous les mêmes lettres, l'analyse complète du plus grand nombre.

On voit que l'absorption d'huile varie dans des proportions assez grandes. Toutes choses égales d'ailleurs, c'est cette considération qui devra guider l'acheteur, lequel aura tout intérêt à prendre le produit qui absorbera le moins d'huile.

Il ne faut pas oublier, en effet, que l'huile de lin ou de pavot (cette dernière donne au broyage un produit plus blanc, ce qui fait qu'on l'emploie seule ou en coupage avec l'huile de lin) a une valeur marchande, aux cours actuels, qui représente plus que le double de celle des lithopones les plus riches dans les qualités courantes.

Le lithopone est livré en poudre aussi impalpable que le blanc de zinc, ce qui facilite beaucoup l'opération du broyage.

Toutes ces considérations sont intéressantes à retenir et expliquent en partie les bas prix auxquels on arrive.

Le lithopone paraît donc présenter des qualités de premier ordre. Nous avons fait toute une série d'expériences pour nous permettre de nous rendre compte de sa solidité à l'extérieur, comparativement à la céruse et au blanc de zinc. C'est un point sur lequel nous fournissons plus loin des résultats d'expérience. Il est bien certain que les fabricants de lithopone annoncent une grande solidité que contestent tout naturellement les fabricants de céruse.

Un point sur lequel nous sommes fixé est la siccativité **des** peintures préparées au lithopone. De ce côté, le lithopone a une infériorité marquée. La siccativité des peintures au lithopone est très faible. Nous donnons ci-dessous la composition de peintures préparées, toutes au même corps, avec des lithopones de fabrications différentes. Les lettres sont les mêmes que celles que nous avons données aux analyses. Le lecteur trouvera donc la composition exacte des lithopones qui ont servi à nos expériences.

Types à 15/16 0/0 de sulfure de zinc

	A	G	E
Lithopone broyé	100	100	100
Essence de térébenthine ..	12	12	12
Siccatif liquide pâle	10	10	10

Types à 22/23 0/0 de sulfure de zinc

	A	G	E
Lithopone broyé	100	100	100
Essence	12	13	14
Siccatif liquide pâle	10	10	10

Types à 30 0/0 de sulfure de zinc

	A	C	E
Lithopone broyé	100	100	100
Essence	12	12	14
Siccatif liquide pâle	10	10	10

Types à 34 0/0 de sulfure de zinc

	A	C	E
Lithopone broyé	100	100	100
Essence de térébenthine....	12	12	14
Siccatif liquide pâle	10	10	10

La céruse et le blanc de zinc, détrempés dans les mêmes conditions, demandent :

	Céruse	Blanc de zinc
Couleur broyée	100	100
Essence de térébenthine	14	16
Siccatif liquide pâle	10	10

Ces peintures, employées sur un même fond, sèchent, dans le cas de la céruse et du blanc de zinc, en 10 heures. Dans le cas des lithopones, il faut compter 24 heures. Même après ce laps de temps, la couche n'est pas encore bien dure. Il y a donc une différence considérable. Si l'on diminue la proportion de siccatif, la différence s'accentue encore. C'est ainsi que nous avons fait la même série d'expérience, avec 3 de siccatif liquide, au lieu de 10. La céruse et le blanc de zinc séchaient alors en 12 heures environ, tandis que les lithopones demandaient plus de 35 heures.

Tous sèchent à peu près dans le même temps, quelle que soit leur richesse en sulfure de zinc.

Le pouvoir couvrant, un peu faible pour les types à 15 o/o, devient suffisant, dès que l'on atteint 22 o/o. Il est tout à fait comparable à celui de la céruse pour les types à 30 et 34 o/o.

Devant la difficulté, que nous avions déjà constatée, d'obtenir des peintures siccatives, nous avons préparé des peintures blanches en détrempant, *uniquement* à l'essence de térébenthine, des lithopones de divers fabricants et à titres différents. Nous avons ajouté 10 o/o de siccatif liquide pâle. La couleur ainsi obtenue ne sèche qu'en 36 heures, mais elle ne *durcit* jamais. Voici, d'ailleurs, les constatations faites sur un panneau, peint avec ces peintures et exposé à l'air.

EXPOSITION A L'AIR LE 8 AOUT

Cachet jaune A, à 15 o/o de ZnS

Le 2 octobre, pas dur ; a jauni un peu ; s'en va facilement par frottement.

Le 3 novembre, légèrement durci ; a jauni un peu ; s'en va moins facilement par frottement.

Le 3 décembre, pas encore dur ; a jauni un peu ; s'en va encore par frottement.

Le 6 janvier, pas encore dur ; a jauni un peu ; s'en va encore par frottement.

Le 7 février, pas encore dur ; a jauni davantage ; s'en va encore par frottement.

Le 10 mars, pas encore dur ; a jauni davantage ; s'en va encore par frottement.

Le 8 mai, pas encore dur ; a jauni davantage ; s'en va encore par frottement.

Cachet jaune B

Le 2 octobre, pas dur ; a jauni ; s'en va par frottement.

Le 3 novembre, pas dur ; a jauni ; s'en va par frottement.

Le 3 décembre, a durci un peu ; a jauni ; s'en va un peu moins par frottement.

Le 6 janvier, pas encore dur ; a jauni ; s'en va un peu moins par frottement.

Le 7 février, pas encore dur ; passe au gris ; s'en va un peu moins par frottement.

Le 10 mars, pas encore dur ; passe au gris ; s'en va un peu moins par frottement.

Le 8 mai, pas encore dur ; passe au gris ; s'en va un peu moins par frottement.

Cachet jaune C

Le 2 octobre, pas dur ; a jauni légèrement ; s'en va légèrement par frottement.

Le 3 novembre, pas dur ; a jauni légèrement ; s'en va légèrement par frottement.

Le 3 décembre, a durci un peu ; a jauni légèrement ; s'en va légèrement par frottement.

Le 6 janvier, pas encore dur ; a jauni légèrement ; s'en va légèrement par frottement.

Le 7 février, pas encore dur ; passe au gris ; s'en va légèrement par frottement.

Le 10 mars, pas encore dur ; passe au gris ; s'en va légèrement par frottement.

Le 8 mai, pas encore dur ; passe au gris ; s'en va légèrement par frottement.

Ce dernier type a durci d'un façon bien plus sensible que les deux premiers. Il a également mieux résisté au frottement.

Cachet vert A, à 33 o/o de ZnS

Le 2 octobre, pas dur ; reste blanc ; s'en va facilement par frottement.

Le 3 novembre, pas dur ; reste blanc ; s'en va moins facilement par frottement.

Le 3 décembre, un peu plus dur ; reste blanc ; s'en va moins facilement par frottement.

Le 6 janvier, pas complètement dur ; reste blanc ; s'en va encore un peu par frottement.

Le 7 février, pas complètement dur ; reste blanc ; s'en va encore un peu par frottement.

Le 10 mars, pas complètement dur ; reste blanc ; s'en va encore un peu par frottement.

Le 8 mai, pas complètement dur ; reste blanc ; s'en va encore un peu par frottement.

Cachet vert B

Le 2 octobre, pas dur ; reste blanc ; s'en va un peu par frottement.

Le 3 novembre, pas dur ; reste blanc ; s'en va un peu par frottement.

Le 3 décembre, a durci un peu ; reste blanc ; s'en va très peu par frottement.

Le 6 janvier, a encore durci ; reste blanc ; s'en va très peu par frottement.

Le 7 février, pas complètement dur ; légèrement gris ; s'en va très peu par frottement.

Le 10 mars, pas complètement dur ; légèrement gris ; s'en va très peu par frottement.

Le 8 mai, pas complètement pur ; légèrement gris ; s'en va très peu par frottement.

Cachet vert C

Le 2 octobre, pas dur ; reste blanc ; s'en va un peu par frottement.

Le 3 novembre, pas dur ; reste blanc ; s'en va un peu par frottement.

Le 3 décembre, a durci un peu ; reste blanc ; s'en va très peu par frottement.

Le 6 janvier, a encore durci ; reste blanc ; s'en va très peu par frottement.

Le 7 février, pas complètement dur ; légèrement gris ; s'en va très peu par frottement.

Le 10 mars, pas complètement dur ; légèrement gris ; s'en va très peu par frottement.

Le 8 mai, pas complètement dur ; légèrement gris ; s'en va très peu par frottement.

Bien que ces peintures n'aient jamais durci complètement, elles ont toujours été sensiblement plus dures que celles préparées avec le cachet jaune.

Voici comment se sont comportées des peintures au blanc de zinc et à la céruse, appliquées en même temps, sur le même panneau.

Céruse

Le 2 octobre, très dur ; a jauni ; ne s'en va pas par frottement.

Le 3 novembre, très dur ; a jauni beaucoup ; ne s'en va pas par frottement.

Le 3 décembre, très dur ; a jauni beaucoup ; ne s'en va pas par frottement.

Le 6 janvier, très dur ; a jauni beaucoup ; ne s'en va pas par frottement.

Le 7 février, très dur ; a jauni beaucoup ; ne s'en va pas par frottement.

Le 10 mars, très dur ; a jauni beaucoup ; ne s'en va pas par frottement.

Le 8 mai, très dur ; a jauni beaucoup ; ne s'en va pas par frottement.

Blanc de zinc

Le 2 octobre, bien dur ; reste blanc ; ne s'en va pas par frottement.

Le 3 novembre, bien dur ; reste blanc : ne s'en va pas par frottement.

Le 3 décembre, bien dur ; reste blanc ; ne s'en va pas par frottement.

Le 6 janvier, bien dur ; reste blanc ; ne s'en va pas par frottement.

Le 7 février, bien dur ; reste blanc ; ne s'en va pas par frottement.

Le 10 mars, bien dur ; reste blanc ; ne s'en va pas par frottement.

Le 8 mai, bien dur ; reste blanc ; s'en va légèrement par frottement.

A partir du neuvième mois, toutes les peintures au lithopone, quelle que soit la teneur de la poudre, s'en vont de plus en plus facilement par frottement ; un certain nombre d'entre elles commencent à craquer.

La résistance à l'extérieur est donc très nettement inférieure à celle du blanc de zinc et de la céruse. Au bout d'une année, la peinture au blanc de zinc craque légèrement, celle à la céruse est restée parfaite.

Il résulte donc de ces expériences que la céruse présente au point de vue solidité à l'extérieur une supériorité marquée sur le blanc de zinc et sur le lithopone.

Les remarques que nous avons faites plus haut ne doivent pas conduire au rejet absolu du lithopone ; mais elles montrent que ce produit, simplement broyé, ne peut donner que des peintures de qualité inférieure.

Nous basant sur nos études antérieures sur le lithopone, études dans lesquelles nous avons montré la présence de sels de zinc solubles, nous avons fait subir une série de traitements au lithopone et nous avons obtenu, avec cette couleur blanche, un nouveau produit donnant des peintures qui, obtenues avec la formule suivante :

Blanc broyé	10 kil.
Huile	o kil. 750
Essence	1 kil. 400
Siccatif en poudre	o kil. 35o

sèchent *à fond* en 16 heures.

La présence de l'huile leur donne une solidité plus grande à l'extérieur. Leur propriété de sécher et de durcir les rend bien supérieures aux peintures au lithopone.

Convenablement traité, le lithopone peut donc donner des peintures très blanches et relativement solides. Leur prix de revient, inférieur aux peintures au blanc de zinc, leur assure un large débouché.

Des essais faits aux chantiers Normand, au Havre, et à la Société des chemins de fer économiques, ont prouvé la supériorité très marquée de ces peintures sur les peintures au lithopone commercial.

Il reste néanmoins entendu que les peintures à la céruse ont une solidité plus grande ; mais il ne faut pas oublier qu'elles jaunissent très rapidement.

M. W. Ostwald a fait breveter un procédé qui rend, d'après lui, le lithopone complètement stable à la lumière (1).

La manière d'opérer est de première simplicité. Il suffit de laisser le lithopone ordinaire en contact avec une solution de soude, de carbonates ou de phosphates alcalins, voire même de borates, de cyanures, etc. Les sels ammoniacaux ne peuvent pas être employés. L'auteur semble vouloir simplement

---

(1) Il est curieux de remarquer qu'un arrêté du Ministère des Travaux Publics, en date du *24 août 1849,* avait déjà ordonné de remplacer la céruse par le blanc de zinc et qu'une circulaire du Ministère de l'Intérieur (Février 1852) en recommandait l'exécution aux Préfets.

précipiter les sels de zinc solubles qui existent dans tous les lithopones, ainsi que nous l'avons montré dans le mémoire présenté à la Société chimique et reproduit plus loin. Les quantités qui paraissent convenir le mieux sont 10 o/o en sels du lithopone mis en œuvre.

Analyse

Ainsi que nous avons eu déjà l'occasion de le dire, les lithopones se vendent d'après leur teneur en sulfure de zinc. Il est donc important de pouvoir déterminer exactement ce facteur.

M. le Dr P. Drawe (1), ayant fait remarquer que les contestations survenues entre acheteurs et vendeurs provenaient de ce qu'on admettait le zinc total à l'état de sulfure, a recommandé de faire deux dosages de zinc, le second après traitement à l'acide acétique étendu.

Là n'est pas la véritable cause des écarts de dosage. Nous avons repris cette question et, dans un mémoire présenté à la Société Chimique (2), nous avons montré qu'il était nécessaire de doser l'humidité et le soluble à l'eau, et de ne faire le dosage du zinc que sur les produits *lavés,* car beaucoup de lithopones contiennent des sels de zinc solubles (chlorure ou sulfate) qui précipitent par le carbonate de soude avec le sulfure transformé en chlorure et donnent un chiffre trop élevé.

Voici comment nous opérons :

1° *Humidité,* sur 5 gr. à l'étuve à 110, dans une capsule en platine.

2° *Extrait aqueux,* en épuisant les 5 gr. qui ont servi au dosage de l'humidité par l'eau tiède jusqu'au moment où le liquide filtré ne précipite plus par le nitrate d'argent et par le chlorure de baryum.

3° *Zinc à l'état de sulfure,* en attaquant 1 gr. 5 de lithopone, préalablement traité pendant 1/2 heure par 100 cc. d'acide acé-

(1) *Moniteur Quesneville.* Avril 1902.
(2) *Bulletin de la Société chimique.* Août 1902. « Sur l'analyse du lithopone, » t. XVII, p. 829.

tique à 1 o/o et lavé, par 10 cc. d'acide chlorhydrique, au bain-marie, en présence de quelques grains de chlorate de potasse. On étend d'eau chaude, ajoute 2 à 3 cc. d'acide sulfurique, filtre et reçoit le liquide clair dans une capsule en porcelaine de 500 cc. On lave jusqu'au moment où les eaux ne sont plus acides. Le zinc est précipité par le carbonate de soude, à l'ébullition. En opérant lentement il n'y a pas à craindre de projections. On calcine pour faire la pesée du précipité à l'état d'oxyde de zinc, et on transforme par le calcul en sulfure.

4° *Zinc à l'état d'oxyde*, en dosant le zinc comme il vient d'être dit, mais sur un lithopone ne contenant plus d'extrait aqueux. La différence entre les 2 dosages donne le zinc à l'état d'oxyde que le traitement à l'acide acétique avait éliminé.

5° *Sulfate de baryte*, en incinérant et pesant le résidu d'une des deux attaques. Le dosage en double est recommandable. Nous le pratiquons toujours.

L'extrait suivant de notre mémoire fixera le lecteur sur la composition des différents lithopones.

« Je résume dans les tableaux suivants le résultats de mes analyses. Dans la colonne 1 j'indique les résultats obtenus en dosant simplement le zinc sur le produit brut et en l'admettant entièrement à l'état de sulfure. Dans la colonne 2 se trouvent les résultats obtenus en dosant le zinc à l'état de sulfure et d'oxyde, par la méthode de Drawe (1) sur le produit *lavé*, j'usquau moment où les eaux ne donnent plus rien au nitrate d'argent et au chlorure de baryum. Je détermine en plus l'humidité et l'extrait aqueux.

« Les lettres correspondent à des lithopones provenant de fabricants différents.

Types à 15/16 0/0 de sulfure de zinc

	A		B		C	
	1	2	1	2	1	2
Humidité		o.70		o.22		o.48
Extrait aqueux		3.34		o.42		3.52

(1) Méthode décrite plus haut.

Oxyde de zinc ..		0.50		0.46		0.80
Sulfure de zinc.	15.02	11.98	16.55	15.65	16.93	14.13
Sulfate de baryte	83.46	83.46	83.15	83.15	80.93	80.93
	98.48	99.98	99.70	99.90	97.86	99.86

Extrait { HCl..	nettement		rien	très nettement
aqueux } SO^{4}H^2	très »		peu	peu

	D		E	
	1	2	1	2
Humidité		0.96		0.18
Extrait aqueux		5.14		0.12
Oxyde de zinc		0.66		1.75
Sulfure de zinc	17.41	14.70	17.90	15.18
Sulfate de baryte........	78.38	78.38	82.40	82.40
	97.86	99.84	100.30	99.63

Extrait aqueux { HCl......	rien	rien
} SO^{4}H^2....	très nettement	traces

Types à 20/22 0/0 de sulfure de zinc

	B		C	
	1	2	1	2
Humidité		0.26		0.06
Extrait aqueux		0.38		0.24
Oxyde de zinc		0.47		1
Sulfure de zinc	23.55	22.76	23.08	21.66
Sulfate de baryte	75.85	75.85	76.80	76.80
	99.40	99.73	99.88	99.76

Extrait aqueux { HCl.......	très peu	peu
} SO^{4}H^2.....	très peu	traces

Types à 29/30 0/0 de sulfure de zinc

	A		D		E	
	1	2	1	2	1	2
Humidité	0.32		0.14		0.34	
Extrait aqueux	0.24		0.08		0.26	
Oxyde de zinc..	1.90		0.80		1.79	
Sulfure de zinc.	29.69	27.55	30.01	28.91	30.26	28.10
Sulfate de baryte	70.07	70.07	69.68	69.68	69.53	69.53
	99.76	100.08	99.69	99.61	99.79	100.02

Extrait aqueux	HCl....	SO^{4}H^2.
	traces / traces	traces / rien	peu / traces

Type 33/34 0/0 de sulfure de zinc

	B	
	1	2
Humidité		0.52
Extrait aqueux		0.76
Oxyde de zinc		2.68
Sulfure de zinc	31.46	28.55
Sulfate de baryte	67.63	67.63
	99.09	100.14

Extrait aqueux	HCl.........	SO^{4}H^2......
	peu	très peu

« Des résultats que je viens de donner, il me paraît donc résulter qu'il est nécessaire de doser l'oxyde de zinc, puisqu'il peut varier de 0,46 à 2,68 % (1), mais qu'il convient également de doser l'humidité et surtout l'extrait aqueux, variant de 0,08 à 5,14 %. Enfin, il faut doser le zinc sur le lithopone débarrassé de son extrait aqueux, pour ne pas compter à l'état de ZnS du zinc

(1) J'ai même trouvé des chiffres plus élevés.

existant sous forme de sels solubles n'ayant aucune valeur comme couleur.

« Tout ceci explique pourquoi la douane française, qui dose uniquement le sulfate de baryte, et considére tout le reste comme sulfure de zinc, est souvent en désaccord avec les expéditeurs allemands. Si l'analyse porte sur un produit riche en extrait aqueux contenant des sels de zinc, l'écart peut atteindre 3 % entre la teneur réelle en ZnS et celle déterminée par la douane française.

« J'ajouterai que, si beaucoup d'échantillons m'ont donné des résultats très acceptables par la méthode que j'emploie, d'autres, au contraire, m'ont donné des résultats anormaux. J'ignore encore s'il faut attribuer le fait à des erreurs d'analyses, mais je me propose de reprendre les quelques analyses auxquelles je fais allusion».

Reprenant cette question des analyses anormales, nous avons pu les expliquer par le même raisonnement que celui que nous avons fourni plus haut, relativement au lithopone non calciné.

Voici d'ailleurs, reproduit intégralement, le mémoire que nous avons présenté à la Société chimique de Paris. (1)

« Dans un précédent mémoire (2), j'ai indiqué la composition d'une série de lithopones de fabricants différents, en donnant la méthode analytique employée. A la fin de ce mémoire, j'ai signalé l'obtention d'un certain nombre de résultats anormaux. Parmi eux, *un* seul était dû à une erreur analytique dans le dosage du sulfate de baryte. Tous les autres demandaient une explication.

« Depuis la publication de mon premier mémoire, j'ai pu me procurer d'autres échantillons et compléter ainsi les premiers résultats que j'ai fournis par de nouveaux, de façon à montrer que les résultats obtenus sont toujours acceptables. J'ai également ment analysé des types plus riches, tenant de 40 à 50 % de sulfure de zinc.

« Je commence par donner toute la série des analyses m'ayant fourni des résultats analogues à ceux que j'ai obtenus précédem-

(1) *Bulletin de la Société chimique de Paris*, 3ᵉ série, t **27**, p. 943 ; 1902.
(2) *Bull. Soc. chim.*, t. **27**, p. 829.

ment. Je donnerai ensuite les analyses anormales, en essayant de fournir une explication.

Types à 20/22 0/0 de sulfure de zinc

	E.		A	
	1.	2.	1.	2.
Humidité	»	0.18	»	0.12
Extrait aqueux	»	0.32	»	0.24
Oxyde de zinc	»	1.50	»	1.53
Sulfure de zinc	21.40	19.34	25.40	23.47
Sulfate de baryte	78.63	78.63	74.40	74.40
	100.03	99.97	99.80	99.76

Types à 26 0/0 de sulfure de zinc

	E	
	1.	2.
Humidité	»	0.30
Extrait aqueux	»	0.34
Oxyde de zinc	»	1.34
Sulfure de zinc..........	26.75	24.90
Sulfate de baryte	73.22	73.22
	99.97	100.10

Types à 29/30 0/0 de sulfure de zinc

	C		G	
	1.	2.	1.	2.
Humidité	»	0.14	»	0.18
Extrait aqueux	»	0.28	»	0.14
Oxyde de zinc	»	1.46	»	2.95
Sulfure de zinc	30.50	28.68	31.05	27.05
Sulfate de baryte	69.10	69.10	69.54	69.54
	99.60	99.66	100.59	99.86

Types à 33/34 0/0 de sulfure de zinc

	A.		C.	
	1.	2.	1.	2.
Humidité	»	0.04	»	0.20
Extrait aqueux	»	0.08	»	0.20
Oxyde de zinc	»	1.98	»	0.59
Sulfure de zinc..........	34.60	32.01	37.12	36.40
Sulfate de baryte.........	66.00	66.00	62.73	62.73
	100.60	100.11	99.85	100.12

	D (1).	
	1.	2.
Humidité	»	0.08
Extrait aqueux	»	0.54
Oxyde de zinc	»	0.65
Sulfure de zinc	20.47	19.40
Sulfate de baryte	79.20	79.20
	99.67	99.87

Types à grande richesse

	A à 40 0/0.		A à 45 0/0.		A à 50 0/0.	
	1.	2.	1.	2.	1.	2.
Humidité	»	0.20	»	0.18	»	0.10
Extrait aqueux..	»	0.24	»	0.34	»	0.56
Oxyde de zinc..	»	2.00	»	2.00	»	2.40
Sulfure de zinc.	41.27	38.80	45.11	42.37	50.36	47.52
Sulfate de baryte	58.35	58.35	54.83	54.83	49.14	49.14
	99.62	99.59	99.94	99.72	99.50	99.72

«Tous ces résultats, obtenus avec des produits provenant de six fabricants différents, montrent donc bien que la méthode analytique conduit à de bons résultats.

« Les analyses dont je vais parler maintenant ferment, dans la colonne 1, de 96.97 à 98.83 et, dans la colonne 2, de 97.99 à

(1) Cet échantillon marqué 33/34 0/0 a été certainement mal pris. Il rentre dans les types 20/22 0/0.

97.83 ; dans les deux cas les résultats obtenus sont inacceptables.

« Or, ces résultats sont *toujours* obtenus avec les produits du même fabricant. C'est le premier point qui a de suite attiré mon attention.

« Le lithopone se préparant en précipitant une solution de sulfate de zinc par une solution de sulfure de baryum, le précipité obtenu renferme de l'oxysulfhydrate de zinc, de l'hydrate d'oxyde de zinc et du sulfate de baryte. L'action de l'eau sur le sulfure de baryum, obtenu par réduction du sulfate, donnant un oxysulfhydrate de baryum et de l'hydrate de baryte.

« La calcination du ppté transforme l'oxysulfhydrate en sulfure et l'hydrate d'oxyde en oxyde, ce qui fait que le lithopone commercial est un mélange de sulfure de zinc, d'oxyde de zinc et de sulfate de baryte.

« Il est donc fort probable que ces types donnant des résultats anormaux n'ont pas subi une calcination suffisante. En comptant alors le zinc soluble dans l'acide acétique faible en $Zn\begin{cases}OH\\SH\end{cases}$ au lieu de ZnO, on arrive à fermer convenablement l'analyse, ainsi qu'on le voit par l'examen du tableau ci-dessous :

	F à 22/23 0/0			F à 29/30 0/0		
	1	2	3	1	2	3
H^{2}O	»	1.46	1.46	»	1.50	1.50
Extrait aqueux	»	0.80	0.80	»	0.72	0.72
ZnO	»	3.54	»	»	4.34	»
$Zn\begin{cases}SH\\OH\end{cases}$ ...	»	»	5.02	»	»	6.17
ZnS	26.50	22.28	22.28	31.13	25.87	25.87
SO^{4}Ba	70.75	70.75	70.75	65.95	65.95	65.95
	97.25	98.83	100.31	97.08	98.38	100.21

	F à 32/34 0/0.			F à 40/42 0/0.		
	1	2	3	1	2	3
H_2O	»	0.86	0.86	»	1.00	1.00
Extrait aqueux	»	1.16	1.16	»	1.34	1.34
ZnO	»	4.27	»	»	5.92	»
$Zn\begin{cases}SH\\OH\end{cases}$ ...	»	»	6.07	»	»	8.28
ZnS	34.81	29.54	29.54	41.92	34.68	34.68
SO_4Ba	62.60	62.60	62.60	55.05	55.05	55.05
	97.41	98.43	100.24	96.97	97.99	100.35

« Si les analyses de la 3ᵉ colonne ferment un peu haut, cela provient de ce que, en réalité, tout le zinc soluble n'est pas à l'état de $Zn\begin{cases}SH\\OH\end{cases}$, mais partie à cet état et partie à l'état de ZnO.

« On peut remarquer que tous ces types donnent comparativement à presque tous les précédents une humidité et une teneur de ZnO de beaucoup supérieures. A l'appui de l'explication que je viens de donner, je vais fournir les résultats analytiques que j'ai obtenus sur deux échantillons qui m'ont été remis par deux industriels français, ayant voulu installer la fabrication du lithopone en essayant de se soustraire à l'obligation de la calcination. Les produits qu'ils m'ont remis ont été obtenus par double décomposition, passage au filtre-presse et séchage à 100° environ.

	H.			I.		
	1	2	3	1	2	3
H_2O	»	2.88	2.88	»	2.66	2.66
Extrait aqueux	»	0.48	0.48	»	2.02	2.02
ZnO	»	1.66	»	»	1.40	»
$Zn\begin{cases}SH\\OH\end{cases}$ ...	»	»	2.36	»	»	1.95
ZnS	28.43	26.60	26.60	27.95	26.36	26.36
SO_4Ba	67.40	67.40	67.40	66.70	66.70	66.70
	95.83	99.02	99.72	94.65	99.14	99.69

« On voit que, dans ce cas comme dans les précédents, on ne peut arriver à fermer convenablement l'analyse qu'en admettant le zinc soluble dans l'acide acétique faible à l'état de $Zn\diagdown^{SH}_{OH}$

« Pour faire une vérification expérimentale de cette théorie, j'ai précipité une solution de sulfure de baryum par du chlorure de zinc. Le précipité lavé, traité par l'acide acétique à 1 % donne une solution précipitant par l'hydrogène sulfuré. Pendant l'action de l'acide acétique faible, on perçoit très nettement l'odeur de l'hydrogène sulfuré.

« Tous ces caractères se retrouvent pendant l'attaque à l'acide acétique faible des lithopones donnant des résultats analytiques anormaux.

« De l'ensemble de ces considérations il me paraît donc résulter que l'on peut attribuer à la présence de l'oxysulfhydrate de zinc les anomalies constatées à l'analyse de quelques types. »

Usages

Le lithopone est un succédanné du blanc de zinc : c'est une couleur qui n'a pas toutes ses qualités, incontestablement, mais dont le prix beaucoup moins élevé permet un écoulement très large dans la peinture en batiment et dans l'industrie du caoutchouc. Si les peintures au lithopone ne changeaient pas souvent de couleur sous l'influence de la lumière, et aussi quand on y ajoute des siccatifs au plomb, ce serait une couleur parfaite, mais beaucoup moins solide que la céruse.

SULFURE DE ZINC

Il est curieux de rappeler que depuis longtemps déjà M. Lauth a signalé l'intérêt du sulfure de zinc. Dans son rapport sur l'Exposition de 1878, il s'exprime ainsi : « le sulfure de zinc est un blanc très pur, d'un pouvoir couvrant considérable, qui paraît notablement supérieur à celui de la céruse et du blanc de zinc ; il n'est pas altéré par les émanations sulfureuses, sans action sur les métaux et absolument inoffensif. Ces qualités précieuses semblent devoir réserver un bel avenir à ce produit dont la fabrication, d'ailleurs, est déjà importante : une usine de Liverpool en fait 25 tonnes par semaine ».

Il semble, à la lecture de ces lignes, que l'emploi du sulfure de zinc ne présente rien de nouveau. Pourtant, il n'en est rien. Depuis 1878 jusqu'en 1906, le sulfure de zinc n'existait pas comme couleur sur le marché. Les Anglais livrent bien des mélanges, en diverses proportions, d'oxyde et de sulfure de zinc (avec, parfois, du sulfate de baryte), sous les noms de *silicate paint* et *psymithiophane*, mais ces mélanges sont peu employés (1).

Il faut se souvenir que le sulfure de zinc se présente sous des aspects bien divers ; le procédé le plus simple, celui qui consiste à précipiter un sel soluble de zinc par le sulfure de sodium, donne un produit irrégulier, sans grand pouvoir couvrant.

Rappelons qu'il a été constaté des différences d'ordre physique et chimique entre ZnS acide et ZnS basique précipités par l'hydrogène sulfuré d'un zincate alcalin ou d'un sel de zinc (2). Ces formes ne sont pas transformable l'une dans l'autre entre o et 100°. M. Moissan (3) a rappelé que le sulfure de zinc hydraté, desséché à la température ordinaire, en présence d'acide sulfurique, donnait $3ZnS$, $2H^2O$; à 100°, dans un courant d'hydrogène, c'est $2ZnS$, H^2O ; à 150° $4ZnS$, H^2O. La déshydratation complète ne peut être obtenue qu'au rouge. Le sulfure de zinc précipité est amorphe au moment de la précipitation ; il est alors soluble dans le sulfhydrate de sulfure de sodium ; peu à peu il devient cristallin et insoluble dans ce réactif. La vitesse de transformation dépend de la température, de la dilution et de la nature des composés en solution.

Des brevets récents sont venus remettre à l'ordre du jour la fabrication industrielle du sulfure de zinc.

Le premier en date est celui de la compagnie des mines d'Arrigas. Ce qui caractérise ce procédé, c'est la mise en œuvre directe

---

(1) Lemoine et du Manoir. *Manuel pratique de la fabrication des couleurs*, p. 145.

(2) Villiers, *Bull. Soc. Chim.*, t. XIII, p. 257, année 1895.

(3) *Traité de chimie minérale*, t. III, p. 1015.

de minerais oxydés (1). Ces minerais sont traités par une solution ammoniacale. Le zinc est amené en solution avec un certain nombre d'autres métaux. Ceux-ci sont d'abord éliminés et la solution de carbonate de zinc épurée est traitée par le sulfure de sodium en solution :

$$CO^3Zn + NaSH.NaOH = CO^3Na^2 + Zn \Big\langle {}^{SH}_{OH}$$

Le carbonate de soude reste en solution dans l'ammoniaque, l'oxysulfhydrate de zinc précipité est parfaitement blanc. On le soumet alors à l'action de la chaleur : $Zn \Big\langle {}^{SH}_{OH} = ZnS + H^2O$.

Il n'est fourni, dans le brevet, aucune explication sur la nature des récipients, la température et la durée d'action. Mais l'action de la chaleur a été reconnue nécessaire pour rendre le sulfure de zinc employable en peinture.

Ce procédé exige l'emploi de grandes quantités d'ammoniaque et l'on sait, par l'expérience des procédés Solvay, combien la récupération en est difficile.

Comme le sulfure de zinc d'Arrigas ne se trouve pas sur le marché, il n'a été rien publié jusqu'à maintenant qui soit de nature à faire apprécier sa valeur au point de vue aspect, solidité et pouvoir couvrant.

Les deux autres brevets, bien que plus récents, ont trait à un sulfure que l'on trouve facilement dans le commerce (2).

L'inventeur emploie le zinc granulé qu'il fait bouillir, en récipient clos, dans un excès de soude caustique. Dans ces conditions, le zinc décompose l'eau rapidement, avec formation d'un zincate, véritable sel, où l'oxyde de zinc est électronégatif. Il se dégage en même temps de l'hydrogène :

$$Zn + 2NaOH = Zn \Big\langle {}^{ONa}_{ONa} + H^2.$$

Quand le zinc est dissous en quantité voulue, on commence à ajouter une solution de sulfure alcalin. On sait que la solution aqueuse d'un sulfure alcalin, du sulfure de sodium, par

____

(1) Brevet n° 325.587, 24 octobre 1902.
(2) Brevets n°ˢ 353.480 (17 avril 1905) et 353.496 (18 avril 1905).

exemple, est un mélange de NaSH et de NaOH ; on peut donc écrire la réaction :

$$\mathrm{Zn}\left<{{\mathrm{ONa}}\atop{\mathrm{ONa}}}\right. + \mathrm{NaSH.NaOH} + 2\mathrm{H^2O} = \mathrm{Zn}\left<{{\mathrm{SH}}\atop{\mathrm{OH}}}\right. + 4\mathrm{NaOH}$$

Le précipité obtenu est un oxysulfhydrate de zinc qu'une simple calcination permet de transformer en sulfure :

$$\mathrm{Zn}\left<{{\mathrm{SH}}\atop{\mathrm{OH}}}\right. = \mathrm{ZnS} + \mathrm{H^2O}.$$

Il convient de remarquer que ce procédé donne en même temps un alcali caustique de valeur industrielle incontestable. De plus, pendant l'attaque du zinc, il se dégage de l'hydrogène dont on peut également escompter l'utilisation. L'inventeur attribue à ce dégagement d'hydrogène la cause de l'état extrême de division dans lequel se précipite l'oxysulfhydrate de zinc.

Pour rendre l'opération continue, on écoule seulement les 4/5 du contenu et on ajoute alors du zinc et du sulfure de sodium.

L'adjonction de sulfure de sodium à la solution de zincate est faite de telle façon qu'il n'y a jamais excès du sulfure alcalin.

L'ensemble des figures ci-dessous indique les dispositifs employés. Pour éviter qu'il y ait un excès de sulfure alcalin, on demande au dégagement d'hydrogène de jouer l'office de régulateur.

Le zinc granulé est chauffé dans un bac fermé A (fig. 14) par injection de vapeur sous le double fond a^1. En b, se trouve un tambour tournant, avec fond et parois perforés, divisé en cloisons.

L'hydrogène qui se dégage par le tuyau g fait pression sur l'eau placée en I. Celle-ci monte dans le tuyau 5 et, par l'intermédiaire du flotteur 1, ferme la soupape m qui coupe toute communication avec le vase V contenant la solution de sulfure alcalin amenée dans l'appareil à réaction par les tubes n et h.

Quand la réaction ne donne plus d'hydrogène, la pression en I cesse, le flotteur descend, la soupape m s'ouvre et le sulfure de sodium s'écoule.

Les figures 15 et 16 montrent les différents dispositifs employés pour établir le fond de l'appareil et le détail du régulateur fonctionnant pour le dégagement d'hydrogène, dosant la quantité de sulfure à introduire dans l'appareil.

Ces appareils sont parfaitement étudiés et le produit commercial se présente sous l'aspect d'une poudre d'un blanc très pur et d'une onctuosité extraordinaire. Nous avons eu en mains

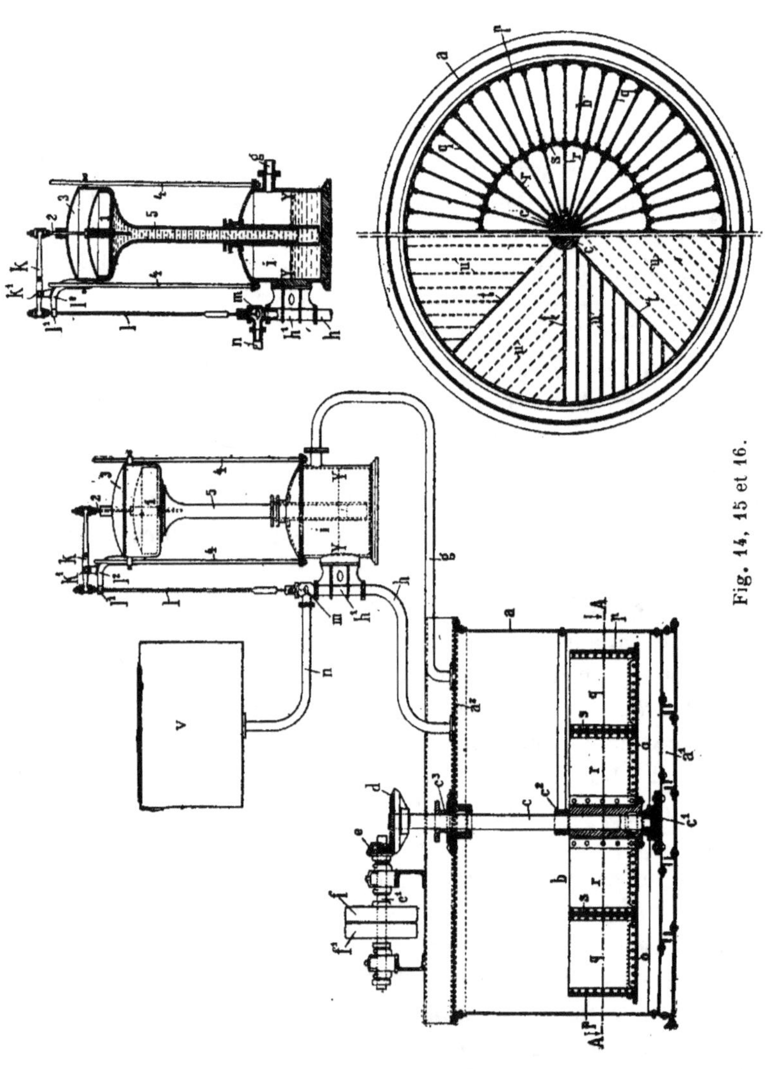

Fig. 14, 15 et 16.

du sulfure de zinc préparé par cette méthode ; nous en avons fait l'analyse qui nous a donné les résultats suivants (1) :

Humidité	1.84	1.84
Extrait aqueux	1.04	1.04
Oxyde de zinc	1.60	
Oxysulfhydrate de zinc		2.02
Sulfure de zinc	94.96	94.96
	99.44	99.86

Dans la colonne 1 nous admettons le zinc soluble dans l'acide acétique faible à l'état de ZnO et dans la colonne 2 à l'état de $Zn{\Large<}_{OH}^{SH}$, ce qui correspond à la réalité, si l'on veut bien se reporter à ce que nous avons dit plus haut.

Pourtant un examen plus approfondi nous a conduit à des conclusions différentes que nous développons ci-dessous :

« J'ai pensé que l'on pouvait appliquer à l'analyse de ce produit la méthode que j'ai précédemment indiquée pour l'analyse des lithopones (2) et voici les résultats obtenus sur deux échantillons différents :

	a.	*b.*
Humidité	1.54	1.56
Extrait aqueux	1.04	1.08
ZnS	94.96	95.20
$Zn{\Large<}_{OH}^{SH}$	2.02	1.71
	99.56	99.55

« Les résultats paraissent donc très acceptables. Mais si on les contrôle, par dosage du soufre, ils ne le sont plus du tout. Voici,

(1) Nous avons utilisé pour cette analyse la méthode qui nous a servi à établir la composition des différents lithopones. *Bull. Soc. Chim.*, année 1902.

(2) Ch. Coffignier. « Sur la composition du sulfure de zinc industriel ». *Bull. Soc. Chim.* 4ᵉ S. t. I. p. 781, 1907.

en effet, les quantités de soufre dosées dans chacun des deux
échantillons :

	a.	b.
Soufre	26.87	26.65

« Il faut donc admettre qu'en dehors du zinc combiné à ces
quantités de soufre, il en existe à l'état d'oxyde ; mais que cet
oxyde se présente à deux états, en quantités différentes, la plus
faible partie seulement étant soluble dans l'acide acétique faible.

« Le résultat global de l'analyse peut donc être résumé ainsi :

	a.	b.
Zinc	64.80	64.37
Zinc combiné au soufre	54.57	54.13
Soufre	26.87	26.65
Sulfure de zinc	81.44	80.78
Oxyde de zinc dans l'acide acétique faible	1.60	1.24
Oxyde de zinc insoluble dans l'ac. acétique faible	11.15	12.52

« Le sulfure de zinc industriel est séché et chauffé à température peu élevée. Or, M. Villiers a montré (1) que le sulfure de zinc
hydraté donnait, à 150°, $4ZnS.H^2O$. En admettant cet hydrate
dans le sulfure de zinc industriel, on arrive à assigner à la nouvelle
couleur blanche la composition suivante :

	a.	b.
ZnS	81.44	80.78
ZnO soluble dans l'ac. acétique faible	1.60	1.24
ZnO insoluble dans l'ac. acétique faible	11.15	11.52
Humidité	1.54	1.56
Extrait aqueux	1.04	1.08
Eau combinée au sulfure de zinc	3.78	3.74
	100.55	99.92

(1) *Bull. Soc, Chim.*, 1895, p. 257.

« L'écart assez grand constaté entre les analyses de deux types différents peut s'expliquer par ce fait qu'il est impossible d'affirmer, *a priori*, que l'hydrate de sulfure de zinc est bien $4ZnS.H^2O$. »

On peut dire, au point de vue industriel, que cette nouvelle couleur blanche est du sulfure de zinc sensiblement pur.

Quand on broie ce sulfure de zinc à l'huile, on obtient une pâte donnant une couleur bien blanche.

On prétend que le sulfure de zinc couvre 1 fois 1/2 plus que la céruse (1). Nos essais personnels nous permettent d'affirmer que le pouvoir couvrant du sulfure de zinc est certainement égal, pour ne pas dire supérieur, à celui de la céruse. Ce qui est incontestable, c'est qu'aucune comparaison ne peut être établie avec l'oxyde de zinc qui *couvre infiniment plus mal*. Nous entendons parler ici du pouvoir couvrant *par opacité*.

Et ce point mérite de fixer l'attention ; car, si le sulfure de zinc peut donner des peintures *résistant à l'extérieur*, son avenir est magnifique. Pour notre part, nous ne pouvons nous prononcer sur ce point que l'expérience et le temps seuls permettent de fixer.

BLANC DE ZINC

Historique

En 1770, le chimiste Courtois présentait une note à l'académie de Dijon sur l'emploi du carbonate et de l'oxyde de zinc comme couleurs blanches. En 1783, Guyton de Morveau publia les résultats des essais faits avec 3 nouvelles couleurs : le tartrate de chaux, le blanc de zinc et le blanc d'étain ; ces peintures résistaient parfaitement à l'action de l'hydrogène sulfuré. Dès 1781, Courtois entreprenait la fabrication industrielle du blanc de zinc ; en 1786, des essais étaient faits à bord du vaisseau « Le Languedoc », pour des peintures intérieures, avec **résultat favorable.**

(1) *Revue économique internationale*, juillet 1906, p. 213.

En 1796, Atkinson prenait un brevet en Angleterre pour la fabrication du blanc de zinc.

Le rapport présenté en 1808 à l'Institut par Fourcroy, Berthollet et Vauquelin, contient une réserve qu'on a trop oubliée pendant les dernières discussions sur la céruse : pour *couvrir* autant qu'*une* couche de céruse, il faut *deux* couches de blanc de zinc.

La fabrication industrielle, après un assez long oubli du produit, fut reprise en 1842 par Rouquette, en 1844 par Mathieu, et en 1849 par Leclaire et Barruel. Leclaire, entrepreneur de peinture, dont la maison existe encore à Paris, monta une fabrique pour produire le blanc de zinc dont il faisait usage. La tradition s'est conservée dans la maison et Leclaire et Barruel sont ceux qui ont donné le véritable essor à l'industrie du blanc de zinc.

Fabrication

On peut préparer le blanc de zinc de deux façons :

1° *En partant du zinc métallique.* Des saumons de zinc sont mis dans des cornues en terre à creusets, de forme allongée, placées par doubles rangées dans un four. On chauffe, le zinc distillle, rencontre un jet d'air qui l'oxyde. La charge des cornues se fait à l'aide de récipients en tôle, placés en avant des cornues et munis de portes. On condense l'oxyde de zinc d'abord dans des chambres en tôle, où se trouvent des trémies. Les chambres suivantes, de très grandes dimensions, contiennent des toiles de coton pluchueux sur lesquelles vient s'attacher le blanc.

Il y a généralement 8 à 9 chambres.

Avec un four de 40 cornues on arrive à distiller 27 tonnes de zinc en 24 heures, en brûlant 12 tonnes de houille. 100 kgr. de zinc doivent donner 125 kgs d'oxyde. Le rendement industriel est d'environ 115 kgs.

2° *En partant des minerais.* Les minerais de zinc, blende ou calamine, sont réduits par le charbon, et le zinc obtenu distille à son tour pour être transformé en oxyde comme il vient d'être indiqué.

Cette seconde méthode est beaucoup plus moderne. On la trouve décrite en détail dans le récent ouvrage de M. G. Petit (1).

La mise au point du procédé est due à Wetherill.

La réduction et la volatilisation ont lieu dans un four à voûte, séparé en 2 ; d'un côté le foyer, de l'autre le cendrier. La grille est de forme particulière ; elle est constituée par des plaques de fonte percées de trous coniques, plaques aussi longues que le four, soutenues par des sommiers de faible section. De l'air, à une pression de 5 à 10 mm. d'eau, est envoyé sous la grille.

Les vapeurs de zinc sont réoxydées dans le four même et dans le carneau supérieur, grâce à la haute température qui y règne.

Les gaz sont refroidis avant condensation dans des chambres comme dans l'ancien procédé. Il paraît qu'en Amérique on se soucie peu du refroidissement et que les gaz sont envoyés chauds dans d'énormes chambres.

La charge d'un four demande 6 heures ; on emploie comme combustible d'allumage 40 à 45 % du minerai traité ; on utilise du coke ou de l'anthracite.

Une fois l'opération bien en route, on bouche la porte de travail, et on envoie de l'air sous pression pendant 3 à 4 heures.

En Amérique, les minerais traités sont surtout la *Franklinite* (Fe^2ZnO^4) et la *Wilhelmite* (SiO^4Zn^2). Le procédé n'est applicable qu'au traitement des minerais pauvres, ce qui explique pourquoi cette fabrication est surtout américaine.

On a encore proposé la préparation du blanc de zinc en partant de la blende (2). La blende est grillée de manière à obtenir un mélange d'oxyde et de sulfate ; le mélange est traité par une solution acide de sulfate d'ammoniaque. L'oxyde de zinc est transformé en sulfate de zinc et il y a formation de sulfate neutre d'ammoniaque.

$$2 (SO^4.NH^4.H) + ZnO = SO^4 (NH^4)^2 + H^2O + SO^4Zn.$$

En additionnant d'ammoniaque, le zinc se trouve précipité à l'état d'hydrate d'oxyde :

(1) *Céruse et blanc de zinc*, p. 116 et suivantes.
(2) E. Walker. « Préparation du blanc de zinc » d'après Ellershausen et Western. *Eng. and Min..* janvier 1903, p. 399.

$$ZnSO^4 + SO^4(NH^4)^2 + 2NH^3 + 2H^2O =$$
$$Zn(OH)^2 + 2SO^4(NH^4)^2$$

Les auteurs prétendent que la solution de sulfate d'ammoniaque a la propriété de ne pas dissoudre de fer ; mais on peut se débarrasser du fer à l'aide de la chaux ou du chlorure de chaux.

Une partie du sulfate d'ammoniaque rentre en fabrication, l'autre partie, traitée par la chaux, donne de l'ammoniaque. Les pertes en ammoniaque sont, paraît-il, très faibles et le procédé a été étudié industriellement dans une usine des environs de Londres.

Fabrication électrolytique

En électrolysant l'eau avec, comme électrode positive du zinc et comme électrode négative du charbon, M. Barrier (1) prétend fabriquer très simplement du blanc de zinc, tombant au fond de la cuve pendant le passage du courant.

Le bac est en bois, en verre, ou en métal émaillé.

M. Oettli, de Lausanne (2), emploie comme électrolyte une solution de sulfate de sodium à 1 %, maintenue à 60°. Le courant doit avoir une densité de 10 ampères par cm².

Propriétés

Le blanc de zinc est constitué par de l'oxyde de zinc presque pur (ZnO). Le produit condensé dans les dernières chambres est plus blanc, c'est le *blanc de neige*. Les produits des premières chambres contiennent du zinc métallique. Broyés à l'eau et lavés, ils laissent d'abord déposer un blanc de zinc de qualité courante, puis un mélange d'oxyde de zinc avec une grande quantité de zinc en poudre très fine : c'est le *gris de zinc*.

Le blanc de zinc n'est pas vénéneux, mais on a tort de le considérer comme une couleur absolument inoffensive et il serait

(1) *Fabrication de l'oxyde de zinc.* Brevet 338.977, ennée 1907.
(2) Brevet americain n° 771.025.

imprudent de respirer la poudre d'oxyde de zinc d'une façon prolongée, car, ainsi que le fait observer très justement M. Guignet, « l'oxyde de zinc est une base assez énergique ; il peut donc former des sels avec les acides de l'économie animale, et l'on sait que tous les sels de zinc sont vénéneux. »

Les peintures au blanc de zinc résistent parfaitement aux émanations sulfureuses, mais ainsi que nous l'avons dit précédemment, elles couvrent moins et leur résistance aux agents atmosphériques est de beaucoup inférieure à celle de la céruse.

M. J. L. Breton a examiné toutes ces questions dans un article documenté (1). Des peintures à la céruse, au blanc de zinc et au lithopone ont été soumises à l'action des acides, des alcalis, de la benzine, du toluène, du sulfure de carbone, du sulfure de carbone et de l'éther. M. Breton nous dit que les peintures sont rapidement attaquées par les acides, les alcalis et désagrégées par les autres corps, que la présence du sulfate de baryte conduit à une attaque moindre. Ce sont des résultats qu'il était facile de prévoir et de la diversité des attaques n'apparaît qu'une différence de constitution chimique. C'est ainsi que le blanc de zinc, bien supérieur au lithopone, se dissoudra dans l'acide acétique à 1 % alors que le lithopone ne sera pas attaqué.

M. Breton a constaté que les peintures à la céruse adhéraient moins au support. Une expérience de 10 années nous a toujours montré le contraire. M. Breton indique également une méthode pour déterminer le pouvoir couvrant en mesurant le volume d'une solution de matière colorante à ajouter à des poids égaux de différentes couleurs pour obtenir les mêmes nuances :

Sulfate de baryte	38
Lithopone	123
Céruse	126
Blanc de zinc	205

On arriverait donc à admettre que le blanc de zinc couvre près de deux fois plus que la céruse.

(1) *Annales de Physique et de Chimie.* « Note sur la substitution des peintures à base de zinc aux peintures à base de plomb ». 7ᵉ S., t. XXX, p. 554, 1903.

Or nous savons que cette conclusion est contraire au rapport Fourcroy, Berthollet et Vauquelin. Les conclusions de ce rapport viennent d'ailleurs d'être confirmées par M. E. Lenoble (1) qui, à la suite d'une série d'expériences faites avec des détrempes pratiques, a conclu qu'il fallait, pour obtenir le même pouvoir couvrant, en appliquant des épaisseurs égales sur des surfaces égales, *4 couches* de blanc de zinc, pour *3 couches de céruse*. C'est ce que tous les praticiens admettent.

Analyse

L'analyse qualitative se fait en traitant par l'acide nitrique à chaud : la dissolution est complète et facile. La solution est rendue alcaline par la soude, acidifiée ensuite par l'acide acétique et traitée par l'hydrogène sulfuré : il se fait un précipité blanc de sulfure de zinc.

Chauffé fortement, le blanc devient jaune et la coloration disparaît par refroidissement.

On dose :

1° *L'humidité*, en séchant à l'étuve à très basse température. On ne doit pas trouver de chiffres supérieurs à 2 ou 3 o/o.

2° *Le zinc*. On dissout 1 gr. de blanc de zinc dans de l'acide sulfurique étendu. On évapore à sec, reprend par l'eau bouillante et dose le zinc dans la solution, soit par l'électrolyse, soit en précipitant le métal par le carbonate de soude. On opère à l'ébullition. Le carbonate de zinc précipité est lavé par décantation, filtré et séché à 100°. On calcine le filtre à part, après l'avoir préalablement humecté de nitrate d'ammoniaque. On incinère et pèse. On obtient directement l'oxyde de zinc.

Usages

Le blanc de zinc trouve un large débouché dans la peinture en bâtiment, où son emploi est tout indiqué pour les

(1) *Bulletin trimestriel de la Société Industrielle du nord de la France.* 1ᵉʳ trimestre 1907, p. 21. « Supériorité du pouvoir couvrant de la céruse sur celui du blanc de zinc ».

peintures intérieures. A l'extérieur il donne des enduits proté-
geant moins bien contre l'humidité et résistant beaucoup moins
que la céruse aux agents extérieurs, tout en demandant un plus
grand nombre de couches que le blanc de plomb. Il est employé
broyé à l'huile de pavot et nécessite l'emploi de siccatifs ne contenant pas de plomb. C'est cette clause qui avait rendu si difficile, au début, la siccativation des peintures au blanc de zinc. On
doit donc employer, selon les nuances, des siccatifs à base d'huile
cuite au manganèse, ou des siccatifs solides.

La peinture artistique et la peinture en décors font usage du
blanc de neige ; c'est, en particulier, le blanc tout indiqué pour
éteindre le vermillon. Du vermillon éteint à la céruse ne tarde
pas à noircir.

Enfin, le blanc de zinc entre en proportions plus ou moins
grandes dans la fabrication des siccatifs solides dont nous parlons
plus loin.

COULEURS BLANCHES DIVERSES

Il existe encore un certain nombre de couleurs blanches, soit
naturelles, soit de fabrication. Leur importance est moindre, en
tant que couleurs blanches, mais beaucoup sont consommées en
quantités considérables comme *charges*.

Blancs d'antimoine

On a proposé comme blancs d'antimoine deux composés distincts :

1° *L'oxyde d'antimoine* obtenu en grillant le sulfure d'antimoine dans un courant d'air et de vapeur d'eau. L'oxyde entraîné
est condensé dans des chambres faisant suite au four de grillage.

2° *L'oxychlorure d'antimoine.* Le sulfure d'antimoine, traité par
l'acide chlorhydrique, donne un chlorure que l'on précipite par
l'eau à l'état d'oxychlorure. Les eaux-mères rentrent en fabrication. L'oxychlorure est lavé et séché.

Ces deux blancs d'antimoine, qu'on a essayé de faire renaître
industriellement au moment de la campagne contre la céruse,
couvrent moins bien que la céruse mais ne sont pas beaucoup
moins vénéneux. S'ils ne noircissent pas sous l'influence des
émanations sulfureuses, ils jaunissent. D'un prix plus élevé que
la céruse, on ne voit vraiment pas quels sont les avantages qu'ils
pourraient présenter.

Blanc de cuivre

C'est du sulfocyanure de cuivre, obtenu en précipitant un sel
de cuivre par le sulfocyanure de chaux. Il paraîtrait que ce sel
se mélange bien à l'huile et peut être ajouté à la céruse pour préparer des peintures sous-marines (1).

Blanc de tungstène

Tungstate de baryum, fabriqué en Angleterre (2), par double
décomposition entre un sel de baryum et le tungstate de soude.
Ce blanc est, dit-on, d'un blanc très pur et couvre bien.

C'est J. Lefort (3) qui a fixé l'attention sur ce produit. Il employait l'acétate de baryum et le tungstate de soude et assignait au
produit obtenu la composition suivante :

	1	2	Théorie
TuO^3	59.62	60.03	60.22
BaO	40.38	39.97	39.78
	100	100	100

Blanc inaltérable, dont la blancheur ne varie pas quand on le
soumet à l'action de la chaleur. Proposé comme couleur par Sacc,

(1) Lemoine et du Manoir. *Manuel pratique de la fabrication des couleurs*.

(2) *Moniteur scientifique*. 1883, p. 471.

(3) *Annales de Physique et de Chimie*. « Recherches chimiques sur les
tungstates ». 5ᵉ S., t. XV, p. 324, 1878.

son prix ne permet guère de l'employer, d'autant plus qu'il est problablement altéré par l'action prolongée de la lumière.

Quant on dessèche au bain-marie le tungstate précipité, il donne une matière cornée, difficile à pulvériser, soluble à 15° dans 300 parties d'eau. C'est un tritungstate (1).

Blanc de silice

Quand on calcine au rouge une variété de silice hydratée que l'on trouve en Angleterre sous forme de dépôts naturels lavés au préalable, on obtient un blanc de très belle apparence, renfermant plus de 90 % de silice anhydre. Léger, extrêmement fin, et se mélangeant bien à l'huile, c'est une charge parfaite pour la fabrication de couleurs peu denses, ne tombant pas au fond des camions. De vente très courante, il entre dans la composition des *verts légers*. D'un prix légèrement plus élevé que le sulfate de baryte.

On décèle analytiquement la présence du blanc de silice par l'attaque à l'acide nitrique chaud, d'une part : insolubilité à peu près complète. La fusion au creuset de platine avec un mélange de carbonate de soude et de potasse donne une masse soluble dans l'eau chaude. La solution acidulée à l'acide chlorhydrique, évaporée au bain-marie, donne un précipité floconneux insoluble dans les acides.

Blanc de baryte

Le blanc de baryte, qui est constitué par du sulfate de baryte SO^4Ba, est encore connu sous les noms de *spath pesant, barytine, blanc du Tyrol, blanc fixe*. Dans toutes les fabriques de couleurs on le désigne simplement sous le nom très impropre de *baryte*. On le connaît sous 2 états :

1° *Sulfate de baryte naturel*. On trouve le sulfate de baryte en masses considérables en Hongrie, en Belgique et en Auvergne,

(1) *Ibid.* Lefort. *Sur les tritungstates*, t. XVII, p. 476, 1879.

où il existe des exploitations industrielles qui font un classement selon la nuance et livrent en sacs à l'état de poudres fines. Le sulfate naturel que peut se procurer l'industrie se présente sous l'aspect de poudres pesantes dont la couleur varie du jaune clair sale au blanc parfait. La coloration est due à la présence de quantités plus ou moins fortes d'oxyde de fer, ainsi que le montrent les analyses suivantes :

	a	b	c
Sulfate de baryte...	94.10	97.50	92.60
Sulfate de strontiane	»	0.85	»
Sulfate de chaux....	3.40	0.80	5.40
Oxyde de fer.......	2.50	0.15	1.50
Eau	»	0.50	1.50

Sa densité varie de 4.35 à 4.71.

2° *Sulfate de baryte artificiel.* A l'origine de la fabrication, qui a été créée par Kuhlmann, on obtenait le sulfate artificiel, auquel fut donné le nom de blanc fixe, par deux méthodes indiquées par Kuhlmann dans une note à l'Institut. Kuhlmann utilisait la whitérite (carbonate naturel) qu'il traitait par les vapeurs acides des fours à soude ou des chambres de plomb. Les solutions précipitées par l'acide sulfurique donnaient le blanc fixe. En partant du sulfate naturel, il obtenait un sulfate artificiel en utilisant le chlorure de manganèse qui était à cette époque un résidu de la fabrication du chlore. En chauffant le sulfate naturel avec le chlorure du manganèse et de charbon il formait :

$$SO^4Ba + MnCl^2 + 4C = BaCl^2 + MnS + 4CO$$

En traitant par l'eau, il obtenait une solution de chlorure de baryum qu'il suffisait de précipiter par l'acide sulfurique.

Ces méthodes et celles qui suivirent n'ont plus maintenant qu'un intérêt historique. Les grands producteurs de sulfate de baryte artificiel sont les fabricants d'eau oxygénée. On sait, en effet, que l'eau oxygénée est obtenue par l'action de l'acide chlorhydrique sur le bioxyde de baryum.

$$BaO^2 + 2HCl = BaCl^2 + H^2O^2$$

L'élimination du chlorure de baryum se fait par addition d'acide sulfurique.

$$BaCl^2 + SO^4H^2 = SO^4Ba + 2HCl$$

On passe au filtre-presse, on reprend les tourteaux qui sont lavés dans de grandes cuves, 2 ou 3 fois, livrés en pâte, ou dessèchés. Le sulfate qui a été lavé 3 fois est moins estimé que le sulfate peu lavé, car il est moins onctueux.

Le sulfate de baryte naturel et le sulfate précipité n'ont pas la même structure, c'est ce qui explique pourquoi le pouvoir couvrant du sulfate précipité est plus grand que celui du sulfate naturel. Mais, dans les 2 cas, ce pouvoir est bien faible. Aussi ni l'un ni l'autre ne peuvent être utilisés comme blanc dans la peinture à l'huile. Ils sont employés comme charges : le sulfate naturel est d'un très grand usage, notamment dans la fabrication des verts anglais, bleus charrons, rouges laqués, etc. Le sulfate artificiel est surtout demandé par les fabricants de couleurs en pâte pour papiers peints.

L'analyse qualitative du blanc de baryte se fait de la façon suivante : attaqué à l'acide nitrique, il n'y a ni dissolution, ni dégagement gazeux. Bouilli avec une solution d'acétate d'ammoniaque, il n'y a pas de dissolution. Fondre avec un mélange de carbonate de soude et de potasse, laver à l'eau chaude et filtrer : la solution doit contenir de l'acide sulfurique. Dissoudre l'insoluble provenant de la fusion dans l'acide chlorhydrique, neutraliser, traiter par le chromate de potasse qui doit donner un précipité jaune.

Blanc minéral

C'est du sulfate de chaux hydraté $SO^4Ca\ 2H^2O$. Le gypse naturel calciné donne le plâtre. Abandonné à l'air il prend l'humidité et se transforme en SO^4Ca2H^2O, poudre blanche très fine. Inemployable comme couleur blanche à cause de son manque de pouvoir couvrant, il est utilisé comme charge dans la fabrication des laques de bois. Il entre dans la composition des siccatifs en poudre, dans une proportion considérable : nous avons même analysé des siccatifs en poudre *uniquement* constitués par du sulfate de chaux. Egalement très employé dans la fabrication des cires à bouteilles. Il est d'ailleurs assez curieux de constater que ces *cires* ne tiennent pas trace de véritables cires.

On recherche qualitativement le blanc minéral en opérant comme pour le sulfate de baryte. La liqueur chlorhydrique, saturée d'ammoniaque, donne un précipité blanc avec l'oxalate d'ammoniaque. On doit retrouver l'acide sulfurique dans la liqueur aqueuse.

Blanc de meudon

Le blanc de Meudon, encore connu sous les noms suivants : *blanc de Bougival, blanc de Troyes, blanc d'Espagne*, etc., est du carbonate de chaux CO^3Ca. Il en existe en abondance dans la nature. Il suffit de laver pour séparer les impuretés, de pétrir le dépôt que l'on moule en pains mis à sécher.

C'est la base des peintures à la colle (blanc gélatineux, blanc soluble à froid, soluble à chaud) à l'aide desquelles se font tous les plafonds dits *plafonds à la colle*. La fabrication du mastic pour vitriers en consomme de grandes quantités.

Chaux

Obtenu par calcination du carbonate de chaux. L'oxyde résultant CaO absorbe rapidement l'humidité, se délite en dégageant une grande quantité de chaleur et en se transformant en hydrate. Cet hydrate, délayé dans l'eau, additionné d'alun donne une peinture en détrempe que l'on peut diversement colorer pour faire des badigeonnages, à l'aide de brosses spéciales. On en augmente la solidité en ajoutant du silicate de potasse.

Kaolin

Silicate d'alumine naturel, à toucher très onctueux. On s'en sert comme charge, en particulier dans la fabrication de certains bleus.

On trouve du kaolin en Allemagne, en Autriche, en général dans toute l'Europe, en Chine, au Japon et en Amérique. En France, c'est surtout dans toute la Haute-Vienne et dans l'Allier que sont les principaux gisements (1).

Blanc d'amiante

On a proposé un mode d'utilisation de l'amiante, ce silicate double de magnésie et de chaux si répandu dans la nature (2).

L'amiante est chauffée à 200°, pulvérisée et mélangée avec 30 % de chaux hydratée, de sulfate de baryte et de blanc d'Espagne. On peut encore mélanger 30 % d'amiante, 30 % de chaux hydratée et 40 % d'eau pour obtenir une pâte que l'on sèche et chauffe à 200°. La couleur blanche ainsi obtenue se broie à l'huile.

Talc

Silicate de magnésie hydraté, naturel, encore connu sous les noms de *pierre à savon, craie de Briançon*. Broyage facile, donnant une poudre fine, utilisée dans les mêmes cas que le kaolin et pour satiner les papiers peints.

(1) C. Bischof. *Les argiles réfractaires*, p 50.
(2) Brevet Guérin et Meynet, année 1903.

CHAPITRE II

COULEURS BLEUES

Bleu de Prusse

Historique

Le bleu de Prusse constitue une importante couleur minérale, tant comme couleur pure que comme base principale d'une série de couleurs vertes.

Il n'est pas facile de déterminer exactement la date de la découverte du bleu de Prusse, de même qu'il est assez difficile de trancher la question de savoir à qui en revient l'honneur, de Dippel ou de Diesbach. Wattin (1773), Tingry (1803), désignent nettement Dippel ; tandis que les auteurs modernes, comme Guignet (1888), indiquent généralement Diesbach.

Et, chose curieuse à constater, les conditions dans lesquelles fut trouvée cette couleur sont loin d'être identiques chez les divers auteurs.

Tingry (1) s'exprime ainsi : « Dippel, chimiste de Berlin, ayant jeté dans sa cour plusieurs liqueurs dont il ne devoit plus faire usage, ou enfin pour débarrasser son laboratoire, vit, avec surprise, que quelques-uns des pavés étoient recouverts d'un bleu très éclatant. Il se rappela d'avoir jetté précédemment à la même place des résidus de solution de sulfate de fer ; et comme les liqueurs dont il venoit de se débarrasser étoient de nature alcaline, et avoient servi aux rectifications répétées de l'huile de

---

(1) *Traité théorique et pratique sur l'art de faire et d'appliquer les vernis,* t. II, p 40.

cornes de cerf, il crut trouver la clef d'une découverte qui lui parut précieuse. Il dirigea donc ses recherches vers ce but, et il parvint, après quelques expériences heureuses, à composer le bleu de Prusse par un procédé sûr ».

M. Guignet (1) rapporte que Diesbach, en 1710, saturant une solution d'alun ferrugineux par du carbonate de potasse, obtint un précipité bleu. La potasse qu'il employait lui avait été fournie par Dippel et retirée d'un résidu de fabrication d'huile animale : elle contenait du ferrocyanure de potassium. Dippel et Diesbach, après quelques études, parvinrent à fabriquer régulièrement du bleu et tinrent secret leur procédé jusqu'en 1724. A cette époque, Woodward décrivit en Angleterre le procédé de fabrication.

Le *Manuel* Roret (2) donne comme date de la découverte 1720 et comme auteur Diesbach. On trouve, d'autre part, la date de 1707 (3) et même de 1704 (4).

Fabrication

Pendant les premières années de la fabrication industrielle du bleu de Prusse, les fabricants préparaient eux-mêmes la matière première la plus importante, le ferrocyanure de potassium, communément appelé *prussiate jaune*. Pour cela, ils se servaient de matières animales : poils, rognures de peaux, chairs d'animaux, huiles animales, sang desséché, etc. Le sang était la matière le plus fréquemment employée.

Desséché, mêlé au carbonate de potasse et à une petite quantité de limaille de fer, on obtient, en portant le mélange au rouge, des gâteaux qui, épuisés à l'eau chaude, donnent une liqueur riche en ferrocyanure de potassium.

Maintenant la fabrication du ferrocyanure de potassium constitue toute une industrie, nettement à part de l'industrie des couleurs.

(1) *Fabrication des couleurs*, p. 80.
(2) *Manuel du fabricant de couleurs*, t. I, p. 237.
(3) *Dictionnaire de chimie industrielle*.
(4) Lemoine et du Manoir, *Manuel pratique de la fabrication des couleurs*, p. 177.

Les fabricants de couleurs ne préparent plus que le protosel de fer et la solution qu'ils adoptent pour oxyder.

Il y a, en effet, deux manières différentes de préparer le bleu de Prusse :

1° En précipitant un persel de fer par le ferrocyanure de potassium :

$$2Fe^2Cl^6 + 3FeCy^6K^4 = (FeCy^6)^3Fe^4 + 12KCl ;$$

2° En précipitant un protosel de fer par le ferrocyanure de potassium :

$$2FeCl^2 + FeCy^6K^4 = FeCy^6Fe^2 + 4KCl.$$

et en traitant par un agent oxydant le précipité blanc obtenu.

La première méthode, qui paraît si facile à réaliser, n'est pas employée industriellement, car elle donne des produits inférieurs.

Nous allons examiner les différentes opérations auxquelles donne lieu la fabrication du bleu de Prusse.

Préparation de la solution de fer

Dans les principaux ouvrages traitant de la question il est indiqué que l'on doit employer une solution de sulfate ferreux. Nous préférons de beaucoup une solution de chlorure ferreux, et nous en donnerons plus loin les raisons.

Pour préparer la solution de chlorure ferreux, on emploie avantageusement une cuve en bois goudronnée, munie d'une grande cheminée en bois pour le dégagement gazeux, et d'un robinet en grès pour soutirer le chlorure ferreux. On remplit à moitié la cuve d'eau bouillante, on jette le fer et on verse de l'acide chlorhydrique. Avec un excès de fer, on est toujours certain d'avoir une solution d'un sel au minimum, donnant un beau précipité blanc. Pour obtenir économiquement cette solution de chlorure ferreux, on utilise tous les débris de fer provenant de la fabrication des montures de porte-monnaie, ou les vieilles lames de scie. Il faut porter un grand soin dans le choix de ces rognures et éviter surtout la présence de petites quantités de cuivre.

Préparation de la solution de ferrocyanure de potassium

Il suffit de dissoudre ce sel dans l'eau chaude. La quantité à employer varie avec la dimension des cuves dont on dispose. Il ne faut pas oublier qu'en raison des nombreux lavages il convient d'opérer dans de *grandes* cuves pour une fabrication relativement *faible* de bleu. Les auteurs donnant des indications sur la concentration des solution de ferrocyanure de potassium (1) sont d'accord pour indiquer qu'il faut dissoudre 100 kgs de ferrocyanure dans 150 litres d'eau. Nous considérons cette solution comme beaucoup trop concentrée et nous engageons les fabricants à employer des liqueurs plus étendues. C'est une condition nécessaire, qui nous a été indiquée par l'expérience.

La solution de fer est placée dans la cuve inférieure et l'on ajoute, en remuant constamment, la solution de ferrocyanure (2).

Quand on emploie le sulfate de fer, il convient, d'après les auteurs qui indiquent ce procédé, de dissoudre 100 kgs de sulfate de fer dans 250 parties d'eau, pour précipiter une solution contenant 100 kgs de ferrocyanure de potassium.

Que l'on emploie le chlorure ou le sulfate ferreux, il faut éviter avec soin d'employer un excès de fer. En effet, cette précaution méconnue conduit à la fabrication d'un bleu qu'il sera très difficile de laver complètement et qui, une fois séché, n'aura pas la belle apparence des produits commerciaux renommés.

Oxydation

Le précipité blanc s'oxyde spontanément sous l'influence de l'oxygène de l'air, mais cette méthode, si économique en appa-

---

(1) Rorel, *Manuel du fabricant de couleurs*, t. I, p. 204. Halphon, *Couleurs et vernis*, p. 145.

(2) M. Guignet, dans son ouvrage *La fabrication des couleurs*, p. 84, dit très justement : « Le précipité blanc doit toujours être obtenu en versant peu à peu le ferrocyanure de potassium dans la solution de fer, additionnée d'acide. Il ne faut jamais faire l'inverse, car le précipité retiendrait une forte proportion de ferrocyanure de potassium ». Nous ajouterons qu'il n'est pas nécessaire d'opérer en solution acide.

rence, donne un mauvais rendement et des produits inférieurs. On a proposé toute une série de substances oxydantes qui réussissent assez bien.

a. *Perchlorure de fer.* — Cette substance, indiquée comme la meilleure, ne nous a pas paru répondre aux qualités qu'on lui prête. On opère à l'ébullition, en milieu acide.

b. *Chlorate de potasse.* — C'est un excellent produit d'oxydation, donnant un bleu très pur. On l'emploie à l'état de solution bouillante.

c. *Acide chromique.* — On prépare une solution composée de :

	Guignet	Halphen
Bichromate de potasse...	1 kgr.	1 kgr.
Acide sulfurique	13 — 5	1 — 35 (1)
Eau chaude	10 litres	10 litres

On opère également à chaud.

d. *Chlorure de chaux.* — C'est le meilleur de tous les oxydants. Il donne de très beaux bleus et son prix d'achat est minime. Il suffit de le dissoudre dans l'eau, quelques jours avant l'usage, pour obtenir par décantation une solution parfaitement claire. On a reproché au chlorure de chaux de donner des points blancs de sulfate de chaux dépréciant le produit final. M. Halphen fait, sur ce reproche, la remarque suivante (2) : « Il nous semble qu'on pourrait aisément faire disparaître cet inconvénient, en substituant au chlorure de chaux, la liqueur de Labarraque ; ou, plus économiquement, le chlorure ferreux au sulfate ferreux ». Nous n'avons pas essayé la liqueur de Labarraque, mais une longue pratique industrielle nous a montré tout l'avantage que l'on retire de l'emploi du chlorure ferreux. C'est pourquoi nous avons recommandé ce sel de préférence au sulfate.

De la façon dont se pratique l'oxydation résultent deux produits commerciaux :

(1) Evidemment la formule est la même, mais une erreur d'impression a dû se glisser dans l'ouvrage du second auteur.
(2) *Couleurs et vernis*, p. 141.

1° le *Bleu de Berlin* ;

2° le *Bleu d'acier* ;

produits se présentant sous des aspects bien différents.

Bleu de Berlin

C'est un bleu très foncé, connu encore sous le nom de bleu *rougeâtre,* en raison des reflets cuivrés très marqués que présentent les belles qualités.

Le précipité blanc est oxydé en milieu acide.

D'après les principaux auteurs, on rend le milieu acide en ajoutant, pour 100 kilogrammes de ferrocyanure :

Acide sulfurique	16 kgr. 500
Acide chlorhydrique	400 —

Puis on verse, peu à peu, en remuant bien, une solution de chlorure de chaux, dont la quantité doit être parfaitement calculée. Mais sur ce point très important les auteurs sont muets.

D'après Otto Weber (1) on obtiendrait un très beau bleu rougeâtre en oxydant de la façon suivante, toujours en partant de la même quantité de ferrocyanure : ajouter au précipité blanc contenant le moins d'eau possible 25 kilogrammes d'acide sulfurique, porter à l'ébullition et additionner de 150 grammes de sulfate ferrique.

Nous préférons, ainsi que nous l'avons déjà dit, l'oxydation au chlorure de chaux, mais nous recommandons de se tenir bien au-dessous des quantités indiquées plus haut pour acidifier. Elles sont manifestement exagérées. Quant au chlorure de chaux, il est indispensable, pour obtenir un beau produit, de n'en faire usage qu'en très léger excès. On peut aisément déterminer la quantité exacte en titrant la solution de chlorure de chaux à l'aide de l'acide arsénieux. Il est également utile d'amener la solution de chlorure de chaux au sein du liquide, à l'aide d'un tube plongeur, et de bien remuer pendant toute la durée de l'oxydation.

(1) *Moniteur scientifique,* janvier 1893.

Le lavage du bleu est une opération qu'il faut suivre attentivement. Comme données approximatives on peut dire que, en opérant dans une cuve de 2.500 litres, sur 100 kilogrammes de ferrocyanure, il faut au moins 5 ou 6 lavages. On arrête quand le liquide surnageant ne donne plus de trouble blanc dans une solution de ferrocyanure.

Le séchage doit être fait à une température ne dépassant pas 100°. En été, on aura avantage à faire sécher au soleil.

Quand toutes ces conditions sont bien observées, on obtient un produit bleu foncé, à cassure présentant de magnifiques reflets cuivrés. C'est à la beauté et à l'intensité de ces reflets que se juge une fabrication supérieure.

Bleu d'acier

Egalement connu sous le nom de *bleu Flore*, se fait en trois nuances :

Bleu d'acier foncé
—   moyen.
—   clair.

Le précipité blanc donne ces nuances de bleu par une oxydation faite dans des conditions essentiellement différents de celles qui viennent d'être développées plus haut.

Dans les traités spéciaux, il est recommandé de préparer le précipité blanc de la même façon que pour l'obtention du bleu foncé. Pourtant, il est préférable, pour obtenir ces nuances claires, d'agir d'un façon opposée, c'est-à-dire de couler la solution de fer dans la solution bouillante de ferrocyanure.

Voici, à titre d'exemple, un procédé indiqué (1) :

Dissoudre 100 kilogrammes de ferrocyanure de potassium dans 1.500 litres d'eau bouillante, ajouter 25 kilogrammes d'acide chlorhydrique, porter 1/2 heure à l'ébullition, précipiter à l'ébullition par 65 kilogrammes de chlorure ferreux en solu-

(1) *Moniteur scientifique*, 1893, p. 27.

tion dans 500 litres d'eau ; maintenir 1/2 heure à l'ébullition, remplir d'eau froide et abandonner deux jours. Décanter, additionner de 25 kilogrammes d'acide chlorhydrique, porter à l'ébullition et ajouter 12 kilogrammes de chlorate de potasse dissous dans 100 litres d'eau ; 20 minutes d'ébullition et laver.

On arrive beaucoup plus simplement au résultat en oxydant immédiatement avec une solution de chlorure de chaux employée en plus grand excès que dans la préparation du bleu foncé et en faisant précéder l'oxydation d'une ébullition du précipité blanc en présence d'acide chlorhydrique. Plus la quantité d'acide chlorhydrique sera grande et plus le temps d'ébullition sera prolongé, plus pâle sera la nuance obtenue. C'est en faisant varier ces deux facteurs qu'on obtient les trois types : foncé, moyen et clair.

Proprietés

Jusqu'à ces dernières années, on a considéré le bleu de Prusse comme un ferrocyanure ferrique $(FeCy^6)^3Fe^4 = Fe^7Cy^{18}$.

Les travaux plus récents de M. P. Chrétien [1] tendraient à admettre qu'il faut l'envisager comme un sel double $(Fe^2Cy^6)^m Fe^nK^{m-3n}$.

Il contient toujours une certaine quantité d'eau. On a indiqué $18H^2O$.

M. Wyrouboff, qui a particulièrement étudié les ferrocyanures, a montré que la quantité d'eau variait avec le mode de préparation employé [2] : « Du bleu préparé avec du perchlorure de fer et soigneusement séché m'a donné $8H^2O$. Le bleu préparé avec du sulfate de peroxyde de fer m'a donné $4H^2O$, celui préparé avec le nitrate $9H^2O$. Enfin, lorsqu'on analyse le précipité obtenu par le prussiate rouge et un protosel de fer, et qui est resté pendant quelque temps à l'air, même à l'état humide sur le filtre, on trouve un bleu de Prusse avec $6H^2O$ ».

(1) « Le bleu de Prusse et le bleu de Turubull » *C. R.* 1903, t. CXXXVII, p. 191.
(2) « Les ferrocyanures » *Annales de physique et de chimie,* 5ᶜ s., t. VIII, 1876, p 29.

Le bleu de Prusse est verdâtre à la lumière du gaz ; la lumière le décompose assez rapidement avec dégagement de cyanogène, d'où le peu de solidité de toutes ces couleurs à base de bleu de Prusse.

Les alcalis le détruisent facilement : il se forme de l'hydrate ferrique et du ferrocyanure de potassium.

Son pouvoir colorant est extraordinairement intense. C'est une couleur non vénéneuse.

Peu de corps ont été étudiés aussi attentivement au point de vue de la solubilité.

Bien que la plupart des traités de chimie signalent le bleu de Prusse comme insoluble dans l'acide chlorhydrique, il est en réalité soluble dans cet acide. M. Wyrouboff (1) l'a montré le premier, en 1876 ; il a indiqué qu'une toute petite quantité d'eau précipitait le bleu de cette solution colorée en jaune pâle. Nous avons reconnu que la présence des alcools gras, dans les mêmes conditions, permettait de dissoudre jusqu'à 40 gr. (2) de bleu par litre et, nous basant sur cette intéressante propriété, nous avons établi un procédé de dosage (3).

Voici, intégralement, le mémoire relatif à cette question de la solubilité :

« A la suite d'analyses de verts anglais (mélanges de bleu de Prusse, jaune de chrome et sulfate de baryte) j'ai été amené à constater qu'en attaquant ces verts par un mélange à parties égales d'acide chlorhydrique et d'alcool éthylique, le bleu de Prusse entrait en solution sans colorer celle-ci ; il ne restait comme résidu que du sulfate de baryte et du chlorure de plomb.

« J'ai été conduit, par suite, à chercher la raison de cette action dissolvante, croyant d'abord nécessaire la présence du chlorure de plomb formé par l'attaque du vert.

« On sait que le bleu de Prusse se dissout facilement dans les solutions d'acide oxalique, d'acide tungstique, d'oxalate, de tar-trate, de molybdate et de tungstate d'ammoniaque.

« M. Guignet à constaté également qu'il donnait une dissolu-

<hr>

(1) *Annales de physique et de chimie*, 5e série, t. VIII, 1876.
(2) *Bull. Soc. chim.*, 3e s., t. XXVII, p. 696, 1902.
(3) *Bull. Soc. chim.*, 3e s., t. XXXI, p. 391, 1904.

tion bleue, très foncée, dans une solution alcoolique d'acide fer-rocyanhydrique.

« En traitant à froid le bleu de Prusse par l'acide chlorhydrique à 22° B. l'acide se colore en vert et une grande partie du bleu reste au fond du vase ; en chauffant, le bleu entre en dissolution, et, s'il y en a peu, la liqueur prend une teinte jaune d'or clair. La solubilité est très faible : à 2 gr. par litre, on constate une solubilité complète ; mais, à 5 gr. par litre, il se fait, au bout de très peu de temps, un dépôt blanc cristallin, d'acide ferrocyanhydrique, ainsi que j'ai pu le constater à l'analyse, acide provenant de l'attaque de l'acide chlorhydrique qui scinde le bleu de Prusse en perchlorure de fer et acide ferrocyanhydrique ; à 10 gr. par litre, la solubilité n'est même pas complète à chaud. Le dépôt est bleuâtre et considérable.

« La présence des alcools de la série grasse facilite singulièrement l'action dissolvante de l'acide chlorhydrique. Voici les résultats auxquels je suis arrivé avec les principaux alcools, en employant à chaud, comme liquides dissolvants, des mélanges à volumes égaux d'acide chlorhydrique et d'alcools.

Alcool éthylique. — A 5 gr. par litre on obtient une solution colorée faiblement en jaune, donnant un précipité abondant et floconneux de bleu de Prusse quand on ajoute quelques gouttes d'eau. En conservant cette solution dans un flacon bien bouché, on constate qu'elle commence à laisser déposer un bleu au bout de 2 jours. Le dépôt va constamment en augmentant et, après quelques semaines, le liquide surnageant ne contient plus de bleu, puisque, même en présence d'un grand excès d'eau, il n'y a ni précipitation, ni coloration bleue.

« Une petite quantité de chlorure de plomb permet d'obtenir des solutions plus concentrées et se conservant beaucoup plus longtemps.

I. Alcool éthylique. . . . .   5o cc
   Acide chlorhydrique . . . .   5o cc
   Bleu de Prusse. . . . .   1 gr.
   Céruse. . . , ... , ... , ...   o,4

II. Alcool éthylique...................... 5o cc
Acide chlorhydrique................. 5o cc
Bleu de Prusse.................... 1 gr. 5
Céruse........................ o gr. 4

« La première solution reste limpide pendant 8 à 10 jours ; au bout de ce laps de temps, elle commence à laisser déposer du bleu ; mais après plusieurs semaines, il y a encore du bleu en solution dans la liqueur surnageante. La seconde solution donne un dépôt de bleu dès le lendemain ; mais la liqueur qui surnage se comporte comme celle de la solution n° 1.

Alcool propylique. — La dissolution se fait bien à 5, 10 et 20 gr. par litre. La solution à 5 gr. est d'un jaune pâle, celle à 10 gr. légèrement plus foncée, et celle à 20 gr. beaucoup plus foncée, couleur rhum. Toutes ces solutions ont été conservées plusieurs semaines sans qu'il se produise le plus petit dépôt. Elles donnent, comme les solutions précédentes et suivantes, un précipité abondant de bleu de Prusse, quand on ajoute une petite quantité d'eau.

Alcool isobutylique. — La dissolution est un peu plus longue à obtenir et se fait même difficilement à 20 gr. par litre. Les solutions à 5, 10 et 20 gr. par litre présentent peu de différence comme intensités de colorations elles sont toutes trois rougeâtres.

Alcool amylique. — La dissolution se fait très facilement et très rapidement. Les solutions sont assez claires quand elles viennent d'êtres préparées ; mais avec le temps, elles foncent et passent au brun. La présence de 20 gr. de bleu par litre détermine une séparation du liquide en deux couches bien distinctes, une couche supérieure couleur rhum, et une couche inférieure jaune vert clair. C'est dans la couche supérieure que se trouve la plus grande partie du bleu, car en versant un même nombre de gouttes des deux couches dans un même volume d'eau on constate un précipité plus abondant avec la couche supérieure.

« En portant la quantité de bleu à 4o gr. par litre, on obtient, mais difficilement, un liquide brun foncé, d'aspect oléagineux qui se sépare rapidement en deux couches, comme dans le cas précédent, mais avec une proportion bien plus grande pour la couche inférieure. Quant à la couche supérieure, elle est rougeâtre, plus foncée.

« En résumé, les mélanges à volumes égaux d'acide chlorhydrique avec les principaux alcools de la série grasse, permettent de dissoudre des quantités assez sérieuses de bleu de Prusse. L'alcool éthylique fournit une solution qui ne tarde pas à laisser déposer le bleu. Les autres alcools, au contraire, donnent des solutions qui ont pu être conservées plusieurs semaines sans altération.

« La caractéristique de toutes ces solutions est la facilité avec laquelle on précipite le bleu par addition d'une faible quantité d'eau.

« Ceci permet de laisser supposer une solubilité bien plus grande en opérant avec des alcools saturés d'acide chlorhydrique gazeux et sec ».

A la suite de ce mémoire, M. Wyrouboff (1) fit remarquer qu'il serait intéressant de soumettre les solutions dans les mélanges HCl + alcools gras, à l'action du froid. Nous y avions songé tout d'abord, pensant à une cristallisation possible, et M. Claude ayant bien voulu se charger de soumettre des solutions à 20 gr. par litre à l'action des plus basses températures constata dans tous les cas un résultat invariable : solidification de la solution sans changement de couleur.

En faisant entrer en solution 0 gr. 5 de bleu dans 50 cc. de dissolvant, précipitant par l'eau, lavant jusqu'à disparition de toute réaction acide et pesant le précipité recueilli, nous avons trouvé :

Alcools employés	Poids du bleu recueilli
Isobutylique	0 gr. 487
Amylique	0 gr. 498
Propylique	0 gr. 480

La filtration ayant été difficile et ayant conduit à des pertes appréciables nous avons conclu que l'action de l'eau sur ces solutions particulières pouvait conduire à un procédé de dosage que nous décrivons plus loin.

La quantité d'eau à ajouter pour obtenir une précipitation varie avec la richesse des solutions. En opérant sur des solutions à diffé-

(1) *Bull. Soc. chim..* 1902, t. XXVII, p. 940.

rents titres et en mesurant à la pipette la quantité d'eau nécessaire pour obtenir la précipitation de 5o cc. de solution nous avons trouvé les chiffres suivants :

Richesse de la solution	Centim. cubes d'eau nécessaires
0,1 %	79,0
0,2 %	46,5
0,3 %	26,5
0,4 %	23,5
0,5 %	20,5
0,6 %	17,0
0,7 %	14,5
0,8 %	12,5
0,9 %	11,0
1,0 %	8,0
1,5 %	5,5
2,0 %	2,5

Au fur et à mesure qu'on ajoute l'eau, la solution devient de plus en foncée, passe au rouge brun et enfin au vert foncé. Ces changements de couleur, surtout avec les solutions un peu concentrées, gênent beaucoup pour saisir exactement le moment de la précipitation. Une moindre quantité d'eau permet la précipitation, mais plus lentement.

Si l'on construit une courbe, en portant en abcisses les richesses des solutions et en ordonnées le nombre de cc. d'eau nécessaires à leur précipitation, on constate une chutte très rapide pour les solutions 0,1, 0,2, 0,3 %. A partir de cette richesse les variations deviennent très régulière, la courbe se rapprochant de plus en plus de l'axe des x.

Le liquide séparé du bleu précipité est incolore ou très légèrement verdâtre. En le concentrant, il passe au jaune. Quand tout l'alcool a été chassé par ébullition, le liquide, neutralisé presque complètement par le carbonate de soude, contient du chlorure ferrique, très nettement décèlé avec le ferrocyanure et le sulfocyanure.

Les chiffres donnés plus haut permettant d'admettre la précipitation complète du bleu, on ne peut guère attribuer la présence du fer dans la partie aqueuse qu'à deux causes : 1° à la présence de petites quantités de chlorure ferreux existant dans presque tous les bleus de Prusse ; 2° à une décomposition par HCl d'une faible partie du bleu.

Nous avons pu vérifier expérimentalement ces 2 causes. Pour la première, il suffit d'épuiser par l'eau chaude du bleu de Prusse : la partie aqueuse donne un faible précipité blanc avec le ferro-cyanure ; sinon avec tous les bleux commerciaux, du moins avec un grand nombre. Pour mettre en évidence la seconde cause nous avons fait entrer quelques milligrammes de bleu en solution dans un grand excès d'acide chlorhydrique ; la solution ne précipite pas par l'eau ; concentrée et neutralisée, le ferrocyanure et le sulfocya-nure donnent les réactions caractéristiques des sels ferriques.

On trouve dans les brevets allemands (Brevet 110097 de Donath et Ornstein) un procédé basé sur les considérations précédentes pour extraire le bleu de Prusse de la masse d'épuration du gaz, en traitant par l'acide chlorhydrique dilué pour enlever l'oxyde de fer, puis par l'acide chlorhydrique concentré pour dissoudre le bleu, précipité de cette solution par addition d'eau.

M. Ch. Guignet (1) a montré que le bleu de Prusse purifié par un acide se change en bleu soluble par digestion dans le cyanure jaune ou rouge. Pour faire un bleu soluble, le même auteur délaye le bleu dans une solution saturée d'acide oxalique, filtre et aban-donne la liqueur deux mois ; le dépôt lavé à l'alcool constitue un bleu soluble dans l'eau.

M. Guignet a également constaté que le bleu de Prusse était so-luble dans une solution alcoolique d'accide ferrocyanhydrique.

La solution est d'un bleu très foncé. Le tartrate d'ammoniaque donne une solution violette.

Alors que les acides étendus et bouillants ne l'altèrent pas, la potasse, au contraire, le détruit immédiatement en donnant du fer-rocyanure de potassium et de l'oxyde de fer.

(1 *Bull. Soc. chim* , 1899, p. 59.

Analyse

On reconnaît facilement la présence d'un bleu de Prusse dans une couleur en traitant par une solution bouillante de potasse.

$$(FeCy^6)^3Fe^4 + 12\ KOH = 3\ FeCy^6K^4 + 4\ Fe\,(OH)^3$$

On décèle le ferrocyanure de la solution en la précipitant en bleu par un sel ferrique.

En employant le mélange HCl + alcool gras, on dissout le bleu et le caractère très net de la solution est de précipiter par l'eau.

Pour le dosage, on peut utiliser la réaction à la potasse et doser le fer au minimum à l'aide d'une solution de permanganate de potasse à 1 gr. 2 par litre (1).

Dittrich et Hassel (2) décomposent le bleu à l'ébullition par une lessive de soude pure. On sépare $Fe(OH)^3$ qui est lavé au fond. A la liqueur filtrée, les auteurs ajoutent 40 cc. d'une solution de persulfate à 10 %, acidulent fortement à SO^4H^2 et chauffent pour détruire tout le ferrocyanure. Les deux précipités de fer sont dissous et réprécipités.

Nous employons une méthode basée sur les considérations que nous avons développées précédemment. Elle nous a toujours donné de bons résultats et se conduit assez facilement.

Préparation du mélange dissolvant. — Les mélanges à volumes égaux d'acide chlorhydrique et des différents alcools gras peuvent être employés indifféremment. Nous nous sommes arrêté au mélange d'alcool propylique et d'acide chlorhydrique à cause de la solubilité dans l'eau de cet alcool et du bas prix auquel on peut se le procurer. Nous préparons le mélange au moment de l'employer.

Attaque. — Nous attaquons 2 gr. du corps dans lequel on veut doser le bleu de Prusse par 100 cc. de dissolvant, dans un verre de Bohème de forme haute, pour éviter les projections. Une légère ébullition suffit pour dissoudre le bleu en un temps assez court,

---

(1) Pour le mode opératoire. voir Halphen. *La pratique des essais commerciaux. Matières minérales*, p. 318.
(2) G. Lunge. *Analyse chimique industrielle*, t. I, p. 582.

variable naturellement avec la richesse du produit soumis à l'analyse.

Au début de l'attaque le liquide devient vert ; il s'éclaircit peu à peu et l'on obtient une solution dont la couleur varie du jaune pâle au jaune-brun plus ou moins foncé, selon qu'elle renferme plus ou moins de bleu ; on reconnaît très nettement la fin de l'attaque en agitant légèrement, et en examinant la partie insoluble (dans le cas où la charge n'est pas attaquée).

Si la charge est passée en solution avec le bleu (cas du carbonate de chaux et de l'amidon, par exemple), il suffit de précipiter toute la solution ou un volume connu. Si la charge est restée inattaquée, on filtre ; on recueille 100 cc. dans un ballon jaugé et l'on précipite.

Précipitation. — Il suffit d'ajouter de l'eau distillée pour précipiter la totalité du bleu. La difficulté que nous avons rencontrée dès le début a été la filtration. Après le second lavage à l'eau le bleu ne veut plus descendre ; il est impossible, malgré plusieurs passages au filtre, d'obtenir un liquide filtré parfaitement incolore. Nous avons essayé l'usage de doubles filtres, ainsi que l'adjonction d'une quantité connue de sulfate de baryte, sans obtenir de meilleurs résultats.

Nous avons réussi à filtrer, sans aucune perte, en nous plaçant en milieu alcoolique dès le second lavage.

Le bleu étant précipité, on le laisse se rassembler au fond du vase ; on fait un premier lavage à l'eau distillée et les suivants à l'alcool, jusqu'au moment où le liquide surnageant ne présente plus de réaction acide ; on recueille le bleu sur un filtre taré, sèche à l'étuve au-dessous de 100 degrés et pèse.

Remarques. — L'attaque est facile, sauf dans le cas où l'on rencontre de l'alumine dans les impuretés. Il faut alors prolonger l'ébullition et prendre une plus grande quantité de liquide dissolvant.

Voici les résultats que nous avons obtenus, en opérant sur des mélanges complexes, renfermant, en outre du bleu de Prusse, du sulfate de baryte, du carbonate de chaux du sulfate de chaux, du Kaolin, de l'alumine et de l'amidon.

Numéros	Quantité de bleu introduite	Quantité retrouvée
1	70, %	69,80 %
2	60, %	60,30 %
3	50, %	50,20 %
4	27,50 %	27,45 %
5	15, %	14,80 %
6	12,50 %	12,30 %
7	7,50 %	7,45 %
8	3, %	2,70 %

On aura avantage, lorsqu'on sera en présence de produits contenant une petite quantité de bleu, comme les bleus charrons, par exemple, à attaquer 5 ou 10 gr. par le même volume de dissolvant.

Falsifications

On peut rencontrer, comme produits adultérants, si le bleu n'est pas vendu sous un des noms particuliers que nous signalons plus loin, du sulfate de baryte, du sulfate de chaux, du carbonate de chaux, de l'alumine. On reconnaît aisément la falsification en examinant l'insoluble laissé dans la méthode que nous venons à décrire, ou en faisant l'analyse de la partie aqueuse, après précipitation par l'eau, s'il n'y a pas eu d'insoluble.

Usages

Comme le bleu de Prusse est une couleur très peu solide, il est assez rarement employé seul, bien qu'il figure sur la liste des couleurs pour artistes. A ce propos, nous ferons remarquer que l'observation assez générale suivante : « le bleu de Prusse *graisse* l'huile, la matière se racornit, devient dure » n'est vraie que dans certains cas et avec des bleus imparfaits.

Nous avons préparé du bleu qui, broyé à l'huile, a pu être conservé des mois sans altération,

Il entre dans la composition de quantité de couleurs d'un débouché considérable : verts de chrome et verts de zinc.

Chargé de 95 à 97 % de sulfate de baryte, il devient le *bleu charron*. Additionné de sulfate de baryte et de kaolin, c'est le *bleu minéral*. Quand il contient de l'alumine, il prend le nom de *bleu de Paris*.

Enfin, l'adjonction d'amidon le transforme en *bleu fécule*.

Il entre comme agent oxydant et colorant dans la cuisson des huiles pour la fabrication des cuirs vernis ; c'est à l'état de bleu de Berlin qu'il convient à ce genre d'industrie où l'on en consomme de sérieuses quantités.

Dans la préparation des encres d'imprimerie on utilise surtout le bleu acier. La fabrication des papiers peints l'emploie sous ses deux aspects.

Une application assez curieuse du bleu de Prusse est l'usage qu'on en fait pour la coloration des toiles métalliques utilisées dans la fabrication des gardes-manger.

Bleu de Prusse soluble

On peut préparer le bleu de Prusse soluble soit avec du prussiate jaune et un sel de fer au maximum, soit avec du prussiate rouge et un sel de fer au minimum. Dans le premier cas, il faut verser peu à peu le sel de fer dans le prussiate maintenu en grand excès. On lave pour éliminer l'excès de prussiate.

Quand on ajoute à une solution de prussiate jaune une solution d'iodure de fer contenant un excès d'iode, on obtient un bleu entièrement soluble dans l'eau. Ce bleu est employé en solution pour injecter les pièces automatiques.

Berzélius et un grand nombre de chimistes ont envisagé le bleu soluble comme un ferrocyanure de fer et de potassium, ou comme une combinaison de bleu de Prusse ordinaire et de ferrocyanure de potassium. Kekulé et Reindel l'ont considéré comme un ferricyanure de fer et de potassium. Les travaux de M. Wyrouboff (1) montrent « que le bleu soluble est un ferricyanure, mais encore

(1) *Annales de Chimie et de Physique.* « Recherches sur les ferrocyanures », 5ᵉ s. 1876 t. VIII.

qu'il est formé de deux ferricyanures distincts qui peuvent se séparer sans détruire le composé, et sans lui enlever sa principale propriété, la solubilité ».

Bleu de Turnbull

Le bleu de Turnbull, ou bleu de France s'obtient en traitant un sel ferreux par le ferricyanure de potassium :

$$3FeCl^2 + 2FeCy^6K^3 = (FeCy^6)^2Fe^3 + 6KCl.$$

Comme le bleu de Prusse, il contient un certain nombre de molécules d'eau qu'on ne peut lui enlever sans le détruire ; comme lui également il peut donner une variété soluble. Nuance très analogue à celle du bleu de Prusse.

Quand on le traite par la potasse, il donne une solution de ferrocyanure et de l'oxyde de fer magnétique Fe^3O^4, ce qui le distingue nettement du bleu de Prusse.

Couleur très peu employée comme beaucoup des suivantes, du reste.

Bleu minéral

Encore connu sous le nom de bleu d'Anvers, c'est du bleu de Prusse contenant, dans le plus grand nombre des cas, des quantités plus ou moins fortes d'un mélange de sulfate de baryte et de kaolin. On l'obtient alors en additionnant la charge, immédiatement après la fabrication du bleu, au dernier lavage, avant le passage au filtre-presse.

D'après certains auteurs le bleu minéral serait un bleu de prusse chargé d'alumine, de carbonate de magnésie et de sulfate de zinc (1) ; ou un bleu contenant à côté du bleu, les précipités blancs dus à l'addition, a la solution du fer, d'alun, de sulfates de magnésie et de zinc (2).

(1) Roret. *Manuel du fabricant de couleurs*, p. 308.
(2) Halphen. *Couleurs et vernis*, p. 147.

Bleu de Paris

Sous ce nom, nous avons souvent rencontré des couleurs bleues en pâte, pour décors, contenant du bleu de Prusse associé à de l'alumine précipitée en même temps que le bleu.

Bleu fécule

Le bleu fécule est du bleu de Prusse additionné d'amidon.

Bleu de Monthiers

Bleu de Prusse ammoniacal. Une solution de protochlorure de fer saturée d'ammoniaque est filtrée dans une solution de ferrocyanure de potassium. Le précipité blanc obtenu passe au bleu par l'action de l'air. Il est insoluble dans le tartrate d'ammoniaque qui lui enlève l'excès d'oxyde de fer. On a toujours dit ce bleu plus beau et plus solide que le bleu de Prusse, mais son emploi est nul.

Bleu d'antimoine

Nom impropre donné à un bleu de fer. Par addition d'acide chlorhydrique à une solution de ferrocyanure de potassium on obtient un précipité blanc que l'on transforme en couleur bleue par ébullition avec une solution de ferrocyanure de potassium. On lave plusieurs fois à l'acide chlorhydrique. On prétend que les fabricants de fleurs artificielles font usage du bleu d'antimoine (1).

Ce sont d'ailleurs les fabricants de fleurs qui l'ont obtenu en faisant dissoudre de l'antimoine dans l'eau régale filtrant sur du verre et précipitant la solution par le ferrocyanure de potassium (2).

(1) Halphen. *Couleurs et vernis.* p. 148.
(2) Ch. Krauss. « Le bleu dit d'antimoine ». *Moniteur Scientifique,* p. 1095, 1873.

Krauss en faisant bouillir l'émétique dans l'eau et l'acide chlorhydrique, puis en ajoutant du ferrocyanure de potassium, obtenait un précipité bleu ne contenant pas d'antimoine. La solution d'antimoine rend la précipitation plus rapide, mais l'ébullition seule du ferrocyanure et de l'acide chlorhydrique donne le même précipité, soluble dans l'acide chlorhydrique et détruit instantanément par la potasse.

Bleus charrons

Fabrication

Couleurs bleus d'un emploi considérable. D'une façon générale on peut les envisager comme uniquement composés de bleu de Prusse et de sulfate de baryte. Quelques fabricants ajoutent, dans le but de modifier la teinte, une faible quantité de bleu d'outremer. Pourtant, malgré cette affirmation de certains auteurs, nous n'avons jamais rencontré de bleus charrons contenant du bleu d'outremer. Tous les bleus charrons que nous avons analysés étaient uniquement constitués par du bleu de Prusse et du sulfate de baryte. La fabrication de ces bleus est tout à fait simple. Quand le bleu de Prusse est lavé, on ajoute, en remuant bien, des quantités de sulfate de baryte variant avec les qualités que l'on désire fabriquer. On trouve dans le commerce des bleus charrons dits : *ordinaires*, *demi-fins*, *fins* et *surfins*. On verra, par la suite, combien la quantité de bleu est faible.

Dans certaines petites fabriques de couleurs, on prépare des bleus charrons, *à sec*, en broyant longtemps, dans un cylindre à boulets, un mélange de sulfate de baryte et bleu de Prusse. Cette méthode est évidemment fort onéreuse, mais elle permet néanmoins d'obtenir des bleus charrons à meilleur marché que par achat dans les grandes fabriques de couleurs. Pourtant, en utilisant uniquement le sulfate de baryte et le bleu de Prusse il faut des quantités trop grandes de bleu. On tourne aisément la difficulté en ajoutant des proportions variables de *laque bleue* (1). Voici comment on obtiendra les quatre qualités commerciales.

____

(1) Nous donnons plus loin sa préparation.

I. *Bleu charron ordinaire*

Bleu de Prusse.................. 1,800
Laque bleue.................... 0,400
Sulfate de baryte............... 98.

II. *Bleu charron demi-fin*

Bleu de Prusse.................. 3,500
Laque bleue.................... 0,600
Sulfate de baryte............... 96.

III. *Bleu charron fin*

Bleu de Prusse.................. 5.
Laque bleue.................... 1,500
Sulfate de baryte............... 94.

IV. *Bleu charron surfin*

Bleu de Prusse.................. 6.
Laque bleue.................... 3,500
Sulfate de baryte............... 91.

Dans la méthode par voie humide, non seulement la laque bleue est inutile, mais les quantités de bleu nécessaire sont considérablement réduites.

Propriétés

Les bleus charrons couvrent bien mais ils sont peu solides à la lumière, puisque le bleu de Prusse constitue leur unique matière colorante. Ce sont des couleurs lourdes, en raison de la grande quantité de sulfate de baryte qu'elles contiennent.

Analyse

On y dose l'humidité, par séchage à l'étuve, le bleu de Prusse par une des méthodes que nous avons indiquées précédemment et le sulfate de baryte en incérant l'insoluble. Voici, à titre d'indication, les résultats que nous avons obtenus avec notre méthode sur un bleu charron commercial :

Humidité	0,22
Insoluble (SO^4Ba)	94,82
Bleu de Prusse	4,30
	99,34

L'exactitude de ces résultats est très acceptable, si l'on considère que le sulfate de baryte naturel, qui constitue l'insoluble, contient toujours un peu de sulfate de chaux et d'oxyde de fer.

Usages

La peinture en bâtiments, en particulier, consomme de grandes quantités de bleus charrons. Tous les intérieurs de placards sont peints avec cette couleur.

Bleu égyptien

Les bleus des anciens étaient presque toujours des bleus au cuivre.

Parmi eux, Vauquelin en a retrouvé un dans des tombeaux égyptiens qui est d'une solidité remarquable, puisqu'il a résisté à 30 siècles et nous est parvenu intact après ce laps de temps énorme.

L'analyse de Vauquelin a fourni les renseignements suivants sur sa composition :

Silice	70
Chaux	9
Oxyde de cuivre	15
Oxyde de fer	1
Soude et potasse	4

Ce bleu, encore appelé *bleu vestorien,* se fabriquait à Alexandrie.

D'après Vitruve, on l'obtenait en broyant ensemble « du sable et des fleurs de natron » ; on ajoutait de la limaille de cuivre, arrosait d'eau, faisait bouillir et sécher. La masse était chauffée dans des pots de terre.

Le bleu egyptien a été étudié par Chaptal en 1809, Girardin en 1846, de Fontenay en 1874. Tous ces auteurs ont donné ses caractères : lamelles aplaties $D = 3,04$, présente la biréfringence. On le considère comme un silicate double :

$$CaO\ CuO\ 4SiO^2$$

La plupart des agents chimiques sont sans action sur lui : il n'est pas altéré par ébullition avec l'acide sulfurique ; on peut le mettre en digestion dans l'ammoniaque sans que celle-ci se colore en bleu. Il résiste à une température élevée.

M. E. Fouqué prétend que le carbonate de soude n'est pas nécessaire (1) et qu'il est préférable d'employer le sulfate de potasse comme fondant. Il ajoute que les anciens employaient un grand excès de silice et affirme qu'il est plus avantageux de composer un mélange plus basique et de nettoyer ensuite à l'acide chlorhydrique. Il a cherché vainement à remplacer la chaux par la magnésie.

Girardin a reproduit le bleu egyptien en calcinant au rouge vif un mélange intime de silice, de chaux et d'oxyde de cuivre, avec une petite quantité d'un sel alcalin.

M. E. Fouqué (2) indique le procédé suivant : chauffer 24 heures pour fritter sans fusion :

> 30 parties de quartz pulvérisé,
> 20 parties d'oxyde de cuivre,
> 14 parties de carbonate de chaux,
> 5 parties de sulfate de potasse.

Il se forme des paillettes bleues au milieu d'une scorie noirâtre. La masse pulvérisée est mise à digérer dans l'acide chlorhydrique : l'oxyde en excès entre en dissolution et il reste du bleu et du quartz

(1) « Sur le bleu égyptien. » *Journal de Pharmacie et de Chimie,* 5e S, t. XI, p. 612, 1883.
(2) « Sur le bleu égyptien. » *Bull. Soc. chim.,* II, p. 460, 1899.

qu'on élimine à l'aide d'un liquide de forte densité. Le bleu est
constitué par des lamelles de densité 3,04. L'acide fluorhydrique
seul l'attaque. L'hydrogène sulfuré et les sulfures ne le noircissent
pas. On peut remplacer le calcium par du baryum ou du strontium
sans changer le résultat. Toute la difficulté de la fabrication réside
dans le réglage de la température.

Les Romains employaient ce bleu dans leurs fresques et leurs
mosaïques.

Bleu Péligot

C'est en 1858 que Peligot indiqua la fabrication de ce bleu qui
est un hydrate d'oxyde de cuivre, connu encore sous le nom de *Bleu
de Brême*. Le procédé le plus simple consiste à précipiter par la
potasse une dissolution étendue d'un sel de cuivre contenant un
excès d'ammoniaque (eau céleste). Il est nécessaire de laver à fond,
car une petite quantité de potasse fait noircir le précipité en séchant. M. Guignet (1) recommande de laver d'abord avec une solution très faible de sulfate de cuivre puis à l'eau pure, pour enlever
les dernières traces de potasse. Le même résultat est obtenu en
ajoutant aux dernières eaux de lavage une faible quantité de sel ammoniac.

L'emploi de l'ammoniaque, dans les conditions précédentes,
étant peu industriel, Peligot a recommandé la précipitation du sulfate de cuivre par un lait de chaux en léger excès, dissolution de
l'oxyde de cuivre dans l'ammoniaque et précipitation par la potasse.

Le bleu Peligot retient toujours de faibles quantités d'ammoniaque et celle-ci peut dissoudre 7 à 8 % de bleu. Le bleu Peligot est un
bleu lumière ; il résiste à l'eau bouillante et peut être séché à 100°.
Ce n'est pas une couleur commerciale.

Bleu de montagne

Couleur naturelle ; carbonate cuivrique de formule $2CuCo^3$.
$Cu(OH)^2$, d'une belle couleur bleue, connu sous les noms d'*azurite,
cuivre carbonaté, chessylite, lazurite*.

(1) *Fabrication des couleurs*, p. 92.

La composition centésimale est la suivante :

Oxyde de cuivre......... 69 à 70 %
Acide carbonique........ 24 à 25 %
Eau .... 5 à 6 %

On en trouve aux monts Ourals, en Sibérie, en Hongrie et à Chessy.

Cendres bleues

Les cendres bleues peuvent être considérées comme du bleu de montagne artificiel. Les anglais ont conservé secret le procédé de fabrication. Et tous les renseignements publiés ne permettent pas de reproduire les belles cendres bleues anglaises. Les cendres bleues sont constituées par des mélanges, en proportions variables, de carbonates basiques de cuivre, de sulfate et de carbonate de chaux. G. Gentele (1) a donné les résultats analytiques suivants :

Eau 18,76
Acide sulfurique 11,20
Oxyde de cuivre............ 46,85
Chaux 16,19
Perte (Co^2)............. 7,00

En partant du nitrate de cuivre on traite ce sel par un lait de chaux pour neutraliser tout l'acide. Le précipité lavé est broyé au moulin avec une solution de carbonate de soude, (moulin avec toutes les pièces en cuivre). La pâte est mise dans des bouteilles en grès avec une solution de sulfate de cuivre et de chlorhydrate d'ammoniaque à parties égales. Après agitation on laisse reposer plusieurs jours. Le contenu vidé dans une cuve en plomb est lavé à l'eau.

On prépare encore des cendres bleues en partant du sulfate de

(1) Roret. *Manuel du fabricant de couleurs.* t. I, p. 419.

cuivre en solution à 36°B . A 2 parties 1/2 de cette solution, on ajoute 2 parties d'une solution de chlorure de calcium. A la liqueur verte surnageant le précipité de sulfate de chaux on ajoute o p. 75 d'un lait de chaux bien tamisé qui donne un précipité vert. On le transforme en bleu en le traitant à nouveau par un lait de chaux et une lessive de potasse. Le tout est broyé au moulin. A la pâte obtenue on ajoute une solution de sulfate de cuivre et de sel ammoniac, on laisse en contact plusieurs jours, lave et filtre le bleu obtenu.

Les cendres bleues sont employées dans la peinture à l'eau, la fabrication des papiers peints.

Bleu céleste

Bleu clair, très veneneux, obtenu en ajoutant une solution de sulfate de cuivre à une solution d'arséniate de soude et lavant le précipité obtenu. C'est un arséniate basique de cuivre.

Bleu de chrome

Dans leurs recherches sur le rubis Fremy et Verneuil attribuent la teinte bleue à la présence du chrôme. M. J. Garnier (1) a proposé de fondre dans un creuset brasqué :

Chromate de potasse	48,62
Spath-fluor	65,
Silice	15,70

pour obtenir un vert bleu, entouré de chrôme métallique.

(1) « Sur la prodnction artificielle du bleu de chrome. » *Journal de Pharmacie et de Chimie*, 5ᵉ S, t. XXIII, p. 256, 1891.

Bleus de cobalt

M. Guignet (1) donne les renseignements historiques suivants sur les bleus de Cobalt. En Europe, comme en Chine, depuis l'époque où était connue la fabrication du verre, on savait que certains minerais de cobalt, fondus avec le verre, lui donnaient une coloration bleue.

Au XVIe siècle, un verrier saxon, Schürer, préparait, par cette méthode, une verre bleu foncé qu'il vendait pulvérisé aux potiers.

Fabrication et propriétés

Les divers bleus de colbat sont ou des silicates doubles ou des aluminates de potasse. En fait, peu de fabricants préparent ces couleurs qui ne sont obtenues parfaites qu'à l'aide de tours de main gardés précieusements secrets. C'est en Allemagne surtout qu'est le centre de cette fabrication.

Bleu azur

Connu encore sous les noms de *Bleu de Saxe, Bleu d'azur, smalt, safre, verre de cobalt*, etc.

C'est un silicate double de potasse et de cobalt. On le prépare en grillant au four à réverbère un minerai de cobalt appelé speiss (arséniosulfure de fer et de cobalt). On ajoute au mélange suivant :

Sable . . . . 2 parties
Carbonate de potasse . . . . . . 1 partie

une quantité plus ou moins grande (selon la nuance cherchée) du produit de grillage. On fond le tout au creuset pendant 8 à 10 heures. Le smalt fondu monte à la partie supérieure, on l'écume

(1) *Fabrication des couleurs*, p. 87.

et on l'étonne en le versant dans l'eau. Le smalt est broyé à l'eau, aux meules, et la masse est abandonnée au repos. Le précipité est broyé à nouveau à sec.

Bleu résistant aux acides, aux alcalis et aux dégagements sulfureux ; inoffensif. Inemployable à l'huile, mais utilisé pour la coloration des papiers, du verre et de l'émail.

Sous le nom de *bleu d'Eschel,* on prépare un bleu analogue, mais plus foncé, en fondant un mélange de sable, de carbonate de cobalt et de potasse. Les compositions extrêmes du smalt sont les suivantes : Silice 65 à 72 % ; oxyde cobalt, 2 à 7 % ; potasse 2 à 22 % ; alumine 0.5 à 20 %.

Bleu Thenard

Combinaison d'oxyde de cobalt et d'alumine (1) ou phosphate de cobalt et d'alumine (2), à signaler à titre historique seulement Thenard le préparait ainsi :

Phosphate de cobalt en pâte (à 30 % d'eau),   1 partie.

Alumine en gelée (à 30 % d'eau),   8 parties.

Le phosphate de cobalt est obtenu en précipitant par le phosphate de soude tribasique une solution de chlorure de cobalt. On ajoute l'alumine en gelée, on sèche le mélange à l'étuve et on calcine au rouge cerise.

Bleus de cobalt

Les véritabls bleus commerciaux de cobalt sont à base d'aluminate de cobalt qui est d'un bleu foncé noirâtre.

En principe tous les procédés de fabrication sont basés sur la méthode de Théard. On remplace quelquefois le phosphate de cobalt par l'arséniate (Louvet), on a même proposé de remplacer l'alumine par la chaux (Boullai-Marillac). On peut encore précipiter une solution d'aluminate de soude par le chlorure de cobalt, tou-

(1) *Dictionnaire de Chimie industrielle,* t. I.
(2) Roret. *Manuel du fabricant de couleurs.* t. I. p. 309.

jours en terminant par une calcination qui se pratique généralement dans des moufles.

En résumé les divers bleus de cobalt sont constitués par de l'aluminate de cobalt plus ou moins chargé d'alumine. Ce sont des couleurs fines, solides, d'un prix élevé, ce qui limite leur usage presque uniquement à la peinture artistique. Pourtant on en consomme également dans la fabrication des fleurs artificielles, dans la peinture sur porcelaine et dans la fabrication des billets de banque. Cette dernière application résultait de ce fait que le bleu de cobalt ne se reproduisait pas par les procédés photographiques ordinaires. Mais ceci n'est plus vrai depuis que l'on emploie les procédé orthochromatiques.

Bleu cœlureum

Le bleu cœruleum, ou *bleu céleste*, est un bleu lumière, ne changeant pas à la lumière du gaz, ce qui le distingue de tous les autres bleus de cobalt. Il est fabriqué par une maison anglaise et contient un excès d'acide stannique. On peut le préparer en précipitant une solution de stannate de soude par un sel de cobalt et en calcinant au rouge blanc le précipité formé.

Dans le produit commercial on rencontre de la chaux. Voici sa composition moyenne :

Oxyde d'étain............	5o parties
Oxyde de cobalt..........	78 parties
Sulfate de chaux	32 parties

Uniquement employé dans la couleur fine.

Bleu de molybdène

Oxyde intermédiaire, d'un bleu foncé, que l'on a proposé sous le nom *d'indigo minéral*.

Outremer

Historique

Il y a moins de cent ans on ne connaissait que l'outremer naturel, extrait du *lapis-lazuli,* pierre dure, d'une jolie couleur bleue, qui se rencontrait en Perse, en Sibérie, en Chine et dans la République Argentine. Pendant fort longtemps on a cru que la couleur bleue du lapis-lazuli était due à la présence du cuivre. C'est Margraff qui, le premier, en 1758, montra qu'il n'en existait pas. Il crut, mais à tort, que la coloration était due à la présence du fer. Le lapis-lazuli est, en effet, une silicate d'alumine et de soude, renfermant un peu de sulfure de fer et du calcium. Les auteurs anciens signalent l'emploi de l'outremer naturel dans la peinture artistique mais donnent très peu de renseignements sur cette couleur. Wattin écrit (1) « je ne donne point ici la manière de le faire, on la trouvera assez bien décrite dans la chymie de Spielman, nous y renvoyons », Tingry (2), qui a consacré tout un volume à l'étude des couleurs, est plus explicite. Deux méthodes étaient employées, celle de Kunckel et celle de Newmann. Kunckel conseillait de porter les morceaux choisis au rouge et de les étonner ensuite dans du vinaigre. On réduisait en poudre fine et on ajoutait à cette poudre son poids d'un mélange à parties égales de cire et de colophane. La matière fondue, versée dans l'eau froide, était abandonnée au repos pendant 8 jours. La pâte obtenue, pétrie deux fois dans l'eau chaude, donnait une eau colorée en bleu. Par décantation, on obtenait deux outremers, le premier de nuance plus foncée. En prolongeant ces traitements on pouvait obtenir diverses qualités. Il est curieux de constater que ce même principe est encore suivi dans la fabrication de l'outremer artificiel.

Quant à Newmann, il opérait ainsi : il réduisait les plus beaux morceaux en poudre fine, les arrosait d'huile de lin et préparait le mélange suivant :

(1) *Art du peintre doreur et vernisseur,* p. 32, édition de 1773.
(2) *Traité théorique et pratique sur l'art de faire et d'appliquer les vernis,* p. 32.

Cire jaune 244
Poix résine. 244
Colophane 244
Huile de lin. 15
Essence de térébentine. 61
Mastic 61

4 parties de ce mélange et 1 partie de lapis broyé à l'huile étaient mises en digestion à chaud, pendant un mois. La pâte obtenue était traitée par pétrissage à l'eau chaude comme dans la méthode de Kunckel.

Le rendement en bleu (2 à 3 % du lapis traité) explique le prix très élevé de la couleur obtenue qui était cotée jusqu'à 2.000 fr. la livre.

Clément-Désormes, le premier, donna la composition du bleu ainsi obtenu :

Silice 35,8
Alumine 34,8
Soude 23,1
Soufre 3,1
Carbonate de chaux. 3,2

Pendant fort longtemps on avait cherché en vain une couleur analogue à l'outremer naturel quand, presque simultanément, Kuhlmann à Lille et Tassaert à Chauny remarquèrent la formation d'une couleur bleue semblable dans les fours à soude.

En 1824, la Société d'encouragement pour l'industrie nationale créa un prix de 6.000 fr., à décerner à l'auteur d'un procédé de fabrication industriel de l'outremer artificiel. J. B. Guimet, né à Voiron en 1795, obtenait ce prix en 1828. Marié à la fille du peintre Bidault, il dut à celle-ci l'orientation de ses recherches. Dès 1827, d'après M. Mulsant, bibliothéquaire de la ville de Lyon, la fabrication était déjà trouvée. Ingres, le premier, employa l'outremer artificiel de Guimet pour peindre la draperie d'une des principales figures de l'apothéose d'Homère. En 1831, Guimet fondait à Fleurieu-sur-Saône la première fabrique d'outremer, fabrique qui tient encore une place considérable en France. Malgré les distinctions de toutes sortes accordées à Guimet, les Allemands, dès 1855, commencent à contester à Guimet le mérite de sa découverte, pour l'attribuer à un des leurs, Gmelin, de Tubingen, qui avait préparé un produit de laboratoire, impur, en 1828. C'est d'abord Star, rapporteur à l'exposition de 1855, puis Litchtenberg, dans un ouvrage allemand, publié en 1867, et Büchner, dans un périodique allemand (1), où Guimet est traité de plagiaire. A cette polé-. mique, M. E. Guimet, fils de l'inventeur, répondit en faisant autographier les cahiers d'expériences de son père, montrant que J. B. Guimet fabriquait industriellement dès le mois d'*octobre 1826*. M. Loir, professeur à la Faculté de Lyon, a publié un mémoire où il montre, à l'aide de documents authentiques, que :

1° En 1824, la Société d'encouragement reconnaît la possibilité de faire l'outremer de toutes pièces, et propose un prix de 6.000 francs pour la découverte du procédé ;

2° En juillet 1826, Guimet obtient de l'outremer artificiel ;

3° En octobre 1828, Guimet obtient industriellement, et par une seule cuite, de l'outremer artificiel qu'il livre aux artistes ;

4° En 1827 seulement Gmelin reconnaît la possibilité de faire de l'outremer de toutes pièces (fait reconnu 3 ans avant) ;

5° En 1828, Gmelin prépare de l'outremer artificiel obtenu 2 ans avant par Guimet ;

6° L'outremer de Gmelin était un produit de laboratoire, impur, contenant des matières grises, fabriqué à l'aide d'opérations coûteuses et délicates.

Tous ces faits montrent, d'une manière indiscutable, que la priorité appartient à Guimet.

Aujourd'hui, il y a en France 4 fabriques de bleu d'outremer :

Guimet à Fleurieu-sur-Saône ; Deschamps frères à Vieux-Jean-d'Heur ; Richter à Lille ; Robelin, à Dijon. L'Allemagne est un grand pays producteur ; il existe encore des usines en Belgique, en Hollande et en Russie.

En 1869, les importations françaises (181.192 kilos) dépassaient les exportations (160.794 kilos) ; mais, depuis cette époque, le contraire se produit .

____

(1) *Chemiker zeitung*, 12 avril 1878.

	Importations.	Exportations
1876	266,564 kilos.	637,848 kilos.
1890	517,491 kilos.	564,059 kilos.
1900	159,800 kilos.	986,791 kilos.
1905	135,100 kilos.	1.726,200 kilos.

L'industrie du bleu d'outremer constitue donc une importante industrie française.

Fabrication

Les procédés préconisés pour la fabrication de l'outremer sont fort nombreux.

Nous nous contenterons de donner ici des renseignements généraux sur la fabrication, telle qu'elle se pratique actuellement, en rappelant seulement la méthode employée par Guimet, dès les débuts de la fabrication.

Ce procédé, complètement abandonné maintenant, demandait deux calcinations. Voici la formule du mélange de J. B. Guimet :

Argile	37
Sulfate de soude	15
Carbonate de soude	22
Soufre	18
Charbon de bois	8

Le mélange, réduit en poudre, était calciné dans des creusets, pendant 6 heures environ. Le produit obtenu était un outremer vert. On le chauffait avec de la fleur de soufre, dans des baquets en fer. Le soufre prenait feu et l'outremer vert devenait bleu. Il était alors broyé à l'eau et la masse abandonnée au repos. La couleur était d'autant plus claire que la poudre déposée était plus fine. L'outremer ainsi obtenu, dit *outremer au sulfate,* avait une nuance pâle tirant sur le vert.

D'après M. Halphen (1), on emploierait encore ce procédé dans certaines fabriques allemandes.

Procédé direct. — Procédé caractérisé par une seule calcination, donnant des outremers plus riches et plus intenses. On opère dans des moufles ou dans des creusets. Les 2 façons de procéder conduisent à des résultats identiques, mais il est des techniciens tout à fait acquis au procédé des moufles et d'autres au procédé des creusets.

Les matières premières sont toujours la silice (sous forme de quartz pulvérisé ou de kieselgur), le kaolin, le carbonate de soude, le soufre et la colophane.

Les proportions de ces diverses matières sont variables avec les usines et avec la nature des bleus que l'on désire obtenir. Certaines formules indiquent encore l'emploi du charbon et du sulfate de soude. Voici quelques exemples de mélanges :

	1	2	3	4	5
Kaolin	37	37	31,7	24,66	31
Carbonate de soude.	22	37	28,	29,55	28
Sulfate de soude....	15	0	0,	0,	0
Soufre	18	22	34,3	32,91	35
Charbon	8	4	6,	0,	3
Colophane	0	4	0,	4,22	3
	100	100	100		100
Silice	quantité variable			8,66	
				100	

Nous allons indiquer la marche de l'opération en employant la charge (4).

Le mélange est réduit en poudre impalpable à l'aide de broyeurs puis on le place dans des moufles ou dans des creusets en terre réfractaire. Dans les usines importantes, les creusets sont faits

(1) *Couleurs et vernis*, p. 154.
(1-2) Ch. Lauth. « L'outremer », *Moniteur scientifique*, 1881, p. 949.
(3) Halphen, *Couleurs et vernis*, p. 166.
(4) Charge employée dans une usine française.
(5) Ch. Lauth. « L'Outremer », *Moniteur scientifique*, 1881. p 949.

dans l'usine et la fabrication en est extrêmement soignée ; nous avons vu, en Belgique, une installation tout à fait remarquable. Les creusets sont recouverts de tuiles puis placés dans un four maçonné en ménageant une petite ouverture pour observer la température et prendre des échantillons. Le four est chauffé lentement ; on met de 9 à 10 heures pour l'amener au rouge sombre et on s'y maintient 24 heures. On porte ensuite au rouge clair jusqu'à la fin de l'opération. Les prises d'échantillons sont mises sur une tuile recouverte d'une autre tuile et également sur cette dernière. La partie entre les 2 tuiles doit être vert bleu et la partie extérieure bleu intense.

La mesure de la température d'un four est une opération difficile : toutes les montres fondent presque en même temps, tous les pyromètres sont abimés, en raison des dégagements d'acides sulfureux qui se produisent. Jusqu'à ces derniers temps on en était donc réduit à l'expérience de l'ouvrier conduisant le four. Il faut avouer, d'ailleurs, que cette expérience faisait rarement défaut. La lunette pyrométrique de M. Fery est venue rendre un grand service en permettant de mesurer très exactement les températures. L'appareil industriel (fig. 17) se compose d'une lunette à objectif AA'. Sur 2 disques en laiton C et D sont fixées 2 lames étroites et minces de constantan et de fer, formant couple, et reliées aux bornes b et b'.

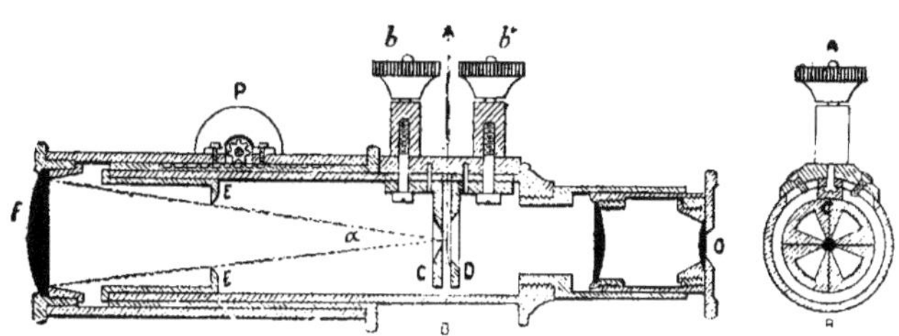

Fig. 17.

Le pignon P permet la mise au point. Un écran métallique en forme de croix C permet de ne laisser à découvert que la soudure du couple. Le diaphragme E, disposé à distance invariable, rend indé-

pendant du titrage l'angle a du cône des rayons tombant sur la soudure. Voici comment on emploie cette lunette. Les 2 bornes b
et b' sont réunies à un galvanomètre G (fig. 18). La suspension du
galvanomètre est terminée par 2 boutons : le plus gros, l'inférieur,
sert à ramener l'aiguille au zéro ; le premier est destiné à la faire
monter ou descendre. La lunette est dirigée vers la partie ouverte T

Fig. 18.

du four dont on veut déterminer la température. A l'aide du tirage
de l'oculaire O on met au point la croix formant couple. C'est le
pignon P qui permet de mettre au point l'ouverture du four. A ce
moment, en inclinant la tête à droite et à gauche, l'image du four
ne doit pas se déplacer par rapport à la croix. Cette condition obtenue, il suffit de lire au galvanomètre la température du four. L'appareil courant donne toute l'échelle (10 cm.) de 800 à 1.500°. On
trouve des lunettes pour températures plus élevées (partant, par
exemple, de 1.200° pour aller à 2.500°).

M. Fery a également construit un télescope pyrométrique, en
remplaçant l'objectif de la lunette par un miroir concave. La sen-
sibilité du télescope pyrométrique, gradué de 500 à 1.100°, est
sensiblement dix fois plus grande que celle de la lunette.

Quand une prise d'échantillon a donné de bons résultats, on pousse encore la cuisson lentement pendant une heure ; on coupe alors toutes les communications avec l'extérieur, en lutant avec de l'argile le registre et les portes du foyer.

Toute la conduite d'un four demande une grande pratique. On ne peut pas donner de chiffres précis sur la durée exacte de l'opération, les proportions d'air à faire circuler. Le tout est très variable et dépend de beaucoup de facteurs, particulièrement de l'état atmosphérique. L'habileté manuelle de l'ouvrier joue donc un grand rôle.

Quand le four est refroidi, les moufles ou les creusets sont vidés, les parties non calcinées sont séparées au couteau. La masse qui reste est concassée et mise sur des filtres où elle subit un premier lavage qui permet d'éliminer facilement tout le sulfate de soude en excès. On broie ensuite au moulin en présence d'une grande quantité d'eau. La masse fluide obtenue est portée plusieurs fois à l'ébullition, (1/4 d'heure environ) pendant que des agitateurs mécaniques remuent énergiquement. Quand la matière a été bien lavée, elle se prend, après repos et soutirage de l'eau, en une masse compacte. La portion inférieure, de mauvaise qualité, est séparée. La partie supérieure est broyée dans des moulins et la poudre est amenée dans une grande cuve remplie d'eau. Après un repos de 4 heures les particules les plus grossières sont tombées au fond de la cuve. On soutire alors le liquide qui est passé dans une série de cuves où il reste au repos pendant des temps de plus en plus longs : en effet, l'outremer qui se dépose est d'autant plus fin qu'il a mis plus de temps à gagner le fond des cuves. Dans la dernière cuve, la formation du dépôt demande 3 semaines. C'est par ce moyen que s'obtiennent les différentes qualités. L'eau retirée de la dernière cuve mettrait environ six mois pour déposer son outremer. Industriellement, ce laps de temps est inadmissible ; pour le diminuer, on ajoute une faible quantité d'eau de chaux qui active la précipitation et permet de recueillir la dernière portion d'outremer par filtration. Mais l'outremer ainsi obtenu manque d'intensité de nuance : c'est une qualité de bleu tout à fait inférieure.

Les différentes qualités obtenues comme il vient d'être dit sont séchées à l'étuve et tamisées aux tamis très fins. Les belles qualités présentent un toucher onctueux.

Pendant les différentes phases de la cuisson il se produit une série de colorations qui se succèdent dans l'ordre suivant : brun, vert, bleu, violet, rose et blanc. D'après E. Guimet ces diverses colorations sont le résultat d'oxydations successives. Quand le four est suffisamment chaud, et qu'il sort des creusets des flammes bleues dues à la combustion du soufre, la masse est brune ; la combustion du soufre terminée, si l'on retire les creusets du four, ils contiennent un matière verte. Si l'on continue à chauffer au-dessus de 700° il y a production de bleu. Enfin, si l'on pousse davantage la température, en laissant entrer l'air en excès, la matière passe successivement au violet, au rose et au blanc.

L'outremer blanc chauffé au rouge avec des quantités variables de charbon permet de refaire le cycle contraire : rose, violet, bleu, vert, brun.

D'après Wunder (1), plus le mélange est riche en silice, plus la réaction est lente, mais plus le bleu est foncé. Cet auteur rapporte que, dans des fours tenant 2.500 à 5.000 kilos de charge (5 à 6 m. de long sur 3 à 4 m. de large) on a dû chauffer jusqu'à 3 semaines. Wunder a préparé un bleu pur en employant un kaolin riche en silice, du carbonate de chaux et du soufre, avec un peu de résine. Il prétend que la transformation de l'outremer vert en outremer bleu est due à l'action de l'acide sulfureux. L'outremer brut commercial tient, avant lavage, de 20 à 24 % de sulfate de soude.

On prétend, en général, qu'il n'existe pas de différence dans la proportion des éléments constituant l'outremer vert et l'outremer bleu. On admet que le passage du vert au bleu est dû à l'action de l'oxygène. Dans l'outremer rose les proportions de soufre et de soude n'ont pas changé ; mais les eaux de lavage montrent qu'une partie de l'alumine a été rendue soluble. L'outremer rose est donc plus chargé en silice et c'est pourquoi on avait attribué la coloration rose à cet excès de silice. Mais si l'on prend de l'outremer rose, débarrassé par lavage de l'alumine soluble, et qu'on le chauffe avec du charbon, on le transforme en un outremer *bleu*, également à excès de silice. La couleur rose est donc le résultat d'une oxydation et on suppose que l'acide sulfurique, dont la production suit celle

____

(1) *Bull. Soc. Chim.*, 1891, t. II, p. 537. « Fabrication de la couleur d'outremer ».

de l'acide sulfureux, attaque la masse en donnant naissance à du sulfate d'alumine. On peut, en somme, résumer ainsi le rôle de chacun des constituants :

Rôle de l'oxygène. — L'oxygène joue un rôle primordial : c'est à lui qu'est due la production de la couleur. Sans oxygène, les sulfures ne peuvent former d'outremer,

Rôle du soufre. — Les variations dans les quantités du soufre employées conduisent à des variations de nuance : avec peu de soufre, le bleu obtenu est très clair ; avec beaucoup de soufre, il devient foncé.

Rôle de la soude. — La proportion de soude contenue dans les différents bleus est constante : 20 % environ.

Rôle de la silice. — La proportion est également constante : 37 à 38 % environ. Son rôle n'a jamais été bien défini.

Rôle de l'alumine. — De la quantité d'alumine contenue dans le mélange primitif dépend également la nuance du bleu obtenu.

La soude et la silice sont donc en quantité sensiblement constantes dans l'outremer, la quantité de soufre peut varier du simple au double, celle de l'alumine dans les proportions de 1 à 6

M. C. F. Cross a proposé de remplacer le charbon dans les charges par un mélange intime de carbone et de silice. Ce mélange est obtenu en carbonisant des balles ou écorces de riz.

Voici 2 mélanges indiqués (1) :

	1	2
Charbon	11 parties	11 parties
Soufre	78 parties	80 parties
Kaolin	77 parties	77 parties
Soude caustique	60 parties	60 parties
Balles ou écorces de riz carbonisées	18 parties	25 parties
Sulfure de sodium	3 parties	

(1) « Perfectionnements dans la fabrication de l'outremer ». *Journ. Electr.*, 1904.

Propriétés

Si, au point de vue industriel, l'outremer est nettement connu comme couleur bleue (ou verte) il est loin d'en être de même au point de vue chimique. Ce ne sont pourtant pas les publications sur ce sujet qui manquent. Mais la question est complexe. Il est difficile de se procurer ce corps pur, d'une part, et, d'autre part, ainsi que M. Guignet l'a montré (1), il est facile, par traitement au sulfure de carbone, d'enlever de 1 à 3 % de soufre à l'état de liberté. Le même fait a été reconnu par Heumann (2) qui a fait constater que l'outremer était très hygroscopique et que l'eau n'était pas chassée complètement, même à 100°. En chauffant l'outremer dans un courant d'air desséché, dans un tube à combustion, avec une couche d'oxyde de cuivre, Heumann a recueilli de l'eau dans un tube à chlorure de calcium. A 140°, au bout de 14 heures, la perte était de 2.33 %. D'ailleurs, l'outremer bleu n'est qu'un individu dans toute une famille *d'outremers*, les uns colorés, les autres incolores. M. Th. Morel (3) a montré qu'en remplaçant le soufre par le sélénium ou le tellure on obtenait une série d'outremers colorés :

Outremers au S	Outremers au Se	Outremers au Te
Brun	Brun	»
Vert	»	Jaune
Bleu	Rouge pourpre	Vert
Violet	»	»
Rose	Rose	Gris
Blanc	Blanc	Blanc

Les outremers vert, bleu, violet et rose ont été fabriqués industriellement et M. E. Guimet a préparé des outremers à la chaux, à la lithine et à la potasse qui sont incolores. A côté de la théorie de fabrication qui a été exposée plus haut, il convient d'en rappeler une tout à fait différente qui a été développée par Unger (4). Unger,

(1) *Répertoire de chimie appliquée*, 1861, p. 427.
(2) *Moniteur scientifique*, 1880. « Sur quelques outremers », p. 511.
(3) Ch. Lauth. « L'outremer », *Moniteur scientifique*, 1881, p. 949.
(4) « Sur l'outremer ». *Journal de pharmacie et de chimie*, 1875, 4ᵉ série, t. XXI.

dès 1874, avait déjà obtenu un outremer vert en chauffant jusqu'à l'ébullition de l'outremer ordinaire avec une solution d'azotate d'argent. D'après Unger, l'outremer artificiel n'est pas un produit défini : c'est un mélange contenant 44 % d'une matière colorante à laquelle il donne la composition suivante : $Al^2Si^2S^4Az^2O^6$.

Il indique comme meilleur mélange : $Al^2O^3 + SiO^2 + 4S^2O^3Na^2 + 4Co^3Na^2$. Par l'action de la chaleur il se formerait Na^2S, So^4Na^2, Co^2 et un composé complexe oxysulfure : $Al^2SiS^4O^6$ que l'oxygène transformerait en $Al^2SiS^4O^{10}$ que l'auteur appelle *outremerogène*. Sous l'influence de la vapeur de soufre et de l'azote de l'air il se formerait $Al^2Si^2S^4Az^2O^6$. Mais, tout en donnant cette formule, l'auteur reconnaît lui-même avoir toujours trouvé du sodium. Unger attribue à l'azote un rôle essentiel.

Büchner (1) déclare, au contraire, avoir obtenu un outremer exempt d'azote et contenant du sodium. Pour lui, la silice est indispensable.

Sizilaski (2) a préparé des outremers de zinc, d'argent et de plomb qu'il a pu convertir en outremers verts. Il a analysé 3 outremerts verts et a trouvé :

Si	Al	Na	S	O (par différence)
17,43	16,57	19,18	7,49	39,33
17,62	16,30	18,66	7,17	40,25
17,19	16,57	18,58	7,05	40,62

De la constance des rapports atomiques dans les outremers analysés l'auteur conclut que l'outremer vert est une combinaison définie, M. de Forcrand (3) a obtenu des outremers organiques. Il chauffe de l'outremer d'argent avec l'iodure d'un radical alcoolique, en tube scellé à 180°, pendant 60 heures, en ouvrant le tube de 10 heures en 10 heures. Il lave le produit de la réaction à l'alcool, à l'hyposulfite et à l'eau, traite par l'éther et fractionne. Tout l'argent est éliminé à l'état d'iodure d'argent ; il reste une poudre gris clair qui, chauffée, se décompose en donnant du sulfure d'éthyle, si on a employé de l'iodure d'éthyle. En chauffant avec le chlorure de sodium, le mélange permet de reformer de l'outremer bleu.

On a encore préparé un outremer d'argent (1) correspondant à la composition suivante (moyenne de 3 analyses).

Argent	47,97
Aluminium	9,10
Silice	10,09
Soufre total	4,75
Sodium	1,07
Eau	2,61
Résidu argileux	0,81

Dans cette même étude, on admet que l'outremer bleu est un silicate combiné à Na^2S^2 :

$$2(Na^2Al^2Si^2O^8) + Na^2S^2.$$

D'une façon générale, on admet que la silice et l'alumine sont combinées. Quant au soufre, beaucoup de savants pensent qu'il existe combiné à l'oxygène. Hoffmann (2) a donné les résultats de ses expériences analytiques sur des types provenant de la fabrique de Marienberg :

	1	2	3	4	5
Sodium	17,05	17,30	17,16	17,14	17,30
Aluminium..	16,11	15,78	16,01	16,25	16,10
Silicium	18,00	18,06	18,11	18,33	18,20
Soufre	8,04	8,18	8,05	8,42	8,40
Oxygène	40,80	40,68	40,67	39,86	40,00

Ces chiffres permettent de voir que la composition de ces outremers est très constante.

(1) *Moniteur scientifique*, 1880, p. 511 à 523.
(2) *Moniteur scientifique*, 1880.

Hoffmann a assigné à l'outremer la formule suivante :

$$4(Na^2Al^2Si^2O^8) + Na^2S^4.$$

Plicque a préparé de l'outremer en partant du silico-aluminate de soude, obtenu par l'action de l'aluminate de soude sur le silicate de soude. En faisant passer pendant plusieurs jours un courant d'hydrogène sulfuré puis, pendant 10 heures, un courant d'acide sulfureux, il se forme de l'outremer.

Plus récemment, M. R. Le Maître (1) est arrivé à cette conclusion que l'outremer est un mélange complexe de différents corps de la formule :

$$Na^x - Al^y - Si^z = S^a - O^b.$$

Par l'action de la potasse caustique à 10 %, au bout de 24 heures, 1 gr. de bleu laissait 0 gr. 35 d'une poudre blanche, renfermant tous les éléments du bleu, en ayant toutes les propriétés, moins la couleur. L'auteur prétend que si le bleu avait été un composé déterminé tout serait entré en dissolution. Se basant sur diverses autres considérations, il propose la formule ci-dessus, en faisant remarquer que les exposants a et b croissent ou décroissent en sens inverse l'un de l'autre. Plus l'exposant a est élevé plus la teinte est bleue.

Malgré les nombreux travaux publiés sur la question, la constitution de l'outremer n'est donc pas encore établie d'une façon absolue.

Analyse

Il est très important de faire un contrôle analytique des matières premières. En effet, la cuisson seule fait perdre 40 % des matières premières mises en œuvre; au lavage, comme nous l'avons déjà vu, on perd encore 20 à 25 % en sels solubles. De sorte que le ren-

(1) Congrès de chimie de Liège. — Essai dans le but de démontrer que le bleu d'outremer n'est pas un corps uniforme, mais bien un mélange de corps différents.

dement définitif est d'environ 5o %. Voici comment doit-être conduit ce contrôle analytique (1).

Argile. — On doit donner la préférence à l'argile cuite que le carbonate de soude attaque mieux. Les argiles que la cuisson rend trop rouges ne doivent pas être employées car elles donnent un bleu à nuance peu franche. On y dose la silice libre et la silice combinée.

Silice. — Si l'on prend du sable quartzeux, on doit l'employer très fin, il ne doit laisser au tamis de soie n° 17 que 1 à 2 % au maximum.

Quand on emploie du kieselgur il faut au préalable lui faire subir un lavage soigné.

Soufre. — Le soufre ne doit pas contenir plus de 2 % de résidu ; il ne faut pas employer les soufres brunâtres.

D'après E. Büchner, le soufre régénéré qui contient des dérivés de cyanogène provoque la formation de petits cristaux dans l'outremer. On dose également l'arsenic par traitement à l'ammoniaque qui dissout le sulfure d'arsenic. Il ne faut en trouver qu'une très faible quantité.

Carbonate de soude. — Dans certains cas c'est la soude Leblanc qui réussit le mieux, dans d'autres la soude Solvay. On analyse le carbonate de soude par les méthodes ordinaires. Quand on y trouve plus de 2 % de chlorure de sodium il ne faut pas l'employer dans la fabrication de l'outremer.

Colophane. — Par combustion, on détermine la quantité de matières terreuses ; cette quantité doit être très faible.

En cours de fabrication, la détermination de la température est, comme nous l'avons vu, de première utilité ; mais il est également avantageux d'analyser les gaz de la combustion et d'y doser l'oxygène, l'acide sulfureux et l'oxysulfure de carbone. Ce dernier a été signalé comme existant en quantités notables par Büchner.

L'analyse de l'outremer se pratique sur le produit finement broyé et séché 24 heures à 100°.

M. R. Le Maitre ayant présenté au Congrès de Chimie de Liège une méthode d'analyse de l'outremer, nous la reproduisons intégralement ci-dessous :

(1) D'après G. Lunge. *Analyse chimique industrielle*, p. 621 et suivantes.

« 5 gr. de bleu, dont on a déterminé l'humidité à 90 degrés centigrades, sont introduits dans un vase de Bohême avec 50 centimètres cubes d'eau chauffée à 40 degrés. On laisse en contact quelque temps avec le liquide ; après avoir agité et délayé le bleu, on décante soigneusement sur un filtre taré préalablement, on lave encore avec 50 centimètres cubes d'eau à 40 degrés, on dessèche à l'étuve à 90 degrés et on pèse. On a ainsi le sulfate de soude libre dans le bleu. Le filtre et son contenu sont ensuite introduits dans un extracteur Frésénius et épuisés au sulfure de carbone : on a ainsi le soufre libre comme résidu. Dès lors, nous avons l'outremer resté dans le filtre, épuisé successivement par l'eau et le sulfure de carbone, à l'état à peu près pur.

« Dans un creuset en nickel on fait fondre un mélange de 4 gr. de soude caustique et d'un gramme de chlorate de sodium. Lorsque la masse est fondue, on y projette avec précaution 1 gramme exactement pesé de l'outremer que nous avons purifié successivement par l'eau et le sulfure de carbone.

« Instantanément, la matière est décomposée ; en effet, nous savons que le bleu est une combinaison contenant les éléments : silice, alumine, soufre, sodium. Ces éléments se combinent à la soude, le soufre donnant des sulfates, l'alumine des aluminates, la silice, des silicates. Après dix minutes de désagrégation, on laisse refroidir la masse, puis on la reprend par de l'eau bouillante. Tout se dissout, excepté l'hydrate ferrique formé qui constitue une des impuretés du bleu. On filtre la liqueur alcaline, on lave le précipité d'hydrate de fer à l'eau bouillante en recueillant les eaux de lavage, on calcine et on pèse. On a ainsi le fer contenu dans l'outremer.

« La liqueur alcaline et les eaux de lavage sont introduites dans une capsule, acidifiées avec précaution par l'acide chlorhydrique bromé et évaporées à siccité. Le résidu sec est repris par de l'acide chlorhydrique et de l'eau bouillante ; la silice est restée insolubilisée, on la filtre, lave, calcine et pèse. On a ainsi la silice totale de l'outremer.

« Le filtrat est porté à 500 centimètres cubes dans un ballon jaugé, on prélève de ce liquide :

« 1° Une prise de 100 centimètres cubes dans laquelle on dose le soufre total par le chlorure de baryum ; le précipité de sulfate de baryte obtenu est filtré, desséché, calciné et pesé avec les précautions habituelles ; 2° Dans une autre prise de 100 centimètres cubes on précipite l'alumine à l'état d'hydrate par l'ammoniaque en présence de chlorure d'ammonium. On filtre, calcine et pèse. De cette façon, nous avons dosé dans l'outremer : la silice, l'alumine, le soufre et le fer (le fer comme impureté).

« Dès lors, il ne reste plus à doser dans l'outremer que le sodium ; pour cela, deux grammes et demi du bleu purifié sont attaqués dans une fiole conique d'Iéna par de l'acide chlorhydrique et du brome. On évapore à sec. Le résidu est repris par un peu d'acide chlorhydrique et de l'eau bouillante (200 centimètres cubes). On filtre au-dessus d'un ballon de 500 cc., lave soigneusement à l'eau bouillante, ajoute 15 cc. d'ammoniaque et 15 cc. de carbonate d'ammoniaque ou d'acétate d'ammoniaque après avoir neutralisé la liqueur par l'ammoniaque. (Précipitation basique de l'alumine et du fer).

« On affleure à 500, filtre et dans le filtrat on prélève 100 cc. qu'on évapore dans une capsule en platine tarée, en présence d'acide sulfurique. Ainsi on dose la soude à l'état de sulfate de soude. Cette méthode permet de doser exactement dans l'outremer : la silice, l'alumine, le soufre et la soude entrés en réaction dans les fours ».

Usages

L'outremer artificiel ayant toujours baissé de prix ses applications ont été constamment en augmentant. Le prix moyen de l'outremer, en 1826, était de 600 fr. le kgr. ; en 1872 il était déjà tombé à 2 fr. 20 et il a encore beaucoup diminué depuis. L'impression, la peinture, l'azurage des papiers, la fabrication des papiers peints consomment beaucoup d'outremer. Pour l'azurage du linge on emploie généralement le *bleu en boules*. On mélange une qualité ordinaire d'outremer à une substance agglutinante ; on coupe la masse en carrés que l'on transforme en boules par agitation continue dans des tonneaux ou dans des appareils analogues à ceux utilisés dans la fabrication des dragées. Signalons encore l'usage de l'outremer dans la fabrication des encres d'imprimerie.

Laque bleue

On obtient cette laque en fixant le bleu de Nicholson sur sulfate de baryte. On emploie :

<pre>
Sulfate de soude . . . .   24 kilos.
Chlorure de baryum . . . .   32 kilos.
Bleu de Nicholson BBBB . . . . . .   4 kilos.
</pre>

On laque à la façon ordinaire.

Laque d'un bleu intense dont nous avons indiqué une application dans la fabrication des bleus charrons par voie sèche.

CHAPITRE III

COULEURS ROUGES

Minium

Historique

C'est une couleur qui est en usage depuis la plus haute antiquité. Davy en a retrouvé dans des vases recueillis lors des fouilles faites aux bains de Titus, à Rome. Connu des Grecs et des Romains, sa découverte, suivant Pline, est toute accidentelle. Lors d'un incendie, au Pirée, de la céruse se trouva convertie en une matière rouge, qui fut reproduite ensuite artificiellement. C'est le procédé actuel de fabrication, non pas du minium, mais de la mine orange.

La confusion très grande qui a régné chez les anciens, à propos du minium et du vermillon, ne permet pas de discerner, dans leurs écrits, laquelle de ces deux couleurs ils ont en vue.

Fabrication

La fabrication du minium se faisait jadis uniquement en employant la voie sèche. Nous verrons plus loin qu'une méthode entièrement nouvelle est venue concurrencer sérieusement l'ancienne.

Le procédé de fabrication par voie sèche, le plus couramment employé, consiste à transformer le plomb en *massicot,* ou oxyde PbO, par fusion dans un four à réverbère, à basse température. Le massicot, porté à 400°, d'après certains auteurs (1), à une tempé-

(1) Guignet. *Fabrication des couleurs,* p. 119.

rature ne dépassant pas 300°, d'après d'autres (2), absorbe l'oxygène de l'air et se transforme en minium :

$$3PbO + O = PbO^2 2PbO$$

Cette constitution chimique du minimum ressort nettement des expériences de Fremy qui a préparé du minium par voie humide, en mélangeant du plombate de potasse et de l'oxyde de plomb en solution dans la potasse. Le précipité obtenu est du minium hydraté, jaune, transformable en minimum rouge par une légère calcination. Le plombate de potasse, $PbO^2K^2O3H^2O$, est obtenu en chauffant du bioxyde de plomb dans un creuset d'argent en présence d'une solution concentrée de potasse caustique. Le plombate de potasse est décomposé par l'eau et les acides ; il se dissout dans la potasse bouillante.

Procédé anglais. — On prépare un massicot soigneusement débarrassé du plomb en excès ; il est chauffé dans des moufles de 2 m. 50 de long sur 2 m. de largeur. Pendant toute l'opération on doit ringarder la masse. On chauffe à l'aide du gaz, car le chauffage à la houille donne une mauvaise nuance. L'opération dure de 15 à 20 heures.

Procédé français. — A Portillon, près de Tours, existe toujours une importante usine où a pris naissance le procédé français. Le massicot est enfermé dans des caisses en tôle, chacune d'elles contenant environ 20 kilos, placées à la partie supérieure du four à fabrication du massicot. La durée de la transformation est assez variable. C'est ce qui explique les anciennes expressions de minimum à 1 feu, 2 feux, etc., 7 et même 8 feux. On réduit en poudre fine à l'aide des nombreux appareils dont l'industrie dispose actuellement.

Minium au nitrate. — Depuis un certain nombre d'années, on utilise, pour la fabrication du minium, une réaction différente, employée depuis longtemps pour la préparation du nitrite de soude. C'est de là qu'est venu le nom commercial, bien impropre d'ailleurs, de *minium au nitrite* donné au minium ainsi fabriqué.

Quand on fond du nitrate de potasse, si l'on projette dans le sel en fusion du plomb métallique, la température devient si élevée que

(1) Schützenberger. *Traité de chimie générale*, t. VII, p. 636.

la masse est portée à l'incandescence : le plomb s'oxyde aux dépens de l'oxygène du nitrate, en donnant de la litharge, tandis que le nitrate est transformé en nitrite :

$$Pb + AzO^3K = PbO + AzO^2K.$$

La même réaction a lieu avec le nitrate de sodium, mais la décomposition du nitrite formé, avec production d'oxyde de sodium, est beaucoup plus accentuée que dans le cas du nitrite de potassium (1).

Ce fait est intéressant à retenir, car il explique la présence des produits secondaires, qui seront d'ailleurs difficiles à éliminer après le traitement de la masse obtenue. D'un autre côté, le nitrate de sodium non décomposé se sépare plus difficilement par cristallisation que le nitrate de potassium.

Ces considérations préliminaires expliquent les soins particuliers nécessaires pour mener à bien la fabrication du minium par cette méthode.

On commence par fondre le nitrate de sodium pour le débarrasser de la plus grande partie des iodates qu'il contient. On ajoute ensuite le plomb, peu à peu. Les quantités théoriques sont : 207 de plomb pour 85 de nitrate, mais il est nécessaire de modifier ces proportions pour obtenir un bon rendement ; il faut employer un excès de plomb, au moins 15 à 20 % de plus. On a indiqué comme proportions normales pour une opération industrielle (2) :

Nitrate de sodium .... 350 kgr.
Plomb .... 950 kgr.

il y a environ 15 % d'excès de plomb.

La réaction, nous l'avons vu, n'est pas aussi simple que l'indique l'équation. De sorte que, quand l'opération est terminée, les plaques coulées contiennent : du nitrate de sodium non décomposé, de l'oxyde de plomb, du nitrite de sodium, des chlorures, des sulfates, des iodures, le plomb en excès et du plombite de soude.

Ce plombite de soude provient de l'action de l'oxyde de plomb sur l'oxyde de sodium formé aux dépens du nitrite. A plus haute

(1) Schützenberger. *Traité de chimie générale*, t. VII, p. 151.
(2) *Revue des produits chimiques,* juillet 1901.

température, l'action du plomb sur le nitrate donne également naissance à du plombite de sodium, l'oxyde de sodium se formant alors aux dépens du nitrate (1) :

$$2AzO^3Na + Pb = PbONa^2O + 2AzO^2.$$

En fait, pendant l'action du nitrate de sodium sur le plomb, il se dégage des vapeurs nitreuses.

Les plaques coulées après la réaction sont cassées, désagrégées et lavées. On passe ensuite au filtre à vide. D'un côté, on recueille la litharge et le plomb, qui sont broyés et séparés par différence de densités.

Les eaux d'épuisement contiennent le nitrite de sodium impur. Elles sont évaporées et soumises à des cristallisations fractionnées. Les cristaux sont égouttés dans des paniers et turbinés.

Les premières cristallisations donnent des cristaux purs, les impuretés s'accumulant dans les eaux mères. Vers la quatrième cristallisation, il n'en est plus de même ; on y remédie en traitant les solutions par une eau légèrement acide, ce qui permet de décomposer complètement le plombite de soude.

L'évaporation des solutions de nitrite de sodium demande une dépense considérable en charbon. C'est du côté de l'économie du combustible que doivent se porter tous les efforts pour diminuer le prix de revient. L'évaporation des solutions dans le vide constitue un procédé très recommandable.

Les nitrites de sodium ainsi obtenus titrent de 95 à 98 %. On a même signalé des produits titrant jusqu'à 99 %.

La litharge séparée du plomb est transformée en minium par chauffage à l'air. On la place, soit dans des boîtes, soit dans des fours à réverbère.

Le minium de plomb fabriqué par ce procédé retient toujours du plombite de soude.

Dosage du nitrite. — Selon le soin apporté dans la fabrication, le nitrite de sodium est plus ou moins pur. L'usage très répandu de ce produit dans l'industrie des matières colorantes rend son titrage indispensable.

La technique du dosage indutriel a été donnée par M. Szter-

(1) *Dictionnaire de chimie* de Würtz.

khers (1), qui recommande surtout la méthode au permanganate, basée sur la réaction suivante :

$$5AzO^2Na + 2MnO^4K + 3SO^4H^2 = 5AzO^3Na$$
$$+ 2MnSO^4 + SO^4K^2 + 3H^2O.$$

On prépare une solution de 2,5 % de nitrite pur que l'on place dans une burette graduée. On chauffe vers 40° 350 cc. d'eau distillée additionnée de 50 cc. d'acide sulfurique au 1/5 ; on ajoute, avec une burette graduée, 40 cc. d'une solution de permanganate à 8 gr. par litre. Dans ce mélange, on fait couler la solution de nitrite, lentement d'abord, en agitant bien. On termine l'adjonction goutte à goutte. On arrête quand une goutte de la solution de nitrite décolore le permanganate au bout de 2 minutes.

On opère exactement de la même manière avec une solution à 2,5 % du nitrite à titrer. Le rapport des nombres de cc. trouvés dans les deux cas donne la richesse en nitrite pur du type soumis au titrage.

On peut encore doser le nitrite en utilisant la réaction de formation des diazoïques. On emploie le sulfanilate de soude, préparé en ajoutant à une solution de 150 gr. de carbonate de soude, 250 gr. d'acide sulfanilique, et en amenant la solution à 1 litre.

Dans 10 cc. de cette solution, on ajoute 10 cc. d'acide chlorhydrique et de la glace. On verse avec une burette une solution de nitrite pur à 1 %. Quand la solution est devenue limpide, on fait des touches sur un papier à l'iodure d'amidon. On s'arrête quand une goutte produit une tache noire immédiate. On opère de même avec le nitrite à doser.

Cette méthode est, d'après M. Szterkhers, très exacte et très sensible, mais difficile et susceptible de nombreuses causes d'erreur.

Propriétés

Le minium de plomb est un oxyde particulier de plomb, auquel on peut donner la formule :

$$PbO^2 2PbO$$

et l'envisager comme un plombate de plomb. Pourtant, il convient

(1) « Le dosage industriel du nitrite de soude. » *Revue générale de chimei pure et appliquée*, janvier 1902.

de remarquer que l'on rencontre toujours, à côté de ce plombate, des quantités plus ou moins fortes de protoxyde de plomb. Dumas, qui a analysé un certain nombre de miniums commerciaux, a trouvé jusqu'à 25 et même 50 % de protoxyde.

Sa composition est assez variable ; on a indiqué les formules suivantes :

$$PbO^2 2PbO$$
$$PbO^2 3PbO$$
$$PbO^2 5PbO$$

On admet que la nuance est d'autant plus belle que la quantité de bioxyde est plus grande. Une forte calcination lui fait perdre 2 % d'oxygène. C'est une couleur très dense, couvrant très bien. Mais c'est une couleur très toxique, noircissant à la longue sous l'influence de la lumière.

Le minium est soluble dans l'acide acétique concentré. Traité par l'acide azotique, il donne de l'oxyde puce ; pour le dissoudre complètement dans cet acide il faut ajouter du sucre. La soude caustique est sans action ; l'acide sulfurique le transforme en sulfate de plomb avec dégagement d'oxygène.

Analyse

Diverses méthodes ont été indiquées pour le dosage.

Dans un minium, il convient de doser le plomb aux 2 états PbO et PbO^2 et de déterminer l'insoluble.

La méthode classique consiste à traiter le minium par l'acide nitrique, en présence de sucre, et à recueillir l'insoluble sur un filtre taré. Dans la liqueur filtrée on dose le plomb total. Une attaque à l'acide nitrique étendu permet de dissoudre PbO. On recueille l'insoluble de cette attaque sur un filtre taré, on le pèse et, en diminuant l'insoluble précédemment dosé, on obtient PbO^2 (1).

D'après M. Halphen, les miniums de commerce donnent de 1 à 6 % d'insoluble et de 20 à 34 % de peroxyde de plomb.

Topf (2) a indiqué la méthode suivante : on dissout 12 gr. d'io-

(1) Voir pour les détails de la méthode : Halphen, *La pratique des essais commerciaux. Matières minérales*, p. 321
(2) *Z. anal. Ch.*, p. 296, 1887.

dure de potassium dans l'eau et on ajoute 100 gr. d'acétate de soude en solution dans l'acide acétique à 50 %. Après introduction de 5 gr. de minium on amène à 500 cc. On titre l'iode mis en liberté à l'aide de l'hyposulfite.

Forestier (1) chauffe au bain-marie, pendant une demi-heure, 1 gr. de minium, 10 cc. d'acide acétique et 20 cc. d'eau. Le peroxyde formé est dosé par pesée.

Liebig (2) dissout 0 gr. 5 de minium dans 25 cc. d'hyposulfite de soude N/10 et 10 cc. d'acide acétique à 30 %. La dissolution terminée, il ajoute 10 cc. d'une solution d'iodure de potassium à 10 %, 3 cc. d'iodure de zinc amidonné et titre avec une solution d'iode N/10. Le terme est indiqué par le passage de l'iodure de plomb du jaune citron au jaune foncé sale. Le nombre de cc. d'iode employé, multipliés par 239 donne la proportion % de PbO^2.

M. Szterkhers a fait connaître une méthode de dosage industriel qui permet d'opérer très rapidement (3).

Nous venons de voir que l'action de l'acide nitrique sur le minium donnait du peroxyde de plomb :

$$PbO^2 2PbO + 4AzO^3H = 2(AzO^3)^2Pb + 2H^2O + PbO^2$$

Le nitrite de soude, en présence d'un excès d'acide, agit sur PbO^2 ; il est transformé en nitrate, et le plomb entre en solution :

$$PbO^2 + 2AzO^3H + AzO^2Na = (AzO^3)^2Pb$$
$$+ AzO^3Na + H^2O$$

Tel est le principe de la méthode.

On prépare comme liquers titrées : une solution de nitrite de soude pur à 10 gr. par litre et une solution de permanganate à 8 gr. par litre. On détermine, comme il a été dit plus haut, à combien de nitrite de soude correspond 1 cc. de la solution de permanganate.

On attaque ensuite 5 gr. de minium, dans une capsule, par 7 cc. d'acide nitrique étendus de 100 cc. d'eau, au bain-marie,

(1) Lunge. *Analyse industrielle*, t. I, p. 602.
(2) *Z. angew. Ch.*, p. 828, 1901.
(3) « Dosage industriel des miniums ». *Revue de chimie pure et appliquée*, mars 1902.

pendant 1/4 d'heure. La solution titrée de nitrite est ajoutée lentement, en remuant, jusqu'au moment où le précipité noir a complètement disparu.

On dépasse même légèrement et on revient avec la solution de permanganate, en s'arrêtant à la teinte rose persistant 1 minute. On transforme ce chiffre en quantité correspondante de nitrite et on déduit cette quantité de celle ajoutée dès le début. Sachant, d'autre part, que 239 de PbO^2 correspond à 69 de nitrite, d'après la réaction :

$$PbO^2 + AzO^2Na = AzO^3Na + PbO$$

il est facile de calculer la quantité P de PbO^2 contenue dans le minium analysé.

M. Szterkhers, faisant remarquer que le minimum théorique contient 34,8 % de PbO^2, appelle *minium vrai*, la quantité de PbO^2 2PbO que contient un minium commercial.

Ayant trouvé à l'analyse une quantité % P de PbO^2, dans un minium, ce minium contiendra % en minium vrai :

$$\frac{100 \times P}{34,8}$$

Voici quelques résultats analytiques obtenus par l'auteur de ce procédé de dosage :

	Peroxyde	Minium vrai		Litharge non convertie
Minium théorique	34,8	100	%	0
Minium bon	30	86	%	14
Minium moyen	25	72	%	28
Minium pauvre	20	57,5	%	42,5
Litharge miniumisée.....	15	43	%	57
Litharge pure	0	0	%	100

La comparaison des chiffres obtenus par les deux méthodes montre bien que la méthode au nitrite est aussi exacte que rapide :

	Méthode au nitrite	Méthode à l'acide nitrique	Différences
1 Peroxyde	28,9	28,95	0,05
2 Peroxyde	32,9	32,92	0,02
3 Peroxyde	28,8	29,14	0,34

Nous avons appliqué ce procédé de dosage, dans la pratique courante de notre industrie, à l'examen des litharges et des miniums que nous employons comme matières premières et voici quelques nombres parmi ceux que nous avons obtenus :

	Peroxyde 0/0	Minium vrai 0/0
Minium (1) pur	25,31	73,
Minium (2) pur	28,04	80,57
Litharge (1) pure	1,09	3,15
Litharge (2) pure	0,49	1,41

Les produits marqués (1) sont fabriqués par l'ancienne méthode et ceux marqués (2) par la méthode au nitrate.

Le minium au nitrate a une nuance plus jaunâtre que le minium au massicot. Sa couleur est nette et vive, sa densité inférieure à celle du minium préparé par l'ancienne méthode.

Nous avons pu nous procurer toute une série de miniums et de litharges provenant de différentes fabriques européennes. Nous avons trouvé des chiffres extrêmement variables, ce qui est une niuvelle preuve des différences considérables qui existent dans la constitution des miniums commerciaux :

	Minium vrai 0/0
Minium pur (français).	99
Minium pur pour cristallerie (allemand)..	97,2
Minium pur de peinture (allemand)......	91,2
Minium pur (belge)	85,0
Litharge pure (belge).................	7,2

	Minimum vrai 0/0
Litharge pure (française)	1,8
Litharge pure (poudre) (française).......	1,2
Litharge pure (anglaise)...............	0,8
Litharge pure (allemande)	0,6
Litharge pure poudre jaune (française)...	0
Litharge pure paillettes (allemande)	0
Litharge pure poudre (allemande).......	0

La présence du minium dans la litharge a déjà été signalée. J. Gaudin (1) a dosé le minium dans une litharge et a trouvé que la teneur atteignait 2,87 %.

M. Fribourg (2) a également publié les résultats d'analyses de différents miniums achetés au Caire :

	1	2	3	4	5
Humidité	0,06	0,06	0,05	0,02	0,06
Minium pur	71,05	68,47	66,32	60,74	65,40
Protoxyde en excès...	26,85	29,83	33,63	39,24	34,54
Insoluble et non dosé	2,04	1,67	0	0	0
	100,00	100,00	100,00	100,00	100,00

Usages

On consomme beaucoup de minium, surtout pour la première couche de peinture recouvrant des ouvrages en fer. C'est un excellent préservatif contre la rouille. Les papiers peints, la coloration des pâtes à papier, de la cire à cacheter, constituent encore un sérieux débouché.

(1) « Sur la présence du minium dans la litharge ». *Journal de Pharmacie et de Chimie*, 6ᵉ S., t. VI, p 28, 1897.

(2) « Sur l'analyse des miniums, céruse et mastic Serbat ». *Bull. de l'Ass. des chimistes en sucrerie et distillerie*, juin 1907, p. 1704.

Mine-orange

La mine-orange n'est pas, comme on l'a écrit (1), un minium de *première qualité*. Sa composition est, en effet, différente de celle du minium. On l'obtient, d'ailleurs, par une autre voie. On fabrique la mine-orange en calcinant la céruse, ce qui fait que le produit final contient toujours une certaine quantité de carbonate de plomb. La pulvérisation s'opère comme pour le minium. Mulder a analysé une mine-orange et il a obtenu les chiffres suivants :

Protoxyde de plomb	73
Bioxyde de plomb.	25
Acide carbonique	2

On admet que la mine-orange commerciale tient de 3 à 5 % de carbonate de plomb.

La mine-orange se présente sous l'aspect d'une poudre beaucoup plus fine et beaucoup plus onctueuse que celle du minium. Sa couleur est plus orangé et sa valeur commerciale plus élevée. Son principal débouché est dans la fabrication des couleurs laquées.

Ce n'est pas le minium, mais la mine-orange qui est employée, en aquarelle et en peinture fine à l'huile, sous le nom de *rouge de Saturne*.

Vermillon

Historique

Cette couleur rouge était connue et employée par les anciens : chez les Grecs, on l'appelait *miltos* et chez les Romains *minium*. Chez les Romains, une ordonnance en réglait le prix de vente. Le commerce du vermillon resta longtemps entre les mains des Hollandais. Quant aux Chinois, qui ont fabriqué du vermillon bien avant les Européens, ils ont conservé une réputation très grande

(1) A. Perret. *Couleurs minérales*, p 89.

dans cette industrie. Nous aurons occasion de parler plus loin des procédés chinois. Malgré la vieille réputation des Chinois, 3 pays européens produisent maintenant beaucoup de vermillon ; ce sont : l'Allemagne, l'Angleterre et la France. C'est ainsi que, d'après M. Lauth (1), la maison Levis Berger de Londres fabriquait, par an, il y a déjà un quart de siècle, 120.000 kgs de vermillon. On désigne généralement sous le nom de *cinabre* le sulfure de mercure naturel, ou le sulfure artificiel obtenu par voie sèche.

Fabrication

On prépare le vermillon par voie sèche ou par voie humide. On a essayé également de le préparer par voie électrolytique.

Fabrication par voie sèche.

Procédé chinois. — Il paraît que ce procédé est celui employé dans toute la Chine (2). Dans une bassine en fer, on fond à feu doux 6 k. 222 de soufre et on ajoute les 2/3 d'une bouteille de mercure. Quand le tout est en fusion, on broie au pilon de fer. L'excès de soufre surnage. On enlève alors du feu et on ajoute la fin de la bouteille de mercure. On broie, ajoute l'eau, refroidit et vide. La poudre noire obtenue est placée dans une chaudière hémisphérique en fer munie d'une couronne de fragments de porcelaine. La chaudière est placée sur un fourneau et couverte d'une bassine lutée à la chaudière. Après 16 heures de chauffe les fragments de porcelaine sont recouverts de morceaux rouges. On les détache et on les broie à la meule avec un peu d'eau. La masse est jetée dans l'eau, la partie qui se dépose, desséchée à une douce chaleur, est passée au tamis.

Des détails plus précis encore ont été donnés sur la fabrication

---

(1) *Moniteur scientifique*, 1881.
(2) « Fabrication du vermillon de Chine » par Mugh Maccalum de Hong-Kong. *Journal de pharmacie et de chimie*, 5e S., t. V, p. 157, 1882.

chinoise (1). Dans une fabrique il y a généralement 20 fourneaux et dans une chambre 2 rangs de 5 à 6 fourneaux ; dans le voisinage, existe un magasin où se rangent le soufre, le mercure, l'alun et la colle. L'ouvrier prend une poële de 25 pouces 1/4 de diamètre et il met dedans 17 livres 1/3 de soufre et 1/2 bouteille de 75 livres de mercure. La poële est placée sur un fourneau chauffé au charbon de bois. On agite ; quand le mercure est disparu (les ouvriers disent *tué*) on retire du feu, met un peu d'eau et réduit la masse en poudre. La masse est mise alors dans les poëles à sublimer. Ces poëles ont 29 pouces 1/4 de diamètre et 9 d'épaisseur ; elles pèsent 53 livres et reposent sur un massif en maçonnerie. Une autre poële munie de plateaux en porcelaine est lutée sur la poële chargée. Après 18 heures de chauffe intense on laisse refroidir pendant 24 heures et on retire le vermillon qui adhère à la porcelaine.

Une usine ayant 20 fourneaux a 20 meules ; chaque meule est tournée par un homme. Le broyage se fait à l'eau ; le soir, on ajoute à la pâte obtenue de l'alun et une solution de colle (une once par gallon). La masse est abandonnée au repos dans des vases en terre contenant 6 gallons. Le lendemain, on sépare une couche supérieure fine. La couche inférieure est retraité avec de l'eau pure et tamisée au tamis de mousseline.

Procédé hollandais. — C'est encore un procédé par voie sèche. C'est Tuckert qui l'a décrit (2) à la suite d'une visite dans une fabrique hollandaise, faisant, à cette époque, 24.000 kgs de vermillon par an. Dans une chaudière plate on fond 75 kgs de soufre et 540 kgs de mercure. Le sulfure noir obtenu est broyé et on en remplit des flacons contenant 3/4 de litre environ. D'autre part, on place sur des fourneaux des pots en argile et sable ; on les porte au rouge et on verse alors le contenu des flacons. Quand la flamme qui sort des pots a diminué on les recouvre avec une plaque de fonte. Après 36 heures de travail on laisse éteindre, la sublimation est terminée. On casse les pots et on en retire un vermillon qui est broyé, lavé et séché.

(1) « Fabrication du vermillon de Chine » *Moniteur scientifique*, p. 1173, 1884.
(2) *Annales de chimie*, IV.

Fabrication par voie humide

Procédés anciens. — On procède en broyant le soufre et le mercure en présence de potasse plus ou moins étendue d'eau. En chauffant, la masse passe du brun au rouge. Les différents procédés ne diffèrent que par quelques détails dans le mode opératoire et dans les proportions employées :

	Kirchoff	Brunner	Jacquelin
Mercure	100,	100	100,
Soufre	22,70	38	33,3
Potasse	53,30	25	22,2
Eau	peu	150	33,3

Procédé Gautier Bouchard. — Basé sur l'emploi du sulfhydrate d'ammoniaque que l'on sature de soufre pour obtenir un polysulfure de densité 1.034. On mélange dans des bouteilles en grès :

Solution densité 1,034	1 litre
Soufre	0 k. 500
Mercure	2 k. 500

Les bouteilles sont hermétiquement fermées et agitées pendant 7 à 8 heures puis abandonnées 3 à 4 jours à la température de 50 degrés. La masse pâteuse est lavée à l'eau jusqu'à disparition complète de sulfure alcalin.

On doit à M. Ringaud un procédé d'avivage des vermillons (1). Il consiste à traiter ceux-ci : 1° par l'acide nitrique pour enlever l'excès de soufre (méthode indiquée par Dumas) ; 2° par un mélange de sulfure de potassium et de potasse caustique à chaud ; 3° digestion dans l'acide chlorhydrique ; 4° lessivage à chaud avec de la potasse caustique, dans le but de donner un ton violacé.

M. Ringaud s'est créé dans cette fabrication une réputation qui dure encore aujourd'hui. Son vermillon violacé, dénommé CO_2,

(1) Brevet du 15 octobre 1859.

est très apprécié des peintres pour la facilité avec laquelle il permet de tirer les filets.

M. Ditte a donné une théorie de la formation du sulfure rouge. En mélangeant du sulfure noir de mercure et un sulfure ou poly-sulfure alcalin, à une température ne dépassant pas 45°, il se fait un sulfure double $5HgS.K^2S$ et « comme la température de la masse n'est pas invariable, dès qu'elle s'élève un peu, une faible partie de ce sulfure double est décomposée, en donnant du sulfure de mercure cristallisé et rouge, cette teinte se produisant aisément, comme nous l'avons dit, à basse température. Si la liqueur se refroidit un peu, il se forme du sulfure double aux dépens du sulfure amorphe, plus facilement attaquable, et un nouvel échauffement détermine une décomposition partielle de ce composé avec formation de nouveaux cristaux rouges ; finalement, peu à peu, et par suite de réactions successives, on comprend que, si petite que soit la quantité de sulfure double qui a pu prendre naissance, la transformation du sulfure amorphe en cristaux microscopiques de vermillon puisse avoir lieu complètement » (1). .

M. L. Raab a indiqué le procédé suivant (2). On prend du calomel en poudre fine qu'on fait bouillir avec une solution d'hyposulfite de sodium : le sulfure noir obtenu, lavé par décantation, est additionné de foie de soufre, préparé avec du carbonate de potasse et du soufre. La solution de foie de soufre est mélangée au sulfure noir, chauffée et agitée continuellement. La masse séchée est lavée à l'eau chaude.

Fabrication par électrolyse

On opère dans une cuve en bois contenant :

Eau	100
Azotate d'ammoniaque	8
Azotate de soude	8
Sulfure de sodium	8
Soufre	8

(1) « Action du sulfure de mercure sur le sulfure de potassium ». *C. R.,* juin 1884.

(2) « Vermillon préparé par voie humide ». *Journal de Pharmacie et de Chimie,* 4ᶜ S , t. XXI, 1875.

Des plaques rondes, plongeant dans la cuve, sont reliées au pôle positif, et on fait couler du mercure sur ces plaques. Dans le fond, il y a une plaque en cuivre recouverte de fer galvanisé que l'on relie au pôle négatif. On dit le vermillon ainsi obtenu comparable aux beaux vermillons fabriqués par voie humide (1).

Propriétés

Le vermillon est du sulfure de mercure HgS. On connaît 2 variétés de sulfure de mercure : un sulfure noir et un sulfure rouge. Dans les méthodes par voie sèche, on transforme la variété noire en sulfure rouge par sublimation. La densité du sulfure de mercure cristallisé est égale à 8,1 ; le vermillon est donc une couleur extrêmement dense. Quand on le chauffe à l'air il fournit du mercure et de l'acide sulfureux. L'acide azotique bouillant l'attaque très peu, mais il est attaqué par l'eau régale, ainsi que par l'acide chlorhydrique bromé. Il est facilement décomposé par l'hydrogène, le charbon et un grand nombre de métaux.

C'est une couleur très vénéneuse ; il est très rare de rencontrer des vermillons conservant longtemps leur belle coloration. Très souvent, au bout de quelques mois d'exposition, la teinte passe au brun. Les émanations sulfureuses le font noircir et il est impossible de le mélanger aux blancs de plomb. Avec les autres couleurs le mélange se pratique au contraire facilement.

Dans le commerce on trouve toute une série de nuances, depuis la nuance jaune rougeâtre extra-clair, jusqu'à la nuance rouge franc foncé. On trouve couramment des vermillons appelés *extra-clair, clair, moyen* et *foncé*. Enfin, nous avons indiqué le moyen d'obtenir des nuances violacées. Comme on le voit, cette couleur rouge a une gamme assez riche. En peinture fine les différentes nuances sont encore désignées sous les noms suivants : vermillons *français, chinois, anglais*.

On admet que le vermillon préparé par voie humide a plus d'éclat que celui préparé par voie sèche, mais il est également beaucoup moins stable. Le vermillon préparé par voie humide, traité à

(1) L'*Electricien*, année 1890.

l'acide azotique, renferme du mercure métallique ou de l'azotate de mercure. Le mercure métallique facilite le changement de coloration sous l'influence de la lumière.

Analyse

M. Halphen a indiqué la méthode suivante : (1)

1° Calciner au rouge vif 5 gr. de vermillon dans un creuset en porcelaine. On pèse ce qui reste dans le creuset, retranche de 5 et multiplie par 20 pour obtenir la proportion de matières volatiles.

2° Doser l'ammoniaque comme dans un sel ammoniacal, l'exprimer en AmCl ; la déduire des matières volatiles. La différence donne aproximativement la teneur en HgS.

On reconnaît ainsi la présence de différents corps (2) :

1° *Du mercure,* en chauffant avec de l'acide azotique (D. 1.20) et en faisant passer un courant d'hydrogène sulfuré dans la liqueur qui doit noircir.

2° *De l'azotate de mercure,* en humectant avec une solution froide de sulfure de potassium, coloration noire.

On falsifie le vermillon avec quantité d'autres couleurs, en raison de son prix élevé. C'est ainsi que l'on y ajoute : des laqués rouges, du minium, de l'ocre rouge, du sulfate de baryte etc. L'analyse chimique ordinaire fait reconnaître toutes ces fraudes. Quand on chauffe du vermillon dans un tube, s'il se sublime sans laisser de résidu notable c'est que la couleur est pure.

Usages

La peinture fine à l'huile, l'aquarelle, emploient du vermillon.

Les autres applications sont dans la carrosserie, dans la fabrication des cires à cacheter, dans la composition de certaines peintures rouges où l'on recherche à la fois solidité et beauté, sans être arrêté par la question de prix.

(1) *La pratique des essais commerciaux. Matières minérales,* p. 320.
(2) Lunge. *Analyse chimique industrielle,* t. I, p 604.

Vermillon d'antimoine

On connaît deux sulfures d'antimoine : le trisulrure Sb^2S^3 et le pentasulfure Sb^2S^5. La couleur connue sous le nom de *vermillon d'antimoine* est, d'après le plus grand nombre des auteurs, du trisulfure d'antimoine (Guignet, Halphen, Roret, Lemoine et Du Manoir). D'après d'autres, ce serait un hydrate de trisulfure $Sb^2S^3.H^2O$ (Plessy) et même un oxysulfure $2Sb^2S^3.Sb^2O^3$.

C'est Lampadius qui a proposé, en 1833, ce produit comme couleur rouge.

Bœttger a indiqué le procédé suivant de préparation : mélanger des solutions concentrées de beurre d'antimoine (trichlorure $SbCl^3$) et d'hyposulfite de soude à 30°. Il se fait un précipité jaune orangé qui passe peu à peu au rouge. On cesse alors de chauffer, lave à l'eau chlorhydrique, puis à l'eau pure.

La méthode généralement employée pour préparer le vermillon d'antimoine est celle qui a été décrite par E. Kopp (1). Il grille d'abord le sulfure d'antimoine dans un courant de vapeur d'eau ; l'acide sulfureux qui se dégage est recueilli ; l'oxyde résultant du grillage est facilement dissous dans l'acide chlorhydrique. On prépare d'autre part une solution de polysulfure de calcium par ébullition de soufre en poudre dans un lait de chaux ; on maintient un excès de chaux. L'acide sulfureux donne, dans ce mélange, de l'hyposulfite de chaux. On fait la précipitation comme dans le procédé Bœttger en chauffant jusqu'à 55° environ et on termine de la même façon. Les eaux-mères sont mélangées à du sulfure de calcium et servent à nouveau à la fabrication de l'hyposulfite de chaux.

Le vermillon d'antimoine manque de vivacité de ton, il résiste peu à l'action de la lumière. On a essayé vainement de l'employer en grand dans la peinture à l'huile. Détrempé à l'eau, il manque complètement de vigueur. De sorte que l'emploi de cette couleur est extrêmement réduit.

(1) *Bulletin de la Société industrielle de Mulhouse*, n° 148, t. XXIX.

Rubis d'arsenic

Sous le nom de rubis d'arsenic on a proposé une couleur rouge qui est l'hyposulfure d'arsenic ou *réalgar* As^2S^2. On le rencontre dans la nature, mais on le prépare plutôt artificiellement en fondans 75 parties d'arsenic et 32 parties de soufre ou encore un mélange de soufre et d'acide arsenieux. Couleur peu solide et très vénéneuse.

Arséniate de cobalt

Arséniate de formule $As^2O^5(CoO)^3$. On chauffe dans un creuset, jusqu'à fusion, de l'arseniosulfure de cobalt avec 2 fois son poids de potasse et un peu de sable (1). On sépare un arséniure blanc de cobalt qui, chauffé avec de la potasse, donne un nouveau culot d'arséniure blanc que l'on transforme en arséniate par calcination à l'air. Couleur d'un beau rouge s'avivant encore par le broyage.

D'après M. Halphen (2), cette couleur, très peu connue en France, serait au contraire très employée en Angleterre. Elle est toxique, mais solide et peu coûteuse.

Chromate d'argent

Rouge pourpre que l'on dit peu employé en miniature. Obtenu en précipitant une solution de bichromate de potasse par une solution d'azotate d'argent. Le précipité est lavé à l'eau distillée et séché à basse température. Il a pour formule $2CrO^3Ag^2O$.

Bouilli avec de l'eau il perd une molécule d'acide chromique et se transforme en chromate neutre CrO^3Ag^2O, poudre verte cristalline.

(1) *Manuel* Roret. *Fabrication des couleurs*, t. II, p. 117.
(2) *Couleurs et vernis*, p. 163.

Rouge d'Angleterre

Sous les noms de *rouge d'Angleterre, rouge de Venise, colcotar, rouge de Prusse,* on désigne une couleur d'un rouge peu vif qui est constituée surtout par de l'oxyde de fer. C'est le résidu de fabrication de l'acide de Nordhausen obtenu en décomposant le sulfate ferreux SO^3FeO6H^2O qui perd d'abord 5 molécules d'eau puis, à plus haute température :

$$2(SO^3FeOH^2O) = 2H^2O + SO^2 + SO^3Fe^2O^3$$
$$SO^3Fe^2O^3 = SO^3 + Fe^2O^3$$

L'opération se pratique dans des cornues ; quand elle est terminée, on retire une masse dure qui est pulvérisée et lavée. Séchée elle est pulvérisée à nouveau à sec et tamisée.

M. Th. Terrel (1) a indiqué la modification suivante : ajouter 10 % de soufre au sulfate ferreux cristallisé. Le mélange desséché est placé sur les soles rouges de fours à griller. On utilise l'acide sulfureux qui se dégage et on maintient encore 1 heure 1/2 au rouge après le départ de tout l'acide sulfureux. L'oxyde rouge restant serait plus beau que dans le procédé de Nordhausen.

Ce rouge constitue une couleur à bas prix, très solide et non vénéneuse.

Rouge vénitien

On a souvent désigné ainsi une couleur rouge à base d'oxyde de fer. Mais, il y a peu de temps, on a indiqué 2 procédés dont l'un donne un produit contenant du plomb (2).

1° On prend 1 partie de chaux et 3 parties de sulfate ferreux que l'on calcine en réglant convenablement la température et l'admission de l'air, ce qui, paraît-il, exige une grande habileté. Le produit final est un mélange de sulfate de chaux et d'oxyde de fer.

(1) Brevet, juin 1884.
(2) « Nouveau procédé de fabrication du rouge vénitien ». *The oil and C. J.*, p. 809, année 1904.

2° On chauffe 3 parties de sulfate ferreux avec 2,4 parties de peroxyde de plomb. Il est inutile d'admettre de l'air. L'opération se conduit facilement. Le rouge obtenu, mélangé de sulfate de plomb et d'oxyde de fer, est très brillant comme ton et a un grand pouvoir couvrant.

Rouge Perkins

C'est un rouge à base de fer (1), analogue, comme nuance, au rouge d'Angleterre. L'auteur utilise les scories silico-ferrugineuses qu'il pulvérise et traite par 1/3 de leur poids d'acide sulfurique. La masse est portée au rouge. On peut diminuer la quantité d'acide en calcinant d'abord à l'air les scories pulvérisées. La couleur obtenue varie avec la quantité d'acide employée.

L'oxyde rouge obtenu est mélangé à de la silice précipitée :

Silice précipitée.......... 25 parties
Oxyde ferrique .... 75 parties

Pourpre de Cassius

La meilleure méthode de préparation a été indiquée par L. Figuier : On fait dissoudre 2 gr. d'or dans 10 gr. d'eau régale (4 p. HCl pour 1 p. NO^{3}H), évapore au bain-marie, chasse l'acide et reprend par 75 gr. d'eau. Dans la liqueur filtrée on ajoute de l'étain en grenailles. Au bout de quelques jours l'or est complètement précipité à l'état de stannate qu'on sépare par décantation de l'étain en excès ; on lave et fait sécher à basse température.

La miniature et la peinture sur porcelaine en font usage.

Quand on traite une solution de chlorure d'or par une quantité insuffisante de protochlorure de mercure, le précipité d'or métallique est brunâtre, tandis qu'en employant un excès de protochlorure de mercure l'or est rouge.

Antony et Lucchesi, qui ont signalé ces faits, en concluent que

____

(1) *Nouvelle couleur rouge applicable à la peinture.* Brevet 205904, mai 1890.

dans le pourpre de Cassius la coloration est due à de l'or métallique précipité par l'acide stannique (1).

Carmin

Historique

M. Guignet (2) a donné l'historique du carmin dont le procédé de fabrication fut indiqué par un moine franciscain de Pise, au commencement du xviie siècle. En composant un extrait de cochenille dans une solution de carbonate de potasse, il forma, en ajoutant par hasard un acide, un précipité d'un rouge vif. Le procédé fut indiqué par Homberg en 1656.

Fabrication

Malgré le nombre considérable de publications sur le carmin on peut dire que les procédés vraiment industriels ne sont connus que des fabricants qui s'empressent de ne pas les publier. Pourtant les renseignements scientifiques que l'on possède sont assez précis.

La matière première, la cochenille, est un insecte qui vit sur un genre de cactus appelé *nopal*. Au début du xvie siècle, les Espagnols trouvèrent la cochenille au Mexique où on l'employait depuis fort longtemps. On en rencontre encore à Java, en Afrique et en Espagne. Aujourd'hui on élève les insectes dans des plantations, on les recueille dans des paniers et on les tue par immersion dans l'eau bouillante. Un hectare de nopals donne 300 kgs de cochenilles et il faut 140.000 cochenilles pour obtenir 1 kgr. de matière sèche (3). Il y a plusieurs variétés commerciales de cochenille, la plus estimée est la cochenille grise.

D'après Libermann (4) si l'on traite 10 gr. de cochenille par

(1) *Gazetta Chimica Italiana*, 1898.
(2) *Fabrication des couleurs*, p. 132.
(3) Lemoine et du Manoir. *Manuel pratiquede la fabrication des couleurs*, p. 279.
(4) « Sur la cochenille et le carmin de cochenille ». *Moniteur scientifique*, 1885, p. 1264, d'après *Berichte der deutsche Chemische Gesellschaft*, juin 1885, p. 1969.

ı litre d'eau bouillante, l'eau de la 7ᵉ extraction est encore colorée. En faisant une laque plombique, séchée et pesée et en dosant le plomb, Libermann, en considérant la différence comme matière colorante, a trouvé, dans les meilleures sortes 14 %. John avait indiqué 50 % et Mène 26 à 49 % ! Libermann considère son chiffre comme trop élevé, il estime que la cochenille tient, en moyenne, de 9 à 10 % de matière colorante.

Plus récemment (1) la matière colorante de la cochenille a été étudiée au point de vue de sa constitution par W. von Miller et G. Rhode. Ces auteurs rappellent que, en 1847, W. de la Rue avait indiqué un procédé pour la préparation de l'acide carminique et il avait obtenu, par oxydation au moyen de l'acide nitrique de l'acide trinitrocrésotinique.

$$C^6.(CH^3).CO^2H.(AzO^2)^3.OH. \quad 1.\ 3.\ 2.\ 4.\ 6.\ 5.$$

On avait cru trouver dans l'acide carminique un glucoside pouvant être scindé en sucre et rouge carmin. Les recherches de von Miller et G. Rhode montrent que l'acide carminique n'est pas un glucoside et que le rouge carmin n'existe pas. L'action du brome sur ce soi-disant rouge carmin a donné 2 bromures cristallisés fournissant entre autres produits de décomposition un acide méthyldibromo oxyphtalique :

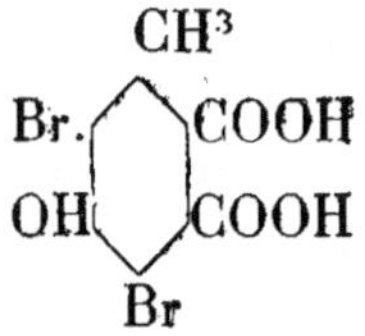

$$\begin{array}{c} CH^3 \\ Br\diagup\quad\diagdown COOH \\ OH\diagdown\quad\diagup COOH \\ Br \end{array}$$

Les auteurs ont entrepris de déterminer la constitution des 2 bromures α et β. Le β bromocarmin est un dérivé de l'α naphtoquinone et il doit être représenté par une des 2 formules suivantes.

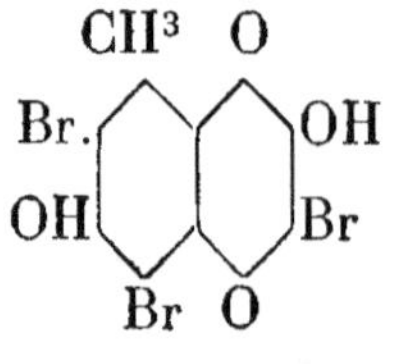

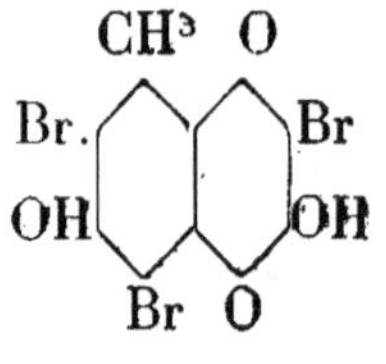

$$\begin{array}{cc} CH^3\ O & CH^3\ O \\ Br\diagup\diagup\ \diagdown OH \quad\quad\quad Br\diagup\diagup\ \diagdown Br \\ OH\diagdown\diagdown\ \diagup Br \quad\quad\quad OH\diagdown\diagdown\ \diagup OH \\ Br\ O \quad\quad\quad Br\ O \end{array}$$

(1) Sur la matière colorante de la cochenille. *Bull. Soc. Chim.* 1894, p. 465.

L'acide carminique peut donc être envisagé comme un dérivé d'une méthyldioxy-α-naphtoquinone, ayant une des 2 formules ci-dessus dans lesquelles les Br seraient remplacés par des H. Sa nature de matière colorante s'explique par le voisinage de O quinonique et de OH.

Les auteurs ont constaté, par l'analyse élémentaire, l'identité du rouge carmin et de l'acide carminique. La décomposition de l'acide carminique ne leur a donné aucun glucoside.

Le plus vieux procédé de fabrication est celui indiqué dans l'ancienne encyclopédie et décrit ainsi par Tingry (1). On préparait une décoction de 23 grammes de cochenille en poudre dans 2 litres 1/2 d'eau, 1 gr. d'écorce d'autour et 2 gr. de graine de chouan. A l'ébullition on ajoutait 1 gr. d'alun. Au bout de quelques jours il se séparait une fécule rouge, le carmin. Le rendement était très faible : 2 gr. à 2 gr. 1/2. La liqueur surnageante, très colorée, servait à faire des laques carminées, par traitement au sulfate d'alumine et précipitation par le carbonate de soude.

Il existe une quantité de procédés qui ne permettent pas d'arriver aux beaux types commerciaux.

Le procédé le plus connu, dit procédé chinois, consiste à ajouter de l'alun à une solution aqueuse de cochenille et à précipiter par une solution de sel d'étain.

Dans le procédé Wood on ajoute à la solution de cochenille du citrate de soude :

Carbonate de soude.......	1
Acide citrique	0,900
Cochenille	2,760
Eau	120 litres

On précipite à l'ébullition par 1 k. 050 d'alun ; on filtre puis laisse déposer pendant 2 ou 3 jours.

Le commerce livre un grand nombre de sortes de carmin. La plus estimée est dite *carmin nacarat n° 40*. Libermann qui l'a examiné dit qu'il perd à l'air :

(1) *Traité théorique et pratique sur l'art de faire et d'appliquer les vernis*, p. 64.

en   8 jours ....   8 %
en 15 jours ....   14 à 15 %

et en le desséchant 17 %.

C'est une substance azotée contenant 3,7 % d'azote ; 0,25 % de l'azote sont à l'état d'ammoniaque, le reste à l'état de substances protéïques qui viennent de la colle et du blanc d'œuf employé en fabrication. On précipite en effet quelquefois au sein d'une liqueur contenant de la gélatine et du blanc d'œuf.

Le carmin donne des cendres blanches ; analysées par Libermann, elles représentent 8,1 % du carmin et renferment :

$$SnO^2 \quad .... \quad 0,67$$
$$Al^2O^3 \quad .... \quad 42,09$$
$$CaO \quad .... \quad 44,85$$
$$MgO \quad .... \quad 1,02$$
$$Na^2O \quad .... \quad 3,23$$
$$K^2O \quad .... \quad 3,56$$
$$P^2O^5 \quad .... \quad 3,20$$

$$99,62$$

Il y a des traces de fer, de cuivre et de silice. L'étain et le cuivre proviennent des appareils de fabrication.

Le carmin paraît être une combinaison de la matière colorante avec l'alumine, la chaux et une matière protéïque. Libermann lui attribue la composition approchée suivante :

Eau 17
Matière protéïque 20
Cendres 7
Matière colorante 56

100

Il a une grande analogie avec le rouge turc qui est une laque alumineuse avec de la chaux et une combinaison organique (huile

tournante) où l'on a .... $Al^2O^3.2CaO$
et dans le carmin .... $Al^2O^3.CaO.MgO.$

Propriétés

Le carmin est une couleur d'un rouge très joli et très vif mais d'une solidité très médiocre. C'est un produit absolument inoffensif.

La falsification du carmin se fait couramment ; d'après Feisler (1), même sur le carmin dit *nacarat*. Il a trouvé :

1° 88,5 % de cendres (oxyde de plomb, alumine, sulfate de plomb) ;

2° 74,56 % de cendres (carbonate de baryte, sulfate de baryte) ;

3° 15,28 à 16,08

alors que le carmin naturel ne doit laisser que 7,09 à 9,18 de cendres (chaux et alumine).

Il a également trouvé des laques d'éosine, de coralline, de phloxine.

Il conclut, avec Dechan, qu'un carmin naturel doit donner au maximum 10 % de cendres. La présence dans les cendres de sels de plomb ou de baryte est un indice certain de fraude.

Usages

L'aquarelle, le pastel, la peinture artistique à l'huile emploient de carmin. Les confiseurs et les liquoristes en font usage ainsi que les fabricants de fleurs artificielles.

Laques rouges

Voir au chapitre spécial sur les laques p. 44 les différentes laques rouges. Page 56, les couleurs laquées rouges qui représentent un important groupe de couleurs industrielles.

(1) « Falsification du carmin ». *Moniteur Scientifique*, mai 1895.

Rouge d'Andrinople

Le rouge d'Andrinople est un chromate basique de plomb dont la nuance est relevée par une très faible quantité d'éosinate de plomb. Nous avons dosé, dans un produit venant d'Angleterre, l'acide chromique et le plomb et nous avons trouvé 14,06 % d'acide chromique correspondant à 59,20 % du chromate de plomb. La quantité de plomb total permettait d'assigner à la couleur la composition suivante :

Chromate de plomb	$CO^4Pb.$	59,20
Oxyde de plomb	$PbO.$	40,65

La couleur est donc bien un chromate de plomb bassique CrO^4 Pb.Pb.O. On peut obtenir ce chromate basique, d'un beau rouge cinabre, en versant une solution de nitrate de plomb dans une solution de chromate de potasse contenant un excès d'alcali.

Liebig et Wohler l'ont préparé par voie sèche en projetant du chromate de plomb dans du nitrate de potasse fondu au rouge. Il se dégage de l'acide nitrique. On arrête l'opération avant que tout le nitre soit décomposé. Le chromate basique est au fond, on sépare le sel fondu par décantation et on lave le rouge rapidement.

Rosenfield précipite ce rouge en ajoutant de l'eau à un mélange intime de deux molécules d'oxyde de plomb et de 1 molécule de chromate de potasse.

Prinvault remplace l'oxyde de plomb par du carbonate de plomb et dissout le chromate de potasse dans 50 parties d'eau. En faisant bouillir, il obtient un sel violet (plus basique). Traité par un acide étendu il se convertit en rouge de chrôme (1).

Nous avons employé la céruse, sans observer le sel violet de Prinvault.

	1	2	3
Céruse	1 partie	2 parties	3 parties
Chromate de potasse	1 partie	1 partie	1 partie

(1) Société Industrielle de Rouen, 1875.

Il se passe la réaction suivante :

$$2[(CO^3Pb)^2PbO] + 3CrO^4K^2 = 3CrO^4Pb.PbO + 3CO^3K^2 + CO^2 + O$$

Ce qui nous a fait adopter les proportions suivantes pour la préparation du rouge d'Andrinople :

Chromate de potasse 500
Céruse 1325

Après ébullition, la poudre rouge qui se dépose est lavée à l'eau. On ajoute une très faible quantité d'éosine qu'on précipite par l'acétate de plomb.

On obtient de cette façon un rouge analogue au rouge d'Andrinople fabriqué en Angleterre, mais son prix de revient est tel qu'il est bien difficile de lutter avec le produit anglais, vendu à un prix très bas.

On consomme encore d'assez sérieuses quantités de rouge d'Andrinople, principalement dans la fabrication des papiers peints.

Pourpre de Londres

Sous ce nom, Haywod désigne une couleur qu'il dit être un « arséniate de calcium, additionné de teintures organiques » (1). Il en a fait l'analyse en opérant ainsi : 2 gr. sont traités par l'acide chlorhydrique étendu (100 cc.), on filtre, lave, amène à 300 cc., dont 100 cc. sont neutralisés par le bicarbonate de soude employé en excès. On ajoute assez d'eau pour former 500 cc., quelques gouttes d'éther, filtre et dose As^2O^3 par l'iode décinormal, sur 250 cc.

Pour avoir l'arsenic total, on réduit As^2O^5 en chauffant 50 cc. de la solution avec de l'acide chlorhydrique et 3 gr. d'iodure de potassium. Après 15 minutes de chauffe au bain-marie, on enlève l'iode libre avec une solution de thiosulfate ajoutée goutte à goutte. Après avoir rendu alcalin au bicarbonate de soude, on opère le même titrage que plus haut.

(1) *Moniteur Scientifique*, octobre 1901, p. 651.

Les résultats analytiques donnés sont les suivants :

Eau	1,87	à	4,07
Insoluble	2,5	à	3,5
Acide arsénieux	6,4	à	17,3
Acide arsénique	35,5	à	26,5
Chaux	23,5	à	25,

Rouge de Mars

Il suffit de porter l'orangé de Mars au rouge vif, pendant 10 mi-nutes, pour faire passer la couleur de l'orangé au rouge.

Nous décrivons la fabrication de cet orangé p. 225.

CHAPITRE IV

COULEURS JAUNES

Jaunes de chrome

Historique

Les jaunes de chrome constituent les plus importantes couleurs
minérales jaunes. La base des jaunes de chrome, couleurs igno-
rées des anciens, est le chromate de plomb. La découverte du chrome métal est due, comme on le sait, à Vauquelin et remonte à la
fin du xviiie siècle. On attribue à Zuber, fabricant de papiers peints
aux environs de Mulhouse, la première application, en 1818, du
chromate de plomb comme couleur jaune. Peu après, aux usines
Kœchlin, de Mulhouse, on employa cette même couleur pour la
teinture des indiennes. Depuis cette époque les fabriques de couleurs de tous les pays ont fabriqué des jaunes de chrome, soit pour
la vente directe, soit comme constituant de différents verts.

Fabrication

On prépare des jaunes de chrome depuis la nuance jaune clair
jusqu'à la nuance jaune orangé, tirant sur le rouge. Les premières nuances sont toujours constituées, pour les jaunes commercialement purs, par des mélanges de sulfate de plomb et de chromate
de plomb. Les nuances orangées contiennent plus ou moins de
chromate basique.

Les matières premières sont donc des sels de plomb et des chromates alcalins. Nous laisserons complètement de côté la fabrication

de ces derniers que les fabricants de couleurs se procurent dans le commerce, ainsi, d'ailleurs, de plus en plus, que le nitrate de plomb, fabriqué pendant longtemps dans les fabriques de couleurs, au moment de l'emploi.

Dans beaucoup d'usines, on utilise le bichromate de potasse qu'il est très facile de trouver dans de bonnes conditions de prix. Mais il y a certainement avantage à additionner ce sel de cristaux de soude, dans le but de former un mélange de chromates de potasse et de soude.

C. O. Weber (1) a donné toute une série de renseignements sur la fabrication des jaunes de chrome. D'après cet auteur, voici les différents prix auxquels reviennent 100 kgs. de PbO, selon la nature du sel de plomb employé :

Avec l'acétate du commerce à 70 p..........	110
Avec l'acétate préparé sur place............	100
Avec le nitrate du commerce à 62 p. 50......	93,75
Avec le nitrate préparé sur place...........	80
Avec l'acétate basique	63,75
Avec le chlorure de plomb	50
Avec la céruse	68,75

L'acétate basique se prépare en traitant 120 kgs de litharge sèche amenée en bouillie par 70 kgs d'acide acétique à 30 %. On opère à 70-80° et on passe rapidement au tamis. On obtient une masse blanche de formule $Pb(C^2H^3O^2)^2, 2Pb(OH)^2$ (2).

1. — Jaunes au nitrate de plomb

Dans les fabriques où le nitrate de plomb n'est pas acheté on le prépare dans de grands tonneaux en bois, tournant autour d'un axe, et dans lesquels on charge le mélange suivant :

(1) « Contribution à la fabrication des pigments chromés ». *Moniteur Scientifique*, 1891, p. 1179 ; d'après *Dingler's polytechnische Journal*, t. CCLXXIX, p. 284.

(2) Il est évident que ces renseignements n'ont qu'une valeur indicative ; les cours du plomb et des acides étant susceptibles de faire varier les prix réels et relatifs.

Litharge .... 32 kilos.
Acide azotique .... 34 kilos
Eau .... 40 litres

Ces quantités sont les mêmes à chacune des opérations suivantes, donnant les 7 nuances commerciales.

D'un autre côté, on prépare un lait de chaux en ajoutant 30 litres d'eau à 10 kgs de chaux vive.

Le bichromate de potasse est mis en dissolution dans la cuve supérieure; la litharge étant entrée en solution on coule celle-ci dans la cuve inférieure.

Jaune de chrome n° 0

Bichromate de potasse .... 5 kgr.

Solution étendue, à laquelle on ajoute 9 kgr. de sulfate de chaux. On coule le tout, *à froid*, dans la solution de litharge en remuant énergiquement. La nuance obtenue est jaune très pâle.

Jaune de chrome n° 1

On opère de la même façon, en employant :

Bichromate de potasse .... 8 kgr.
Sulfate de chaux .... 9 kgr.

Jaune de chrome n° 2

On coule sur le nitrate de plomb 8 kgr. du lait de chaux préparé comme il a été indiqué ci-dessus. On laisse en contact trois heures, en remuant de temps à autre. On précipite à froid en ajoutant une solution contenant 11 kgr. de bichromate de potasse.

Jaune de chrome n° 3

On opère comme pour le jaune de chrome n° 2, mais en employant :

Bichromate de potasse .... 12 kgr.
Lait de chaux .... 14 kgr.

Jaune de chrome n° 4

On opère encore à froid, comme pour le jaune de chrome **n° 3**, et avec les proportions suivantes :

Bichromate de potasse .... 9 kgr. 760
Lait de chaux .... 14 kgr.

Jaune de chrome n° 5

A partir de cette nuance, qui tire nettement sur l'orangé, on opère à *chaud*. On porte le lait de chaux à l'ébullition, on le coule dans le nitrate ; on laisse en contact trois heures et précipite finalement par une solution chaude de bichromate de potasse :

Bichromate de potasse .... 6 kgr.
Lait de chaux .... 40 kgr.

Jaune de chrome n° 6

Comme le n° 5, en employant :

Bichromate de potasse .... 6 kgr.
Lait de chaux .... 48 kgr.

La précipitation terminée, et la nuance désirée obtenue, on remplit immédiatement la cuve d'eau froide et l'on procède aux lavages.

Cette méthode donne des jaunes désignés dans les ateliers sous le nom de « chromes selon Spooner ».

Après passage au filtre pressé, ils sont découpés en pains et portés au séchoir. Ces jaunes se vendent généralement en pains, difficiles à obtenir pour les nuances foncées.

Il convient de remarquer qu'il est très avantageux de modifier cette méthode. En effet, selon les nuances obtenues, les eaux contiennent, soit un excès de plomb, soit un excès de bichromate. Dans les deux cas c'est une perte assez sérieuse. Pour les nuances claires, on supprimera avantageusement, au point de vue de la beauté du produit, le sulfate de chaux, et on ajoutera du sulfate de soude dans le but de former un précipité se rapprochant de la formule : $PbCrO^4.SO^4Pb$. Il est également avantageux, comme il est dit plus haut, d'ajouter des cristaux de soude au bichromate.

En coulant le lait de chaux sur le nitrate, on obtient des jaunes présentant une série de points blancs ; il est préférable de couler le lait de chaux sur le précipité formé.

Enfin, on peut encore faire toute la série des jaunes foncés en partant des jaunes clairs et en les traitant par la soude dans le but de provoquer, dans une plus ou moins grande proportion, la réaction suivante :

$$PbCrO^4.SO^4Pb + 2NaOH = PbCrO^4.Pb(OH)^2 + SO^4Na^2.$$

L'acétate basique de plomb, traité par le chromate de soude, donne un jaune orangé :

$$2[Pb(C^2H^3O^2)^2Pb.(OH)^2] + 3Na^2CrO^4 = 3PbCrO^4Pb(OH)^2 +$$
$$4NaC^2H^3O^2 + 2NaOH$$

La production de soude libre favorise considérablement l'obtention de la teinte orangée.

La réaction à la soude est difficile à bien conduire industriellement.

2. — Jaunes à l'acétate de plomb

Cette méthode donne des jaunes dits *jaunes anglais*, d'un aspect beaucoup plus séduisant et d'un pouvoir couvrant supérieur. On peut faire la même série de nuances. Voici quelques exemples :

Jaune de chrome n° 1

On précipite à froid une solution d'acétate de plomb par une solution de bichromate de potasse :

> Acétate de plomb .... 32 kgr.
> Bichromate de potasse .... 4 kgr.

et on ajoute 8 kgr. de sulfate de chaux et quelquefois 2 kgr. de céruse. Les eaux-mères contiennent un grand excès d'acétate de plomb.

Jaune de chrome n° 2

Précipitation à froid :

> Acétate de plomb .... 32 kgr.
> Bichromate de potasse .... 6 kgr.

Jaune de chrome n° 3

Précipitation à froid :

> Acétate de plomb .... 32 kgr.
> Bichromate de potasse .... 13 kgr.

Les eaux-mères contiennent un excès de bichromate de potasse.

Jaune de chrome n° 4

Acétate de plomb .... 32 kgr.
Bichromate de potasse .... 5 kgr.

On opère à l'ébullition que l'on maintient encore dix minutes après précipitation complète (1).

Ces jaunes sont dits dans le commerce *jaunes de chrome purs.* Mais il existe toute une série de produits à bas prix où la teneur en sels de plomb va constamment en diminuant. On désigne généralement les qualités par des lettres, et la charge habituellement employée est le sulfate de chaux. En partant des quantités données plus haut pour les jaunes au nitrate, voici comment peuvent être obtenues différentes qualités :

	Charge par opération
B................	25 kgr. de sulfate de chaux.
C................	45 kgr. de sulfate de chaux.
D................	110 kgr. de sulfate de chaux.
E................	300 kgr. de sulfate de chaux.

3. Méthodes diverses

D'autres méthodes ont été préconisées, mais elles sont fort peu importantes devant les deux méthodes précédentes qui sont les véritables méthodes industrielles. Nous les décrivons rapidement d'après le mémoire cité de C. O. Weber.

a) *Méthode à la céruse.* — La céruse est transformée en partie en sels solubles par addition d'un acide minéral.

La réaction du bichromate sur le sel formé met de l'acide en liberté et la réaction se continue, mais en diminuant à mesure que le bichromate est employé.

(1) Les observations faites à propos des jaunes au nitrate s'appliquent toutes aux jaunes à l'acétate.

1. — *Jaune*

Céruse	100
Acide azotique à 36° B....	12
Bichromate de potasse....	13
Sulfate d'alumine	10

2. — *Jaune vif*

Céruse	100
Acide azotique à 40° B....	44
Bichromate de potasse	24
Sulfate d'alumine	20

3. — *Orangé*

Céruse	100
Acide azotique à 36° B	18
Bichromate de potasse	28
Soude	8

4. — *Orangé vif*

Céruse	100
Acide azotique à 40° B	44
Bichromate de potasse	40
Soude	4

Pendant toute l'opération il faut brasser énergiquement. Les produits obtenus sont de qualité très ordinaire.

b) *Méthode au chlorure basique de plomb.* — En opérant comme avec la céruse on emploie :

1. — *Jaune*

Chlorure basique de plomb..	100
Acide nitrique à 40° B....	44
Bichromate de potasse	24
Acide sulfurique à 60° B...	8

2. — *Orangé*

Chlorure basique de plomb..	100
Acide nitrique à 40° B....	44
Bichromate de potasse	40
Carbonate de soude.......	16

3. — *Orangé*

Chlorure basique de plomb..	100
Acide nitrique à 40° B....	44
Bichromate de potasse	38
Carbonate de soude.......	14
Soude	5

c) *Méthode au sulfate de plomb.* — On emploie le sulfate provenant des résidus de teinturerie :

	1	2	3
Sulfate de plomb.............	100	100	100
Bichromate de potasse.........	22	36	45
Carbonate de soude...........	8,75	13	16
Ammoniaque à 24 %..........	1	1,5	2
Acide acétique à 30 %	5	7,5	10

Le sulfate de plomb est mis en suspension et on coule dessus une solution de tous les autres produits.

d) Fabrication par électrolyse. — Dans ce procédé, du plomb dissous électrolytiquement est précipité à l'état d'oxyde hydraté et transformé en jaune, par addition de chromate ou de bichromate de potasse et de sulfate de soude. On varie les nuances en précipitant en présence d'un alcali, à chaud ou à froid. Ce procédé permettrait d'employer du plomb impur (1).

Propriétés

Les jaunes de chrome, les qualités commercialement pures, sont constitués, comme nous venons de le voir, par du chromate de plomb, contenant plus ou moins de sulfate de plomb, dans le cas des nuances claires, plus ou moins de chromate basique, dans le cas des nuances foncées. Ces qualités sont à grand pouvoir couvrant et leur résistance à la lumière est assez grande. Mais comme ils sont très sensibles aux émanations sulfureuses, qui les font noircir, les peintures aux jaunes de chrome perdent assez rapidement leur vivacité. De plus, ce sont des couleurs extrêmement vénéneuses.

Le chromate de plomb traité par une solution concentrée de potasse est facilement détruit :

$$PbCrO^4 + 2KOH = PbO + K^2CrO^4 + H^2O$$

On observe souvent la formation d'un chromate basique.

Avec de la potasse fondante, au creuset d'argent, la réaction est la suivante :

$$PbCrO^4 + 2KOH = PbO^2 + K^2CrO^4 + H^2$$

En chauffant 5 p. de chromate de plomb, 20 parties d'acide chromique et 70 parties d'eau, on obtient une modification cristalline.

En projetant 10 à 20 gr. de chromate de plomb dans 200 gr. de chlorure de sodium, porté au rouge vif, on forme, après 2 heures de chauffe, 2 sels : un jaune orangé et un rouge foncé, ce dernier étant au fond. Le sel rouge est identique à la mélanochroïte $2PbCrO^4PbO$:

(1) *Procédé de fabrication du jaune de chrome.* Brevet allemand 117.148.

	Analyse		Calculé pour $2PbCrO^4PbO$
PbO	77,20	77,25	76,98
CrO³	22,55	22,90	23,01
	99,75	100,15	99,99

Le corps orangé aurait pour formule, d'après l'analyse : $Pb^4Cr^5O^{16}$ (1).

Analyse

Les jaunes de chromes ne sont jamais des composés bien définis ; ils peuvent tenir des charges très différentes. Aussi l'analyse en est-elle longue et délicate. M. H. Ansel (2) a indiqué toute une méthode pour l'analyse complète des jaunes de chrome.

On traite o gr. 5 de jaune par 10 à 15 cc. de lessive de potasse à 10 %. On malaxe, ajoute 10 cc. d'eau distillée et fait bouillir 5 à 10 minutes. Le plomb entre en solution :

$$PbCrO^4 + 4KOH = Pb(OK)^2 + CrO^4K^2 + 2H^2O$$
$$PbSO^4 + 4KOH = Pb(OK)^2 + SO^4K^2 + 2H^2O$$

Le sulfate de chaux passe également en solution; il ne reste que du carbonate de chaux et du sulfate de baryte. En traitant sans filtrer par l'acide nitrique ou l'acide chlorhydrique le plombite de potasse est transformé en nitrate ou en chlorure de plomb et le carbonate de chaux entre en solution. On filtre et lave à l'eau bouillante. Le résidu calciné est du sulfate de baryte. La liqueur filtrée est traitée par le carbonate de soude en excès ; il se précipite du carbonate de plomb et du carbonate de chaux, l'acide sulfurique et l'acide chromique restent en solution. Cette solution peroxydée par l'eau de brôme, dont on chasse l'excès par ébullition, laisse

(1) « Recherches sur le chromate de plomb ». *Bull. Soc. Chim.*, 1891, t. II, p. 230.
(2) *Moniteur Scientifique*.

déposer du carbonate de chaux, du carbonate de plomb et du bioxyde de plomb. Après filtration on traite :

1° *La solution*. — Celle-ci est évaporée à siccité dans une capsule pour chasser les dernières traces de brôme et le résidu est repris par 3o cc. d'eau, quelques gouttes d'acide chlorhydrique et 5 cc. d'alcool. L'alcool est chassé par ébullition, puis on ajoute un excès d'ammoniaque.

En faisant bouillir pendant 1/4 d'heure, en renouvelant l'eau, on forme un précipité d'oxyde de chrome qui, après filtration et lavage à l'eau bouillante, est calciné dans un creuset de porcelaine.

La solution ammoniacale filtrée est acidulée par l'acide chlorhydrique et on y précipite l'acide sulfurique par le chlorure de baryum en solution à 5 %.

2° *Le précipité*. — Il est traité sur le filtre par l'acide chlorhydrique. Dans la liqueur on dose le plomb et la chaux.

Voici quelques résultats analytiques donnés par l'auteur de cette méthode.

	1	2	3
Sulfate de baryte	o	o	o
Chromate de plomb	100,2	51,78	15,11
Sulfate de plomb	o	o	o
Gypse	o	38,00	67,72
Eau	o	10,01	17,50
	100,2	99,79	96,50

Quand on applique la méthode aux jaunes orangés, on transforme le chrome, non en CrO^4Pb mais en $CrO^4Pb.Pb(OH)^2$:

Sulfate de plomb	6,1
Chromate basique de plomb	95,1
	101,2

Pour se rendre compte rapidement de la présence du sulfate de plomb dans un jaune de chrome Lœw (1) recommande d'agiter

(1) *Polyt. Notzibl.* 1873, 369.

avec une solution froide d'hyposulfite de soude qui dissout le sulfate de plomb ; dans la liqueur filtrée on précipite par le chromate de potasse. On dose en précipitant par l'hydrogène sulfuré.

La méthode de Willenz (1) peut encore être employée avantageusement : 1 gr. de jaune est attaqué par 100 cc. d'acide chlorhydrique au 1/20, à une température modérée. On filtre et le précipité est lavé à l'eau chaude.

Dans la liqueur on dose la chaux et l'acide sulfurique pour avoir le carbonate et le sulfate de calcium.

Le précipité est mis à digérer à froid avec 50 cc. d'une solution d'acétate d'ammoniaque (D = 1,04), solution neutre ou très peu alcaline. Le sulfate de plomb passe en solution ; on filtre et lave à l'eau chaude. La solution est évaporée à sec dans une capsule en platine tarée et le résidu calciné après addition d'acide sulfurique donne le sulfate de plomb.

Le résidu de l'attaque à l'acétate d'ammoniaque est mis en suspension dans 50 cc. d'eau et 25 cc. d'une lessive de potasse à 112 grammes par litre. On fait bouillir 10 minutes, l'alumine et le sulfate de baryte sont inattaqués et dosés par les méthodes classiques. Le chromate de plomb est transformé en chromate et plombate de potasse solubles. On dose dans cette solution le chrome et le plomb.

Dans les chromes orangés, on peut dissoudre l'oxyde de plomb non combiné par l'acide acétique et peser le résidu ; par différence on a l'oxyde de plomb.

MM. Lachaud et Lapierre (2) ont indiqué un procédé rapide pour déterminer la richesse en chromate de plomb. Ils utilisent la réaction :

$$2PbCrO^4 + 2KOH = PbCrO^4PbO + Cro^4K^2 + H^2O$$

Les auteurs recommandent d'opérer dans un flacon à l'émeri, à froid. D'après l'équation ci-dessus, 1 gr. de chromate = 0,17337 de KOH. Ils préparent donc une solution contenant 17 gr. 337 de potasse par litre et une solution d'acide sulfurique la neutralisant. 2 gr. de chromate en poudre sont traités par 40 cc. de la solution de potasse, jusqu'à disparition des grains jaunes ; on étend

(1) Lunge. *Analyse industrielle*. t. I, p. 951.
(2) *Bull. Soc. Chim.*, 1891, t. II, p. 235.

d'eau, décante, filtre et neutralise par l'acide sulfurique en présence de phtaléine du phénol.

Voici les résultats que nous avons obtenus, en employant cette méthode sur des jaunes de chrome commerciaux :

	cc. de SO^4H^2	cc. de KOH	CrO^4Pb 0/0
Jaune de chrome supérieur n° 1. .	24,3	15,7	78,50
» » n° 2. .	21,8	29,2	91,00
» » n° 3. .	22,3	17,7	88,50
» » n° 4. .	25,4	14.6	73,00
Jaume de chrome fin n° 1	34.2	5,8	29,00
» » n° 2	34,5	5,5	27,50
» » n° 3	35,7	4,3	21,50
» » n° 4	35,6	4.5	22,50
Jaune de chrome demi-fin n° 2 . .	37 4	2 6	13,00
» » n° 4 . .	36,5	3,5	17,50

Cette méthode n'est susceptible que de donner des indications. En effet, le terme de la réaction, qui se voit à la disparition de grains *jaunes*, n'est pas facilement saisissable dans un liquide *jaune*. De plus, la réaction ne paraît pas se faire d'une façon absolument complète. C'est ainsi qu'après deux attaques successives à la potasse, lavage et filtration, nous avons encore constaté la présence de grains jaunes dans l'insoluble.

Dans le même ordre d'idées, M. Halphen recommande la méthode suivante (1) :

Broyer 2,16 grammes de jaune dans un mortier en verre avec de l'eau et quelques centimètres cubes d'acide chlorhydrique. Par addition d'eau, remplir avec le mélange une éprouvette graduée et bouchée à l'émeri de 200 cc., ajouter 4 gr. d'iodure de potassium et laisser digérer un quart d'heure. Amener exactement à 200 cc., agiter et laisser reposer 2 heures. Prendre 100 cc. du liquide clair, y ajouter de l'ampois d'amidon et titrer à l'aide d'une solution décinormale d'hyposulfite de soude. 1 cc. de solution représente 1 % de chromate de plomb.

(1) *Pratique des essais commerciaux. — Matières minérales*, p. 316.

Usages

Les jaunes de chrome se consomment en grande quantité dans la peinture en bâtiment et en carrosserie. Mais la carrosserie, ainsi que la décoration et la peinture artistique, n'emploient que les jaunes de chrome supérieurs ; tandis que dans le bâtiment on fait usage de toutes les qualités. Pourtant, certaines qualités ordinaires sont encore employées pour la peinture des voitures de commerce. Les jaunes de chrome se vendent en pains, en poudre, broyés à l'huile et broyés à l'essence.

L'industrie des papiers peints consomme également des jaunes de chrome.

Jaune de Cologne

On désigne sous ce nom un jaune de chrome très chargé en sulfate de chaux et préparé d'une façon spéciale.

On part d'un sulfate de chaux très pur que l'on obtient facilement en précipitant une solution de chlorure de calcium par le sulfate de soude. Le précipité égoutté est additionné de nitrate de plomb et le mélange ainsi formé (qui contient du sulfate de plomb) est précipité par le chromate de potasse, en agitant pendant tout le temps qu'on fait couler la solution de chromate ; il se forme du chromate de plomb et le résultat final de la réaction est un mélange de chromate de plomb, sulfate de plomb et sulfate de chaux. Boutron-Charlard a donné les résultats suivants de l'analyse d'un jaune de Cologne :

Chromate de plomb	25
Sulfate de plomb	15
Sulfate de chaux	60

Jaune éclatant, employé dans la peinture en decors.

Jaune de chrome jonquille

Procédé Winterfeld :

1° Solution contenant :

Acétate de plomb	33
Eau	100

2° Solution contenant :

Cristaux de soude	22
Eau	60

Verser la seconde solution dans la première, laver par décantation et ajouter en agitant :

Chromate neutre de potasse	17
Eau	50

Laver par décantation.

Jaunes de zinc

Historique

Les jaunes de zinc sont peu employés en raison de leur manque de pouvoir couvrant et du peu de variété dans leurs nuances. On n'obtient que deux nuances, et encore sont-elles à peine différentes l'une de l'autre. C'est Leclaire et Barruel qui, les premiers, ont décrit, dans un brevet, un procédé de fabrication d'un jaune de zinc, dénommé par eux *jaune bouton d'or*. Ce nom est employé maintenant pour désigner les nuances moyennes des jaunes de chrome.

On peut admettre que les 2 nuances fabriquées correspondent

sensiblement à un chromate basique $Zn(CrO^4)^3\ ZnO$ et à un chromate double acide $Zn(CrO^4)^3Cr^2O^7K^2$.

Fabrication

Il est important de se procurer un sel de zinc pur pour obtenir une belle nuance. Il est facile, maintenant, d'obtenir commercialement du sulfate de zinc très propre à la fabrication des jaunes de zinc. Leclaire et Barruel, dans leur brevet, recommandaient de faire arriver du chlore en excès dans la solution du sulfate de zinc. Le fer est peroxydé. En ajoutant 5 % du sulfate de zinc en oxyde de zinc on précipite le fer et le cuivre. On peut remplacer le chlore par du permanganate de potasse.

Jaune basique. — C'est le jaune de Leclaire et Barruel. Voici comment les auteurs le préparaient :

A 100 kgr. de bichromate de potasse, en solution dans l'eau, ils ajoutaient 95 kgr. de cristaux de soude, dans le but de former un chromate double. A une solution de 184 k. 5 de sulfate de zinc ils ajoutaient une quantité suffisante de solution de carbonate de soude pour neutraliser complètement l'acidité et obtenir un commencement de précipitation du zinc.

Les 2 solutions mélangées et agitées laissent déposer un précipité jaune qu'il faut laver le moins possible.

Les auteurs donnaient ensuite un mode de traitement des eaux jaunes provenant de la précipitation des liqueurs et des lavages dans le but de faire des verts.

Un procédé plus simple de fabrication du jaune acide consiste à agiter une solution de bichromate de potasse avec de l'oxyde de zinc. Quand on opère à l'ébullition, en employant 1 partie de bichromate de potasse pour 2 parties de blanc zinc, il se dépose un beau jaune et les eaux-mères, précipitées par le sulfate de zinc, donnnt un jaune de nuance plus claire.

Dans le procédé Leclaire et Barruel, on peut admettre qu'il se passe la réaction suivante, en supposant le chromate neutre pour la réaction : (on fait, en réalité, un chromate double).

$$4ZnSO^4 + Na^2CO^3 + 3CrO^4K^2 = Zn(CrO^4)^3ZnO +$$
$$SO^4Na^2 + 3SO^4K^2 + CO^2$$

Le précipité est léger et floconneux.

Jaune acide. — On le prépare en faisant digérer à froid de l'oxyde de zinc dans une solution de bichromate de potasse acidifiée à l'acide sulfurique. On emploie les proportions suivantes :

Oxyde de zinc .... 100 kgr.
Acide sulfurique à .... 60 kgr.
Bichromate de potasse .... 100 kgr.

Le blanc de zinc est mis à délayer dans l'eau pendant 24 heures; puis on ajoute peu à peu l'acide sulfurique très étendu d'eau. La précipitation est obtenue en versant la solution froide de bichromate de potasse ; on agite continuellement et lave 1 ou 2 fois par décantation.

Propriétés

Les jaunes de zinc acides sont les plus employés ; ils sont d'un aspect plus agréable. Les jaunes de zinc ne couvrent pas aussi bien que les jaunes de chrome ; mais ils ont de sérieux avantages : sans danger, ils changent beaucoup moins à la lumière et ne sont pas influencés par l'hydrogène sulfuré.

Analyse

Il suffit de doser le zinc par les méthodes ordinaires et de voir si le chiffre trouvé permet de rapprocher la couleur des constitutions données plus haut. On peut aussi doser l'acide chromique.

On trouve dans le commerce des jaunes de zinc chargés en sulfate de baryte. Wagner (1) a publiés des analyses de jaunes de zinc:

(1) *Moniteur Scientifique,* 1891, p. 1179.

	1	2	3
Acide chromique	14,94	11,88	9,21
Oxyde de zinc	75,35	45,78	61,45
Acide carbonique	3,61		
Eau	6,19		
	100.000		
Sulfate de baryte		42,34	29,32
		100,00	100,00

Usages

Malgré leurs remarquables propriétés, les jaunes de zinc se consomment en infime quantité, en tant que couleurs jaunes. Mais ils **entrent** dans la composition des verts de zinc qui, eux, sont assez **demandés.**

Jaunes de cadmium

Historique

Le cadmium ne donne, en réalité, qu'un sel composé employé **comme** couleur, c'est son sulfure.

Le cadmium est un métal qui accompagne le zinc, toujours en **petite** quantité. On attribue généralement sa découverte à Stromeyer, mais il fut signalé pour ainsi dire en même temps par Herman (année 1817). Ces deux chimistes avaient d'abord pensé à l'arsenic en constatant le précipité jaune que donnaient certaines **solutions** de sels de zinc traitées par l'hydrogène sulfuré. Un examen plus attentif permit de découvrir un nouveau métal, le cadmium.

Quand on traite un minerai de zinc contenant du cadmium celui-ci se dégage le premier ; il brûle et donne des croûtes brunâtres riches en oxyde de cadmium (*cadmies*). On extrait le métal des cadmies par réduction à l'aide du charbon.

La fabrication des jaunes de cadmium est restée entre les mains d'un petit nombre de fabricants.

Fabrication

Le principe général consiste à précipiter une solution d'un sel de cadmium par un courant d'hydrogène sulfuré. M. Pinondel, dans le *Moniteur Scientifique* (année 1888), a déclaré que, d'une façon générale, la précipitation à l'hydrogène sulfuré donnait les nuances foncées et la précipitation au moyen des monosulfures alcalins les couleurs claires.

Il est bien évident que les procédés de fabrication, et surtout les *tours de main*, permettent d'obtenir une suite dans la production et les moyens de préparer, à coup sûr, soit la nuance la plus claire, soit la nuance la plus foncée, soit enfin toutes les nuances intermédiaires qui ont cours dans le commerce.

Pour arriver à ce résultat, il ne faut pas perdre de vue qu'une foule de circonstances concourent à l'obtention de tel ou tel produit final. La nature de l'acide uni au métal joue un rôle important : le chlorure de cadmium, par exemple, traité par un courant d'hydrogène sulfuré, donnera un jaune plus pur et plus clair que le nitrate de cadmium soumis à l'action du même gaz dans les mêmes conditions.

Le degré d'acidité de la solution, la température à laquelle on effectue la précipitation, le temps pendant lequel on fait agir le gaz hydrogène sulfuré, sont encore trois facteurs dont il convient de connaître l'importance. Dans le sulfate neutre de cadmium, si on précipite la moitié du métal, on obtient un mélange de deux sulfures dont le premier est jaune soufre et le second jaune citron ; plus la solution dans laquelle s'effectue la précipitation est diluée, plus est clair le précipité.

Comme on le voit, il y a lieu de tenir compte d'une foule de facteurs et cela explique aisément les difficultés que l'on rencontre dans cette fabrication.

D'après Buchner (1), avec l'acétate de cadmium on obtient un

(1) « Sur le sulfure de cadmium et sur les différents jaunes de cadmium du commerce ». *Moniteur Scientifique*, 1888, p. 5, d'après *Chemiker Zeitung*, septembre 1887.

orangé souvent brunâtre. L'action de l'hydrogène sulfuré sur les sels insolubles, en suspension dans l'eau, permet d'obtenir une nuance foncée.

Propriétés

Les jaunes de cadmium se présentent sous l'aspect de poudres dont les nuances commerciales partent du jaune clair pour arrriver à l'orangé foncé, tirant sur le rouge.

Il s'agit toujours d'un sulfure de cadmium se présentant sous différentes modifications dont Büchner a donné 4 formules (1).

$$
\begin{array}{cccc}
\alpha & \beta & \gamma & \delta \\[4pt]
\overline{Cd{-}S} & \overline{Cd{-}S} & \overline{Cd{=}S} & \overline{Cd{-}S} \\
\;|\quad| & \;|\quad| & & \;|\quad| \\
Cd\;\;S & Cd\;\;S & & Cd{-}S \\
\;|\quad| & \;|\quad| & & \\
Cd{-}S & Cd\;\;S & & \\
 & \;|\quad| & & \\
 & Cd{-}S & &
\end{array}
$$

Les deux premières seules ou mélangées constituent les jaunes de cadmium du commerce. La modification α est la nuance claire ; la modification β la nuance orangée.

Ces considérations, Buchner les a empruntées à Follenius qui envisageait ainsi les 2 modifications α (citron) et β (rouge) comme des polymères. D'après N. de Klobulow (2), il n'y aurait pas de différences chimiques, mais uniquement des différences physiques.

α. D. moy. 3.906 lamelles d'apparence hexagonales.

β. D. moy. 4.513 cristaux d'apparence hexagonaux ou clinorhombiques.

L'électrolyse réduit assez facilement la modification β avec dégagement d'hydrogène sulfuré. La modification α se réduit plus difficilement, elle est d'abord ramenée à la modification β. L'eau oxygénée oxyde les deux modificatons.

(1) « Contribution à l'étude du sulfure de cadmium ». *Moniteur Quesneville*, 1891, p. 1173.

(2) « Recherches sur les modifications du sulfure de cadmium obtenu par voie humide ». *Bull. Soc. Chim.*, 1890, t. II, p. 364.

Buchner (*loc. citée*) a remarqué qu'au bout de 4 ans un jaune de cadmium broyé à l'huile n'avait changé ni à la lumière ni dans l'obscurité. Mais en poudre, et surtout à l'humidité, au bout de ce temps, la modification α était complètement oxydée et la modification β en partie. Par traitement à l'eau, on obtenait du sulfate de cadmium. En maintenant pendant 4 ans la modification α toujours humide, elle devient blanche, presque entièrement soluble dans l'eau et contient du sulfate de cadmium.

Au-dessus de 100°, la modification jaune passe à l'orangé et au rouge violet, mais elle redevient jaune à la température ordinaire. En maintenant longtemps à 135-140°, on constate une oxydation superficielle.

Les vapeurs de cadmium sont vénéneuses mais le sulfure ne l'est pas. Les jaunes de cadmium sont fort jolis, d'une grande fixité quand ils sont bien préparés, avec une richesse de tonalités remarquable. Seulement, comme il y a toujours du soufre dans les nuances claires, les auteurs recommandent de ne pas employer les jaunes de cadmium avec les couleurs à base de plomb. On a proposé de fabriquer les jaunes de cadmium en électrolysant une solution de sel marin. L'anode et la cathode sont constitués par des lames de cadmium (1).

Analyse

On dissout le jaune dans l'acide chlorhydrique et on dose le cadmium par les méthodes ordinaires.

Calciné sur une lame de platine, il doit revenir à sa couleur ordinaire sans brunir.

La perte par calcination doit être plus petite que 3 %. Follénius a montré que, dans tous les jaunes, on constatait le même rapport entre le cadmium et le soufre 77,7—22,3. Sur 12 types analysés il n'a pas trouvé un jaune pur. Les nuances rouges sont les plus impures ; il reste de 0,93 à 4,28 % du sel de cadmium employé. Il attribue une large part à ces sels sur la coloration.

Dans les nuances claires, il a trouvé jusqu'à 12 % du soufre li-

____

(1) *Lumière électrique*, 1894.

bre. A cette teneur les jaunes à l'état sec ou humide sont sans solidité, ils se décolorent rapidement. Quand on mélange le soufre au sulfure de cadmium on n'obtient pas ce résultat ; il faut qu'ils soient précipités ensemble.

La précipitation par le sulfure de sodium ne donne pas de bons résultats industriels. Les jaunes ainsi obtenus foncent à l'huile et couvrent mal.

Les jaunes de cadmium sont souvent falsifiés ; on a trouvé jusqu'à 50 % de charge, composée d'oxyde de zinc, de carbonate de zinc ou de sulfure de zinc.

Usages

En raison du prix très élevé des jaunes de cadmium, l'application n'en est faite que rarement et dans la peinture d'art.

Jaune d'outremer

Le jaune d'outremer est du chromate de baryte dont l'emploi a été préconisé par Leclaire et Barruel qui ont donné le procédé suivant pour le préparer : verser dans une solution de 100 kgr. de chlorure de baryum, 82 à 84 kgr. de chromate neutre double de potasse et de soude ; laver par décantation et sécher à l'étuve.

Comme cette couleur est d'une vente restreinte on opère ainsi industriellement :

On prépare à chaud une solution de 10 kgr. de chlorure de baryum. Cette solution doit être concentrée ; on la laisse déposer puis on coule dans la cuve inférieure où se trouve de l'eau à 90°. On précipite immédiatement par une solution bouillante contenant :

Bichromate de potasse .... 7 kgr.
Carbonate de soude .... 10 kgr.

Après 4 lavages par décantation, on filtre et sèche à l'étuve.
Couleur peu vénéneuse, jaune clair, couvrant assez bien.
Entre dans la préparation des couleurs pour feuillages ; est utili-

sée dans la fabrication des papiers peints et comme couleur artistique.

Jaune de strontiane

C'est du chromate de strontiane, que l'on prépare comme le
jaune d'outremer, en employant :

Nitrate de strontiane	10 kgr.
Bichromate de potasse	7 kgr.
Carbonate de soude	7 kgr.

On opère à l'ébullition et on maintient celle-ci pendant 5 minutes.

Le chromate de strontiane étant un peu soluble dans l'eau on ne
fait que 2 ou 3 lavages par décantation.

Mêmes usages que le jaune d'outremer ; d'un jaune plus vif.

Chromate de chaux

Se prépare comme le jaune de strontiane en remplaçant le nitrate
de strontiane par du chlorure de calcium. Jaune pâle, couvrant
très peu.

Jaune sidérin

Préparé par Kletzinsky, c'est un chromate basique de fer obtenu
en précipitant à l'ébullition une solution de chlorure de fer par une
solution de bichromate de potasse en proportions suivantes : Bichromate 15 parties, chlorure de fer cristallisé 4 p. 1/2. La liqueur qui surnage le précipité est riche en chromates. Couleur
sans emplois.

Jaune de Mars

Ce jaune fait partie d'un groupe de couleurs dites *couleurs de Mars*, que l'on désigne encore sous le nom *d'ocres artificielles*. Mais elles sont d'une beauté infiniment supérieure. Ce sont des couleurs à prix élevés, uniquement employées dans la peinture fine. La série des nuances obtenues est la suivante : jaune, orangé, rouge et violet. Elles se préparent toutes en partant du sulfate de fer.

On a donné des renseignements généraux sur la fabrication de cette couleur (1), mais sans grands détails sur le mode opératoire. On dissout dans l'eau à 60° 1.680 gr. de sulfate de fer bien pur et on ajoute à la solution 200 gr. de chlorate de potasse. On précipite, à la même température, par une solution renfermant 860 gr. de cristaux de soude. On obtient, dans ces conditions, un précipité brun verdâtre, avec une abondante mousse jaune. On lave trois ou quatre fois ; le précipité vire lentement vers le jaune. Les lavages terminés, on ajoute une solution contenant 720 gr. d'alun ; la couleur jaune s'accentue. La précipitation est terminée par l'addition d'une solution de 480 gr. de carbonate de soude. La réaction achevée, on remplit la cuve d'eau et on fait à nouveau plusieurs lavages. Le précipité filtré est découpé en petits pains et séché. Avec les quantités données, on obtient 420 gr. de jaune de Mars. Cette couleur est donc d'un prix de revient élevé.

Orangé de Mars

On opère exactement comme pour le jaune, mais en employant :

Sulfate de fer	1.680 gr.
Chlorate de potasse	200 gr.
Cristaux de soude	1.820 gr.
Alun	1.440 gr.

(1) Roret. *Fabricant de couleurs*, t. II, p. 6 ; Guignet. *Fabrication des couleurs*, p. 165.

De plus, l'opération doit être faite à l'ébullition. On obtient ainsi 625 gr. d'orangé de mars, dont le prix de revient est sensiblement inférieur à celui du jaune.

Jaune d'or

A. Sperry indique sous ce nom une couleur très légère qu'il prépare ainsi : dans une solution de sulfate ou de chlorure ferreux, maintenue alcaline par le carbonate de soude, il insuffle de l'air. Le sel basique et ferrique qui se forme s'hydrolyse en donnant naissance à un hydrate ferrique $Fe^2O^3.Fe^2(OH)^6$, qui constitue la couleur jaune (1).

Jaunes d'antimoine

Les jaunes d'antimoine sont encore connus sous le nom de *jaunes de Mérimée*.

Mérimée fondait 3 parties de bismuth, 24 parties de sulfure d'antimoine et 64 parties de nitre. La masse était étonnée, broyée et lavée, puis mêlée à 1 partie de chlorhydrate d'ammoniaque et à 16 parties de litharge. La nouvelle masse obtenue par fusion était à son tour étonnée, broyée et lavée.

En 1861, Hallet et Stenhouse prenaient un brevet anglais pour la fabrication des jaunes d'antimoine, en partant de l'oxyde natif d'antimoine ; ils ajoutaient parfois de l'oxyde de zinc :

	1	2	3	4	5	6
Acide antimonieux ...	4 p.	1 p.	3 p.	1 p.	1 p.	2 p.
Oxyde de plomb	2 p.	2 p.	3 p.	1 p.	1 p.	1 p.
Oxyde de zinc	1 p.	1 p.	1 p.	1 p.		

Ces jaunes, de tons différents, n'ont pas la même composition que les jaunes de Mérimée.

On peut envisager ces derniers comme de l'antimoniate et de l'oxychlorure de plomb.

(1) Brevet americain n° 691.324.

On prépare encore les jaunes d'antimoine en partant de l'antimoine métallique et en faisant les fusions en présence de nitre
et de chlorure de sodium. On fait des mélanges très fins que l'on
calcine au rouge cerise pendant 45 minutes.

Jaune très clair

Antimoine	10 parties
Azotate de potasse	1 partie
Céruse	4 parties
Chlorure de sodium	4 parties

Jaune clair

Antimoine	10 parties
Azotate de potasse	1 partie
Céruse	8 parties
Chlorure de sodium	4 parties

Jaune foncé

Antimoine	6 parties
Azotate de potasse	1 partie
Céruse	10 parties
Chlorure de sodium	4 parties

Jaune très foncé

Antimoine	5 parties
Chlorure de sodium......	10 parties
Minium	12 parties

Les jaunes d'antimoine sont peu employés et uniquement en
peinture fine.

Jaune de Naples

Le jaune de Naples a été préparé dans cette ville, pour la première fois, par un Napolitain qui a gardé le secret de la préparation pendant de nombreuses années.

Fourgeroux de Bondaroy a publié une recette pour la préparation de cette couleur (1). On chauffe lentement, jusqu'à fusion, le mélange suivant :

Céruse	367 gr.
Sulfure d'antimoine	61 gr.
Alun calcinée	15 gr.
Chlorhydrate d'ammoniaque	30 gr.

M. Guignet (2) indique, comme mélange du même auteur :

Céruse	24 parties
Antimoniate de potasse	4 parties
Chlorhydrate d'ammoniaque....	1 partie
Alun	1 partie

La masse obtenue est broyée et lavée.

Voici encore quelques mélanges qui ont été préconisés (3) :

	1	2
Minium	2 parties	
Antimoine	3 parties	2 à 4 parties
Calamine	1 partie	
Plomb		5 à 6 parties
Tartrate de potasse		1 partie

Le jaune de Naples est de l'antimoniate de plomb tenant plus ou moins d'oxyde de plomb. C'est un jaune chaud et solide, légère-

(1) Académie des Sciences, 1772.
(2) *Fabrication des couleurs*, p. 104.
(3) *Manuel Roret*, t. II, p. 47.

ment verdâtre ; il couvre bien et est utilisé dans la peinture d'art et dans la décoration.

Jaune minèral

Ce jaune est connu sous quantité de noms : jaune de Montpellier, de Paris, de Kesler, de Turner, de Vérone, etc.

C'est l'anglais Turner qui l'a préparé pour la première fois et Chaptal a donné dans le *Journal de Physique* (août 1794) le procédé de fabrication qu'il employait à Montpellier :

Litharge .... 4 parties
Chlorure de sodium.... 1 partie

Le sel marin est coulé en solution concentrée sur la litharge ; la matière gonfle, il se fait de la soude cautique et un oxychlorure de plomb : la solution salée est ajoutée en plusieurs fois. On lave ensuite à l'eau et on calcine le résidu au rouge sombre. On peut remplacer le chlorure de sodium par le chlorhydrate d'ammoniaque. Ce jaune, oxychlorure de plomb, est très peu employé.

Jaunes divers

Nous nous contenterons de signaler ici des jaunes pour ainsi dire sans emplois, mais qui ont été préconisés à diverses époques.

Jaune paille minéral, sulfate de plomb basique obtenu en fondant un mélange de sulfate de plomb et de litharge.

Arsénite de plomb, beau jaune, obtenu en fondant un mélange de 10 parties d'acide arsénieux et 7 parties de litharge.

Iodure de plomb, préparé par précipitation de l'acétate de plomb par l'iodure de potassium. Couleur vénéneuse, ne résistant pas à la lumière.

Sulfure d'arsenic ou *orpin,* ou *jaune de roi.* Trisulfure d'arsenic. On le prépare en chauffant au creuset fermé 1 kgr. de soufre en poudre et 2 kgr. d'acide arsénieux. Le sulfure se condense sur le couvercle. Couleur vénéneuse, peu solide, sans emplois.

Sulfure d'étain, ou *or mussif,* bisulfure d'étain. Se prépare en chauffant un mélange obtenu en broyant avec 7 parties de soufre et 6 parties de chlorhydrate d'ammoniaque un amalgame contenant 12 parties d'étain et 6 parties de mercure. On chauffe doucement d'abord. Quand il ne se dégage plus de vapeurs blanches on porte au rouge puis laisse refroidir.

Jaune peu solide et vénéneux. Employé quelquefois pour bronzer à l'huile. Utilisé par les doreurs sur bois.

Aurocoline. C'est un jaune à base de cobalt. Quand on laisse en contact pendant un temps plus ou moins long une solution de nitrate de potasse et une solution d'un sel de cobalt, en présence d'acide acétique, il se fait un précipité jaune. Couleur de prix élevé mais résistant bien à l'hydrogène sulfuré.

Laques jaunes

On connaît un certain nombre de laques jaunes employées dans la peinture fine, dans la décoration et les papiers peints.

Laque de gaude

Cette laque est la plus employée. La gaude est une plante dont Chevreul a retiré une matière colorante, la *lutéoline,* à laquelle Schützenberger et Paraf ont donné la formule $C^{24}H^{10}O^{12}H^2O$.

On prépare la laque en épuisant la plante séchée et coupée en petits morceaux par de l'eau portée a l'ébullition. On ajoute un poids égal d'alun, filtre et précipite par le carbonate de soude en quantité telle qu'il se précipite un sulfate tribasique d'alumine. On lave par décantation et sèche à basse température.

Stil de grain jaune

On peut utiliser toute une série de graines jaunes fournies par plusieurs arbrisseaux, les *nerpruns,* que l'on trouve en Asie, en Turquie, en Espagne et dans le Midi de la France. Ce sont :

Les graines d'Avignon ;
Les graines d'Espagne ;
Les graines de Morée ;
Les graines de Turquie ;
Les graines de Perse ;

On emploie surtout les graines d'Avignon et les graines de Perse que l'on traite de différentes façons.

Mais le principe consiste toujours à faire un épuisement de graines par l'eau bouillante. M. Halphen indique les proportions suivantes qui lui ont été communiquées par M. Gatine (1).

Eau . . . .   8 parties
Alun . . . .   1 partie
Craie . . . .   2 parties
Solution de graines d'A·
    vignon . . . .   6 parties

Voici comment nous avons préparé du stil de grain jaune, en partant des graines de Perse. Dans la cuve supérieure, on fait bouillir avec de l'eau, pendant 1/2 heure, 1 kgr. de graines ; on coule sur un tamis et filtre sur une toile. Les graines arrêtées sont écrasées grossièrement, remises à bouillir de la même façon, tamisées et filtrées. On recommence un troisième épuisement qu'il est inutile de prolonger pendant plus de 20 minutes. A toutes les eaux réunies on ajoute 4 kgr. d'alun et on précipite à l'aide d'une solution de carbonate de soude contenant 2 k. 700 de ce sel.

Le stil de grain jaune est une laque ne présentant pas la solidité relative de la laque de gaude. On l'emploie dans les mêmes cas.

Laque de bois jaune

Par un procédé analogue, en partant du quercitron, on obtient de belles laques jaunes utilisées parfois pour les papiers peints. Sous le nom de quercitron on désigne l'écorce du chêne jaune.

(1) *Couleurs et vernis*, p. 136.

Jaune péruvien

Laque d'alizarine déjà décrite p. 48. On l'emploie comme couleur pour jouets.

Jaune indien

Le jaune indien nous arrive sous l'aspect de poires, pesant environ 200 grammes, d'un brun verdâtre foncé. Mais cette couleur est celle de la pellicule mince qu'on enlève facilement au couteau. L'intérieur est jaune orangé et la couleur est à la fois d'une grande richesse et d'une grande vivacité. On purifie aisément, après avoir épluché le produit brut, par lavage à l'eau ammoniacale et passage au tamis. La matière est séchée à basse température sur des lames de verre. Cette purification, que nous avons pratiquée plusieurs fois, se fait très aisément.

Le jaune indien brut s'achète en Angleterre, mais c'est au Thibet qu'il se prépare. On connaît peu de choses sur sa préparation. On suppose qu'il est obtenu par la fermentation de certaines plantes avec de l'urine putréfiée (1). Cloez et Guignet ont extrait du jaune indien des quantités importantes d'acide hippurique.

Ce serait à Monghyr, dans le Bengale, que se fabriquerait le jaune indien, en faisant fermenter des feuilles de mango dans de l'urine de vaches contenue dans des pots en terre (2). Une vache donnant 3 à 4 litres d'urine permet d'obtenir environ 56 gr. de jaune indien ou *purrée*.

Sa composition est mieux connue. Stenhouse a montré, il y a fort longtemps, que c'était un sel magnésien d'un acide organique. Wagner en a fourni une analyse :

Matières organiques 47,7
Matières minérales 52,3

(1) Guignet *Fabrication des couleurs*, p. 113.
(2) *Dictionnaire de chimie industrielle.*

La matière organique était de l'acide euxanthique presque pur et la partie minérale contenait 28 p. de magnésie pour 72 d'alumine.

La constitution du jaune indien peut être indiquée ainsi (1). Si l'on part du xanthone ou oxyde de diphénylènecétone :

$$C^6H^4 \diagdown_{\diagup O \diagdown}^{\diagup CO \diagdown} .C^6H^4$$

le dérivé dihydroxhylé ou euxanthone

$$HO.C^6H^3 \diagdown_{\diagup O \diagdown}^{\diagup CO \diagdown} C^6H^3OH$$

est constitué par des aiguilles jaunes. On peut l'extraire du jaune indien et M. Guignet signale un jaune indien lui en ayant donné plus de 5o %.

Par épuisement du jaune à l'acide chlorhydrique, et en traitant le résidu par le carbonate d'ammoniaque, on obtient une solution qui, précipitée par l'acide chlorhydrique, donne l'acide euxanthique :

$$HO.C^6H^3 \diagdown_{\diagup O \diagdown}^{\diagup CO \diagdown} C^6H^3.O.(CHOH)^5.CO^2H$$

C'est une combinaison d'acide gluconique :

$$CO^2H(CH.OH)^4CH^2OH$$

et d'euxanthone. La synthèse en a été réalisée par Carl Neuberg et Wilhelm Neimann (2).

Les jaunes indiens les plus beaux sont ceux qui sont le plus riches en magnésie et en acide euxanthique et les plus pauvres en euxanthone.

<hr>

(1) C. Graebe. « Sur le groupe de l'euxanthone ». *Bull. Soc. Chim.*, 1890, t. II. p. 196.
(2) *Ztschr. f. physiolog. Ch.*, 44, 114, 26 (1905).

Voici les résultats analytiques de Graebe :

	A 300 fr.	B	C 200 fr.	D 160 fr.	G 50 à 60 fr.
Acide euxanthique. .	72.3	70 9	64.3	59.3	33 à 34
Euxanthone.		1.12	2.8	7.5	34
Magnésium	5.35	4.80	4.85	5.6	3 7
Calcium	1.75	2.43	2.61	3.33	3.7

Quand on a enlevé l'acide euxanthique par le carbonate d'ammoniaque, on traite le résidu par la soude et on précipite l'euxanthone de la solution par l'acide chlorhydrique.

Wagner a proposé de reproduire artificiellement le jaune indien en précipitant une solution contenant :

Alun de potasse . . . .   45o gr.
Sulfate de magnésie . . . .   13o gr.
Chlorhydrate d'ammoniaque . . . .   6o gr.

par une solution concentrée d'acide euxanthique.

Le produit obtenu n'est pas comparable au jaune indien naturel.

Le jaune indien est une couleur assez solide et sans danger.

Les tons qu'elle permet d'obtenir sont chauds et fauves, du plus bel effet. Mais, ainsi qu'on a pu le voir plus haut, c'est une couleur d'un prix très élevé, ce qui limite son emploi uniquement à la peinture d'art (huile ou aquarelle).

Jaune de naphtol

C'est une laque jaune que l'on obtient en utilisant les proportions suivantes :

Jaune de naphtol. 5oo
Chlorure de baryum 65o
Alun 15o
Eau 5ooo

CHAPITRE V

COULEURS VERTES

VERTS DE CHROME

Nous désignons sous ce nom toutes les couleurs vertes où le chrome se trouve engagé dans diverses combinaisons. Ces verts sont de beaucoup les plus importants au point de vue industriel, du moins pour ce qui est des verts anglais et des verts de zinc.

I. — Vert d'oxyde de chrome

C'est un sesquioxyde de chrome obtenu en calcinant le bichromate de potasse et en lavant à fond la masse obtenue. Vert foncé, grisâtre ; couleur vitrifiable.

II. — Vert Schnitzer

Phosphate de chrome. On pulvérise 15 parties de bichromate de potasse qu'on fait fondre dans l'eau de cristallisation, ajoute 36 parties de phosphate de soude et 6 parties d'acide tartrique. Quand la masse est passée au vert, on mouille avec de l'acide chlorhydrique et termine par des lavages à l'eau bouillante.

III. — Vert Arnaudon

Phosphate basique d'oxyde de chrome hydraté. On chauffe à 200°.

Bichromate de potasse .... 149 parties
Phosphate d'ammoniaque .... 128 parties

On épuise la masse à l'eau bouillante.

IV. — Vert émeraude

Historique

Le vert émeraude est encore connu sous les noms de *vert Pannetier* et de *vert Guignet*. C'est Pannetier qui fabriquait cette couleur au commencement du xixᵉ siècle et en vendait de sérieuses quantités à raison de 120 fr. le kgr. Il conserva son procédé secret. Ébelmen montra que l'acide borique pouvait être employé comme dissolvant et M. Guignet ayant analysé du vert émeraude constata que c'était tout simplement un oxyde de chrome hydraté. En juillet 1859 il prenait un brevet pour une méthode très élégante de fabrication du vert émeraude.

Fabrication

Le brevet Guignet fut exploité par les usines de Thann. Quand on chauffe vers 400° à 450° un mélange de bichromate de potasse et d'acide borique en excès, on produit, à cette haute température, *un hydrate* d'oxyde de chrome. C'est là le côté vraiment curieux de cette méthode. Mais il se fait aussi un borate double de chrome et de potasse :

$$K^2Cr^2O^7 + 16\ Bo(OH)^3 = Cr^2(Bo^4O^7)^3 + K^2Bo^4O^7 + 24H^2O + O^3$$

L'opération se fait dans des moufles en briques réfractaires. On obtient des gâteaux boursouflés par suite du violent dégagement d'oxygène. Ces gâteaux sont épuisés par l'eau bouillante. Le vert émeraude se précipite :

$$Cr^2(Bo^4O^7)^3 + 20H^2O = Cr^2O^3 2H^2O + 12Bo(OH)^3$$

Dans les eaux-mères, il y a donc de l'acide borique et du borate de potasse (plus un peu de bichromate non décomposé). En traitant par l'acide chlorhydrique, on arrive à régénérer les 4/5 de l'acide borique entré en fabrication.

Pour certains usages, aquarelles et fleurs, où la poudre doit être broyée à l'eau gommée, il est indispensable d'enlever l'acide borique jusqu'aux dernières traces. On y arrive en faisant bouillir avec de l'acide tartrique et en lavant ensuite à l'eau chaude.

Quand on remplace le bichromate de potasse par le bichromate de soude on obtient un vert de nuance plus claire.

Les renseignements qui suivent ont été donnés par un anonyme prétendant avoir fabriqué du vert (1). La charge ci-dessous :

> Acide borique .... 8 parties
> Bichromate de potasse ..... 3 parties

est chauffée 4 heures à 450°. La masse résultante contient de l'oxyde de chrome et du borate de potassium ; on la lave dans une marmite en tôle, laisse déposer 12 heures et décante. Les 2 premières lessives sont traitées pour l'acide borique. Il faut 6 lavages demandant 7 jours. La pâte égouttée est passée au moulin et lavée à nouveau dans des récipients en cuivre martelé de forme haute dans lesquels on fait arriver un jet de vapeur. Il faut faire ainsi 4 ou 5 lavages par décantation.

Malgré toutes les précautions prises les pertes en acide borique atteindraient 35 % de la quantité mise en œuvre.

Propriétés

Le vert émeraude est, ainsi que nous venons de le voir, un hydrate d'oxyde de chrome préparé à haute température. C'est un vert d'une grande richesse de ton, tout à fait inaltérable et inoffensif. Les alcalis sont sans action sur lui. Les acides concentrés et chauds l'attaquent seuls. A 300 degrés, il perd son eau et noircit. C'est un *vert lumière,* c'est-à-dire ne changeant pas de tonalité aux lumières artificielles.

(1) « Vert de chrome ». *Moniteur Scientifique*, p. 803, 1885.

Il se mélange bien à toutes les couleurs, mais manque de pouvoir couvrant.

Analyse

Il suffit de doser le chrome par une des méthodes classiques (par exemple celle décrite à propos des jaunes de chrome) et de voir si le chiffre trouvé permet d'assigner au produit la formule $Cr^2O^3.2H^2O$.

Une des premières analyses du vert Guignet a été donnée par Schipton (1) qui a trouvé, en desséchant à 100° :

Oxyde de chrome	76,47
Acide borique	12,10
Eau	11,43
	100,00

Usages

Malgré son prix de vente élevé, le vert émeraude s'emploie encore annuellement par centaines de milliers de kgrs. La plus ancienne et plus importante application réside dans les impressions à l'albumine sur coton.

Dans la couleur fine (aquarelle et huile) le vert émeraude est très employé. On en fait usage encore dans la fabrication des fleurs artificielles et pour colorer des savons de toilette (savons dits au *suc de laitue*), où le vert est ajouté broyé à l'huile.

V. — Vert Victoria

Certaines fabriques de couleurs allemandes livrent sous ce nom des mélanges de vert émeraude et de jaune de zinc. Ce sont des verts solides et dont le prix est sensiblement inférieur à celui du vert émeraude. En chargeant avec une matière inerte à bas prix on peut encore diminuer la valeur marchande du mélange. Des

(1) « Vert Guignet ». *Moniteur Scientifique*, p. 602, 1864.

verts de cette nature sont encore connus sous les noms de *verts permanents* ou *verts solides.*

Verts anglais

Historique

Les verts anglais sont les plus importantes couleurs vertes industrielles. On en fabrique actuellement des millions de kgrs. En France, l'usine Milori est la première ayant fabiqué ce genre de couleurs. C'est pourquoi les qualités supérieures sont encore connues sont le nom de *verts Milori.* Ce sont des verts par mélanges.

Fabrication

Le principe de la fabrication consiste à former un vert par mélange de bleu de Prusse et de jaune de chrome. Mais comme un tel vert serait trop riche on termine par addition d'une charge plus ou moins considérable. Cette charge est du sulfate de baryte que l'on prend de qualité très ordinaire.

Nous résumons ci-dessous les considérations générales de C. O. Weber sur cette fabrication (1).

Cet auteur fait remarquer que les jaunes clairs, c'est-à-dire contenant du sulfate de plomb, donnent seuls des verts doués d'un bel éclat. Les jaunes orangés font virer vers le vert mousse ou le vert olive. Il faut se rapprocher du jaune $(PbCrO^4)^2Pb.SO^4$, en raison du pouvoir couvrant. On verse une solution de 32 kgr. de nitrate de plomb dans une des 2 solutions :

	1	2
Bichromate de potasse	7,5	7,5
Sulfate d'alumine	7,5	
Craie	5	
Sulfate de soude		7,8
Carbonate de soude		9

On coule le bleu en pâte dans le jaune ainsi formé.

(1) « Contribution à l'étude des pigments chromés ». *Moniteur Scientifique,* 1893, p. 27 ; d'après *Dingler's Polytechnicum.*

Ce mode opératoire est mauvais et coûteux. Le mélange formé est peu intime et la couleur passe vite à la lumière. La couleur *tourne* et la quantité de bleu nécessaire pour une nuance donnée est trop importante.

On peut préparer des verts ne tournant pas en opérant en présence d'un acide organique. On fabrique des jaunes sans sulfate de plomb, d'une nuance terne par eux-mêmes, mais donnant des verts très beaux et très solides, n'ayant aucune tendance à tourner. L'acide citrique, acide tribasique à fonction alcoolique tertiaire :

$$CO^2H\!-\!CH^2.COH\!-\!CH^2.CO^2H = C^6H^8O^7$$
$$\overset{\displaystyle |}{CO^2H}$$

a été employé le premier et C. O. Weber explique ainsi son utilité. Quand on ajoute à une solution bouillante de bichromate de potasse une solution d'acide citrique, il se dégage de l'acide carbonique, la nuance passe au brun olive et il se forme du citrate de chrome et du chromate neutre de potasse :

C'est au citrate de chrome que Weber attribue la stabilité du jaune obtenu en coulant le produit de la réaction précédente dans une solution froide d'acétate de plomb. Cet acide citrique non oxydé se retrouve dans les jaunes sous forme de citrate de plomb. Il suffit donc d'ajouter de l'acide citrique au bichromate au moment de la précipitation :

a)   Bichromate de potasse ....   20 kgr.
　　 Acide citrique ....   2 kgr.
　　 Eau ....   60 litres.

b)   Acétate de plomb ....   56 kgr.
　　 Eau ....   1000 litres.

Le jaune se trouve donc produit en présence d'un excès de sel de plomb ; en même temps que le chromate de plomb il se forme un sel de plomb à acide organique oxydable.

Vogel a montré que le fait de mélanger un bleu en pâte à un jaune en pâte, préparé comme il vient d'être dit, ne permt pas d'obtenir de beaux verts et qu'il est nécessaire d'employer le bleu en solution.

A cet effet il utilise l'action de l'acide oxalique, ce qui permet d'introduire dans le vert un oxalate de plomb qui donne toute la solidité au vert obtenu, en raison des considérations précédentes. Voici les proportions recommandées :

a)   Bleu de Paris ....   20 kgr.
            Acide oxalique ....   2 kgr.

b)   Bichromate de potasse.........   40 kgr.

c)   Acétate de plomb ....   100 kgr.

Le bleu se dissout facilement dans l'eau en faisant bouillir avec l'acide oxalique ; on ajoute ensuite la solution froide de bichromate de potasse puis la solution d'acétate de plomb.

Cette méthode à l'acide oxalique n'est pas industrielle, en raison des difficultés techniques d'emploi de l'acide oxalique.

Vogel a également proposé l'usage du ferrocyanure de potassium comme dissolvant du bleu :

a)   Bleu de Paris ....   12 kgr.
            Ferrocyanure de potassium .....   2 kgr.

b)   Bichromate de potasse ....   18 kgr.

c)   Acétate de plomb ....   50 kgr.

Le bleu est précipité à un tel état de division que le vert obtenu est beaucoup plus bleuâtre que dans le procédé précédent.

Mais le corps le plus avantageux et le plus facile à employer industriellement est l'oxalate d'ammoniaque :

a)   Bleu de Paris ....   12 kgr.
            Oxalate d'ammoniaque ....   3 kgr.

b)   Bicarbonate de potasse ....   18 kgr.

c)   Acétate de plomb ....   5o kgr.

Enfin M. Halphen (1) a décrit un procédé qui serait employé en Angleterre et en Amérique, procédé basé sur l'emploi combiné de l'acide oxalique et du ferrocyanure de potassium.

L'oxalate de fer formé réagit sur le ferrocyanure avec production de bleu de Prusse.

	1	2	3
Acétate de plomb	100	100	100
Litharge moulue à l'eau	5o	5o	5o
Bichromate de potasse	5o	5o	5o
Bleu de Paris	25	5o	100
Acide oxalique	4	7	15
Ferrocyanure de potassium	5,5	10	13

Toutes les considérations précédentes ont permis aux industriels d'établir des procédés, variant d'une usine à l'autre, mais où l'on tient compte des études citées. Pourtant, il n'est pas sans intérêt de remarquer que ces études laissent dans l'ombre un certain nombre de points fort importants.

Tout d'abord celui de la nature du bleu à employer.

Doit-on s'adresser au bleu de Berlin ou au bleu d'acier ?

M. Halphen, soulevant cette question, écrit : « nous rappellerons seulement que plus les bleus employés sont violacés ou rougeâtres, et plus ils sont avantageux pour la fabrication des verts chromés, tandis que les bleus tirant sur l'outremer sont tout désignés pour la préparation des verts de zinc » (2).

Nous avons au contraire personnellement remarqué que l'usage des bleus rougeâtres ne conduisait pas à de bons résultats et nous avons été amené à employer, au contraire, du bleu acier. Mais il ne faudrait pas croire que le bleu acier commercial (soit clair, soit foncé) convienne parfaitement à la fabrication des verts anglais. Il est nécessaire, pour réunir les meilleures conditions, de préparer un bleu spécial, genre bleu acier foncé, avec une quantité un

____

(1) *Couleurs et vernis*, p. 213.
(2) *Couleurs et vernis*, p. 207.

peu moindre de liqueur de fer et une cuisson réduite de 1/3 environ.

Enfin, il est encore à remarquer qu'un vert préparé par une des méthodes décrites plus haut ne peut être lavé sans pertes notables. Il faut, en quelque sorte, terminer la fabrication du vert par un véritable fixage du mélange. On y arrive aisément en produisant, au sein même du mélange, avant lavage, une faible quantité d'alumine.

Voyons maintenant comment se charge le mélange de vert et de bleu qui n'est jamais employé à l'état de pureté :

Verts en grains. — Les verts en grains sont des trochisques composés en ajoutant comme charge soit du kaolin, soit un mélange de kaolin et de sulfate de baryte. En faisant varier la proportion de bleu, on fait industriellement 4 nuances partant du vert bleu pour arriver au vert jaune. Ces nuances sont simplement désignées par des numéros : 1, 2, 3, 4. La nuance 1 correspond au vert le plus bleu. La même classification se retrouve dans les verts anglais proprement dits.

Verts anglais. — La charge est constituée par du sulfate de baryte. Les qualités commerciales sont nombreuses et chacune se fait en 4 nuances. En voici la liste :

Vert anglais ordinaire ;
Vert anglais demi-fin ;
Vert anglais fin ;
Vert anglais surfin ;
Vert anglais extra fin ;
Vert anglais au sulfate de plomb ;
Vert anglais de Londres ;

Il est bien évident que les fabricants ne produisent que les types extrêmes et composent toutes les autres qualités par mélanges.

Propriétés

Les différentes qualités ne diffèrent que par le pouvoir couvrant qui diminue au fur et à mesure que la quantité de sulfate de baryte augmente. Ces verts sont extrêmement peu solides et changent très rapidement de nuance sous l'influence de la lumière.

Analyse

On détermine le chromate de plomb, le bleu et le sulfate de baryte (ou autre substance inerte mise comme charge):

1° *Bleu.* — M. Chenevier (1) recommande la méthode suivante : broyer 4 gr. de vert avec 10 cc. d'eau et 5 cc. d'acide chlorhydrique, ajouter 20 cc. de sulfate ferreux à 20 %, broyer, laisser digérer 10 minutes. Décomposer le bleu en ajoutant une lessive de soude à 36°B et faire passer le tout dans un ballon jaugé de 200 cc. avec le moins d'eau possible. Faire bouillir et amener exactement à 200 cc. Après refroidissement, agiter et prendre 100 cc. du liquide clair reposé. Rendre acide par l'acide sulfurique et titrer par une solution de permanganate à 1 gr. 2 par litre : 12 cc. 9 de la solution de permanganate équivalent à 0 gr. 25 de bleu de Prusse ; d'où la teneur du vert en bleu si on a employé n cc. de la solution de permanganate :

$$\frac{n \times 100 \times 0,25}{2 \times 12,9}$$

2° *Jaune.* — Comme si on était en présence d'un jaune de chrome.

3° *Charge.* — Egalement comme la charge des jaunes de chrome.

Nous avons analysé un certain nombre de verts anglais en séparant le bleu par notre méthode de dosage.

Dans l'insoluble, nous avons alors pratiqué l'analyse comme pour un jaune de chrome.

Voici quelques résultats, en arrondissant les chiffres :

	Vert anglais surfin 1	Vert anglais surfin 2	Vert anglais surfin 3
Bleu	2	1,60	1,30
Jaune	5	5,40	5,70
Sulfate de baryte....	93	93	93

(1) *Moniteur Scientifique.* · Analyse rapide des verts prussiques » p. 526, 1899.

On voit par ces chiffres quelle charge extraordinaire on arrive à incorporer ; d'autant mieux qu'il n'est question ici que du vert surfin alors qu'il y a encore *3 qualités* au-dessous.

Usages

Malgré le peu de solidité de ces couleurs ce sont évidemment les couleurs vertes dont la consommation dépasse celle de toutes les autres dans des proportions considérables. Il faut attribuer ce fait uniquement aux bas prix auxquels elles sont offertes. En effet, quand on songe que les verts ordinaires se vendent aux environs de *15 francs* les *100 kgr.*, par petites caisses de *5 kgs*, on comprend facilement que tous les défauts disparaisent et que la concurrence des autres couleurs soit tout à fait impossible.

C'est pourquoi les verts anglais sont employés à tous les usages.

VI. — Verts à voitures

Ce sont des verts particuliers, employés en carrosserie et dont il existe un nombre considérable de nuances.

Le vert fondamental est toujours un mélange de chromate de plomb et de bleu de Prusse, mais la nuance du mélange est considérablement modifiée par addition de noir et de terres colorées. On désigne encore ces verts sous les noms suivants : *Verts à wagons, verts russes, vert impérial*, etc.

La fabrication se fait de la même façon que celle des verts anglais, la charge seule est changée.

Dans certaines petites fabriques on prépare ces verts par mélanges au tonneau, d'une façon analogue à celle que nous avons indiquée pour les bleus charrons. Quand on substitue à la baryte le blanc de silex, on obtient des verts dits *verts légers*, donnant des teintes déposant beaucoup plus lentement que celles obtenues avec les verts chargés au sulfate de baryte. Les proportions que nous fournissons ci-dessous donneront une idée de la composition des verts à voitures .

Vert impérial

Bleu de Prusse	10
Jaune de chrome	4
Noir de charbon	7
Terre de Cassel	17
Sulfate de baryte	62

Vert wagon (Orléans)

Bleu de Prusse	770
Jaune de chrome	990
Noir de charbon.................	150
Terre de Cologne	115
Blanc de silice.................	8500

Verts à voitures lourds

	Demi-fin	Fin	Surfin
Bleu de Prusse.........	10	10	10
Jaune de chrome	4	4	4
Noir de charbon........	7	7	7
Tere de Cologne........	17	17	17
Sulfate de baryte	120	62	40

Verts à voitures légers demi-fins

	A	B	C	D
Bleu de Prusse..........	1	1	1	1
Jaune de chrome	0,4	0,4	0,8	1,2
Noir de charbon	0,7	1,2	1,2	0
Terre de Cassel..........	1,7	1,7	3,2	5
Blanc de silex	19	19	19	19

Verts à voitures légers surfins

	A	B	C	D
Bleu de Prusse	3	3	3	3
Jaune de chrome	1,2	1,2	2,4	3,6
Noir de charbon	2,1	3,6	3,6	0
Terre de Cassel	5,1	5,1	9,6	15
Blanc de silex	19,5	19,5	19,5	19,5

Les nuances partent d'un vert absolument bleu pour arriver à un vert jaunâtre.

Verts de zinc

Sous le nom de verts de zinc on fabrique en assez grande quantité des couleurs industrielles qui sont un mélange de bleu de Prusse, de jaune de zinc et d'une charge où l'on trouve surtout du sulfate de chaux. Ce sont, en somme, des verts anglais où le chromate de zinc remplace le chromate de plomb. La fabrication diffère de celle des verts anglais en ce sens qu'il faut préparer le jaune à part, faire une solution de bleu qui se précipite par coulage sur le jaune en pâte ; la charge varie avec les qualités car il se fabrique une série de qualités avec 4 nuances, numérotées comme celles des verts anglais.

On trouve avantage à employer les verts de zinc pour 2 raisons : d'abord ils ne sont pas toxiques et ensuite ils résistent beaucoup mieux au bord de la mer que les verts anglais.

Vert de cobalt

On connaît encore ce vert sous les noms de *vert de Rinmann*, du nom du chimiste qui l'a découvert, et de *vert de zinc*. Sa fabrication est basée sur la coloration que prend l'oxyde de zinc quand on le chauffe avec de l'oxyde de cobalt.

On forme une pâte avec du blanc de zinc et une solution très concentrée d'un sel de cobalt, généralement l'azotate, dans les proportions de 1 partie d'azotate de cobalt, pour 5 à 8 parties de blanc de zinc. La pâte est séchée à l'étuve et calcinée au rouge sombre, en creusets fermés. On peut faire varier les proportions pour changer les nuances.

On a proposé l'emploi de l'arséniate et du phosphate de cobalt. Mais l'emploi de l'arséniate, ou l'addition d'une petite quantité d'acide arsénieux, retire à la couleur une qualité précieuse, celle d'être non vénéneuse. Wagner a analysé des verts de cobalt fabriqués en Allemagne. Il a trouvé qu'ils contenaient :

	1	2	3
Oxyde de zinc	80,040	71,93	71,68
Oxyde de fer	0,298	«	«
Protoxyde de cobalt	11,662	19,150	18,93
Acide phosphorique	«	8,230	8,29
Soude	«	0,690	«

Le vert de cobalt bien fabriqué peut donc être envisagé comme un mélange de zincate et de protoxyde de cobalt.

Certains verts de cobalt sont d'un vert très foncé, mais ils manquent d'éclat. Comme ils sont d'un prix élevé leur emploi est devenu à peu près nul depuis que le vert émeraude a baissé de valeur.

Verts de cuivre

Il existe beaucoup de couleurs vertes à base de cuivre, mais nous examinerons à part celles où il entre de l'arsenic.

Vert malachite

C'est un carbonate basique de cuivre hydraté $CO_3(CuOH)_2$ naturel. On le rencontre surtout en Sibérie. Les beaux morceaux pulvérisés donnent un vert clair, très solide. Mais en raison de son prix il est uniquement employé en peinture fine.

Vert de gris

Sous ce nom on désigne une couleur d'une solidité médiocre, mais très vénéneuse. On la fabrique dans le midi de la France, en oxydant des lames de cuivre, en présence d'acide acétique. On plonge les lames dans du marc de raisin en fermentation acétique. Les lames sont d'abord chauffées à 80° puis placées dans le marc. Quand on les juge suffisamment attaquées on les retire et on les sèche à 3o°. On recommence plusieurs fois la même série d'opérations. On gratte ensuite les plaques, on délaie dans le moins d'eau possible la substance verte détachée et on passe au tamis pour séparer les impuretés.

Le vert de gris est un mélange d'acétates basiques de cuivre. Aussi sa couleur n'est jamais constante ; il est un peu soluble dans l'eau.

M. Astié (1) a analysé un verdet (autre nom du vert de gris) et a constaté qu'il contenait :

Eau	43
Impuretés	10,36
Oxyde de cuivre	26
Anhydride acétique	20,64
	100,00

L'insoluble (impuretés) était constitué par de la silice colorée en bleu par du bleu de Prusse.

Vert de Brême

Oxyde de cuivre hydraté. D'après Habich, ce vert a été préparé pour la première fois à Brême par Kulemkamp et Hoffschlœger. On mélange dans des baquets :

(1) « Analyse d'un verdet, falsification par du sable bleu ». *Journal de Pharmacie et de chimie*, t. II, p. 386, 5e s. 1883.

Cuivre . . . .   100 kgr.
Chlorure de sodium . . . .   60 kgr.
Acide sulfurique 1V . . . .   }
Eau 3V . . . .   }   30 kgr.

Ce mélange humide est mis à sécher. On transforme la bouillie verte séchée en vert bleu en l'introduisant peu à peu dans une lessive de soude à 20°B. On lave et sèche.

Vert de Brunswick

Oxychlorure de cuivre fabriqué en attaquant le cuivre par l'acide chlorhydrique, au contact de l'air, en remuant fréquemment. On peut ajouter un peu d'acide nitrique. Purifier par lavages et recueillir en laissant déposer. Vert bleuâtre et terne.

Stannate de cuivre

Gentele a indiqué le procédé suivant : faire dissoudre 125 gr. de sulfate de cuivre dans l'eau et ajouter une dissolution de 59 gr. d'étain dans l'acide nitrique, puis un excès de lessive de soude. On lave et sèche le précipité vert.

Vert de Scheele

Ce vert n'est plus employé ; il a été remplacé par le **vert de** Schweinfurth. Scheele le préparait en mélangeant à chaud la solution A à la solution B :

A.   Carbonate de potasse . . . .   1 k.
       Acide arsénieux . . . .   0 k. 325
       Eau . . . .   6 litres.

B.   Sulfate de cuivre . . . .   1 k.
       Eau . . . .   20 litres.

Le précipité vert était lavé, filtré et séché. Vert peu solide et vé-néneux. Arsénite de cuivre plus ou moins basique.

On peut encore faire dissoudre ensemble, dans l'eau bouillante, l'acide arsénieux et le sulfate de cuivre et précipiter par adjonctions successives d'une solution de carbonate de soude.

On a proposé, enfin, de préparer le vert de Scheele par électro-lyse. Le courant est amené par des électrodes en cuivre dans une solution de sulfate de soude à 8 %. La solution est chauffée par un serpentin dans lequel circule de la vapeur et on suspend dans le bain des sachets contenant de l'acide arsénieux. On renouvelle les lames de cuivre et on maintient les sachets pleins d'acide arsénieux. Pour 100 parties de cuivre il faut 100 parties d'acide arsénieux.

On peut admettre que le vert de Scheele renferme 2 arsénites de cuivre : AsO^3CuH et $(AsO^3)^2Cu^3$.

Vert mitis

On le désigne encore sous les noms de *vert métis, vert Kirch-berger, vert de Vienne.* C'est surtout de l'arséniate de cuivre.

On emploie :

Arséniate de potasse ....   20 parties
Eau ....   100 parties

que l'on coule dans une solution bouillante de 20 parties de sul-fate de cuivre. En faisant varier les proportions on fait varier les nuances. C'est toujours un vert clair, qui est remplacé maintenant par certaines qualités de vert de Schweinfurth. M. Guignet a fait remarquer qu'en versant le sulfate de cuivre dans l'arséniate de po-tasse le précipité obtenu est non pas vert mais bleu.

On a également indiqué un procédé électrolytique de fabrication du vert métis. On opère comme pour le vert de Scheele, en rem-plaçant l'acide arsénieux par l'acide arsénique que l'on ajoute au bain peu à peu et en solution. Proportions : 125 parties d'acide ar-sénique pour 100 parties de cuivre.

Vert de Schweinfurth

Historique

Cette importante couleur verte a été découverte à Schweinfurth, en Bavière, par Rusz et Sattler en 1712. Malgré son interdiction dans certains pays, en raison de sa grande toxicité, il s'en fabrique encore d'énormes quantités.

Fabrication

On a décrit un certain nombre de procédés pour la fabrication du vert de Schweinfurth (1) .

a) *Procédé Liebig.* — Dissoudre à chaud, dans une chaudière en cuivre, du vert de gris dans du vinaigre. Une addition d'acide arsénieux donne un précipité vert sale que l'on fait disparaître par une nouvelle adjonction de vinaigre. Par ébullition, il se dépose un précipité cristallin d'un beau vert. Selon que la dissolution surnageante contient du cuivre ou de l'arsenic on y ajoute de l'arsenic ou du cuivre.

On donne de l'éclat au précipité, tout en le faisant virer au bleu, en le faisant bouillir avec une solution de potasse au 1/10.

b) *Procédé Braconnot.* — On précipite 1 partie de sulfate de cuivre, en solution dans le moins d'eau possible, par une solution bouillante et 1 partie d'acide arsénieux et 1 partie 1/3 de carbonate de potasse. Le précipité sale ainsi obtenu est traité par un petit excès d'acide acétique ; il se transforme en un précipité cristallin d'un beau vert, qu'il suffit de laver et de sécher.

C'est ce second procédé qui est utilisé industriellement, diversement modifié selon les fabricants. Il est nécessaire de n'opérer qu'avec un sulfate de cuivre bien exempt de fer. On doit à Bacco une méthode très simple de purification qui consiste à agiter la solution de sulfate de cuivre avec une gelée de sous-carbonate de cuivre (obtenu en versant du carbonate de soude dans du sulfate de cuivre) qui

(1) Roret. *Manuel du fabricant de couleurs*, t. II. p. 218 à 220.

précipite le fer au bout de peu de temps. On a remplacé le carbonate de potasse par le carbonate de soude.

On peut encore préparer du vert de Schweinfurth en dissolvant 4 parties d'acide arsénieux dans 5o parties d'eau bouillante et en ajoutant, tout en maintenant l'ébullition, 5 parties d'acétate de cuivre amené à l'état de bouillie. On prolonge l'ébullition en ajoutant un peu d'acide acétique. Quand le précipité a une teinte verte bien franche on arrête l'ébullition. Une ébullition trop prolongée altère la nuance.

Les conditions dans lesquelles on opère, et une variation dans les proportions, permettent d'obtenir des nuances allant du vert bleu au vert jaune.

Propriétés

Le vert de Schweinfurt est un acéto-arsénite de cuivre, auquel on a donné la formule :

$$\left.\begin{array}{l} CH^3.CO^2 \\ CH^3.CO^2 \end{array}\right\rangle Cu, \qquad As^2O^3 2.CuO.$$

Soluble dans l'ammoniaque et dans les acides.

Couleur couvrant bien, résistant aux émanations sulfureuses, mais toxique au plus haut point.

Bien que beaucoup d'auteurs s'accordent sur la composition d'un acéto-arsénite, il convient de signaler que d'autres l'envisagent comme un acéto-arséniate (1), sans toutefois justifier cette formule :

$$\left.\begin{array}{l} CH^3.CO^2 \\ CH^3.CO^2 \end{array}\right\rangle Cu.3CuAs^2O^4.$$

C'est la formule donnée par Schüztenberger (2) qui semble la plus conforme à la réalité :

$$\left.\begin{array}{l} CH^3.CO^2 \\ CH^3.CO^2 \end{array}\right\rangle Cu.3[CuOAs^2O^3].$$

(1) Lunge. *Analyse industrielle*, t. II, p. 593.
(2) *Traité de chimie générale*, t. VII. p. 281.

Plus les cristaux sont gros plus la couleur a d'éclat.

Dans les ateliers où se fabrique le vert de Schweinfurth, les sols et les murs doivent être fréquemment lavés et maintenus humides ; il doit en être de même pour les parois extérieures des cuves et des vases ; l'ébullition doit avoir lieu dans des appareils clos, le séchage dans des chambres closes également. Des masques, des éponges mouillées, doivent être mis à la disposition des ouvriers ; ces objets doivent être lavés souvent. De la poudre de talc, de la fécule et des vêtements spéciaux et serrés doivent encore être fournis aux ouvriers (1).

Analyse

On dose le cuivre en dissolvant le vert dans l'acide chlorhydrique. En ajoutant un excès de carbonate d'ammoniaque on précipite les oxydes insolubles, on filtre et dose le cuivre dans la liqueur en précipitant par la soude caustique.

Pour doser l'acide arsénieux soluble dans l'eau, Haywood opère sur 2 gr. de vert. Après pulvérisation au mortier d'agate, il délaye o gr. 4 de la poudre dans 25 cc. d'eau. Le mélange est fait dans un verre de Bohême et, après addition d'acide chlorhydrique goutte à goutte jusqu'à disparition de la couleur verte, il reste un précipité d'acide arsénieux libre qui est recueilli sur un filtre (2).

Le vert de Schweinfurth contient parfois des sulfates de plomb, de chaux, de baryte, du jaune de chrome, etc.

Voici les résultats d'analyses de verts de Schweinfurth, d'après V. Slyke et Andrews, qui ont analysé 44 échantillons en 1902 (3).

Acide arsénieux	55.39 à 61,40	moyenne	57,10
Acide arsénieux soluble dans l'eau.	0,61 à 1,35	—	1,01
Oxyde de cuivre (Cu O).	27,03 à 30,78	—	29,41
Acide arsénieux combiné au cuivre	50,63 à 57,60	—	55,10

(1) *Journal de Pharmacie et de Chimie*, 6ᵉ S. p. 116-1895.
(2) *Journ. Americ. Soc.*, **25**, 1, 963.
(3) Lunge. *Analyse industrielle*, t. II, p. 595.

Usages

Les verts de Schweinfurth trouvent leur principal emploi dans la fabrication de peintures dites *sous-marines,* qui empêchent les mollusques de s'attacher aux coques des navires.

Au Brésil, toujours en raison de leur toxicité, les verts de Schweinfurth servent à empêcher les bois d'être détruits par les termites.

Les cartonnages, papiers peints, de différentes nuances vertes, sont souvent à base de vert de Schweinfurth.

Vert Veronèse

C'est un très joli vert, fort employé dans la couleur artistique. Il n'a jamais été publié de renseignements sur la fabrication de cette couleur qui est un vert arsenical et cuivrique.

Vert minéral

Oxyde de cuivre et arsénite de cuivre, obtenu en dissolvant :

Sulfate de cuivre 15
Acide arsénieux 100

et en précipitant par une solution de soude caustique.

Habich a proposé d'ajouter au précipité obtenu du zincate de soude. La couleur passe au vert clair et prend de l'éclat.

Vert de Neuwield

A un mélange de 8 kgr. de sulfate de cuivre et de 0 k. 750 d'acide arsénieux on ajoute un lait de chaux contenant 1 kgr. de chaux vive.

Vert de titane

Proposé par Elsner et obtenu en précipitant une solution chlorhydrique d'acide titanique par le ferrocyanure de potassium à l'ébullition. Le précipité vert, ferrocyanure de titane, est lavé à l'eau chlorhydrique et séché au-dessous de 100°. Trop cher et peu solide, ce vert est resté sans emploi.

Vert de Cassel

C'est un vert de manganèse. Schad a donné, pour sa fabrication, les formules suivantes :

	1	2
Bioxyde de manganèse...........	14	))
Azotate de manganèse	))	24
Azotate de baryte	80	46
Sulfate de baryte	6	30

Ces mélanges sont chauffés au four jusqu'au moment où la couleur verte apparaît. La masse est broyée à l'état humide.

Vert de Casselmann

Sel basique de cuivre obtenu en précipitant une solution de sulfate de cuivre par l'acétate de sodium, à l'ébullition.

Vert de vessie

La manière de traiter les baies de nerprun, pour en faire du vert de vessie, a été indiquée par de Hagen.

On mploie les baies mûres à point, on les fait cuire dans de l'eau et passe la masse au tamis ; on recommence avec le résidu et réunit les eaux d'épuisement qui sont évaporées au bain-marie. A l'extrait ainsi obtenu, ajouter 6,5 % d'alun de potasse. L'extrait assez concentré pour se solidifier par refroidissement est enfermé dans des vessies de porc et le tout est mis à sécher.

Le vert de vessie s'emploie uniquement comme couleur à l'eau, d'ailleurs peu solide. Il servait jadis à faire les enluminures des éventails.

Vert de chine

Diverses espèces de nerprun de Chine donnent avec l'eau une solution qui, traitée par la chaux et abandonnée à l'air fournit une sorte de laque d'un vert bleuâtre que Kœchlin sigala le premier en 1848. C'est le vert de Chine ou *lo-kao*.

Cloez et Guignet (1) ont fourni les détails sur cette couleur qu'ils envisagent comme le mélange d'une matière bleue pure qu'ils nomment *lokaïne* et d'une matière jaune.

Ils ont séparé la matière bleue en épuisant d'abord par l'eau, puis par une solution de carbonate d'ammoniaque qui dissout la matière bleue. Le vert de Chine est un vert lumière assez solide.

(1) *Bull. Soc. Chim.*, 1872, p. 247.

CHAPITRE VI

COULEURS VIOLETTES

Les couleurs violettes constituent un groupe peu important. En effet, les quelques couleurs violettes qui correspondent à des composés de la chimie minérale sont d'un prix trop élevé pour avoir un débouché important dans l'industrie. D'un autre côté, on fait très peu usage des divers violets, car on les prépare généralement par mélanges de bleu et de rouge, en faisant prédominer l'une ou l'autre de ces couleurs selon la nature du violet cherché (violet rouge ou violet bleu).

Violet de manganèse

Le violet de manganèse, encore connu sous les noms de *violet de Nuremberg* ou *violet minéral,* est un phosphate de manganèse dont Leykauf a donné la préparation suivante (1) : En fondant dans un vase en fonte émaillée du bioxyde de manganèse et de l'acide phosphorique on obtient une masse qui, traitée à l'ébullition par une solution concentrée de sel ammoniac donne un précipité d'oxyde de manganèse. La liqueur est évaporée à sec et le résidu est calciné. Par ébullition avec de l'eau on obtient une liqueur rouge et une poudre violette. On lave et fait sécher. Pour modifier la nuance on introduit du fer. Le violet minéral est une couleur très solide. Il contient toujours du phosphate d'ammoniaque.

(1) Roret. *Manuel du fabricant de couleurs,* t. II, p. 150.

Violet de Bourgogne

Le violet de Bourgogne est identique au violet de manganèse.
Il est fabriqué dans l'usine de bleu d'outremer de M. Lefèvre, à
Dijon. M. Pigeon, professeur à la faculté de Dijon, en a donné
l'analyse suivante :

	Trouvé	Calculé d'après la formule
Phosphore...............	23,42	23,40
Manganèse	23,26	20,75
Ammonium	6,38	6,79

d'où la formule : $PO^4Mn.PO^4H^2AzH^4$.

Le chiffre faible en ammonium est peut-être dû à des pertes
pendant le dosage. Le chiffre fort en manganèse est attribué à
un excès de sesquioxyde, ou de sous-sel (1).

Le violet de Bourgogne se trouve dans le commerce en belle
poudre violette, fine, d'une très grande vivacité de ton. Son pouvoir couvrant est parfait et sa solidité exceptionnelle. C'est la
véritable couleur violette industrielle, d'autant mieux que le prix
auquel on la livre maintenant étant inférieur à celui du vermillon
véritable les applications peuvent être largement étendues.

Le violet de Bourgogne supporte facilement une charge assez
notable de blanc de zinc ou de sulfure de zinc. L'addition de rouges
fixes permet de modifier heureusement sa nuance naturelle.

Violet de cobalt

Le violet de cobalt est constitué par du phosphate de cobalt.
Pour le préparer on fait dissoudre le carbonate de cobalt dans l'a-
cide chlorhydrique, rend la solution neutre et précipite par le
phosphate de soude. Le précipité fleur de pêcher obtenu est calciné. Il passe au violet foncé, de nuance bleuâtre. Du soin et de

(1) *Moniteur Scientifique*, novembre 1901. « Les produits chimiques à
l'exposition universelle de 1900 ».

l'habileté avec lesquels la calcination a été conduite dépend la beauté du produit.

Le phosphate de cobalt est un très joli violet, d'une belle pureté de nuance et d'un grand pouvoir couvrant. Le prix élevé auquel il est vendu ne permet de l'employer que dans la peinture artistique.

Salvetat a fait connaître, il y a fort longtemps (1), que le sel rose obtenu en précipitant un sel de cobalt par le phosphate de soude, donnait, en chauffant de plus en plus, un 3°, 4° et 5° bleu violet du cercle de Chevreul, puis un violet 1, 2, 3, 4 et 5 et enfin un violet rouge.

Violet d'outremer

Nous avons vu, en parlant de l'outremer, que la nuance violette pouvait être obtenue. Wunder a publié une étude sur le violet d'outremer (2). On observe surtout la production de violet avec les mélanges riches en silice et aux parties peu chauffées. Quand on fait agir le chlore gazeux, à 300°, sur le bleu d'outremer, on obtient une masse brune qui, traitée par l'eau, devient violette. Sur un bleu riche en silice, le passage d'un mélange de chlore et de vapeur d'eau, à 160-200°, donne du violet.

Malha a obtenu un violet fin en chauffant de l'azotate d'ammoniac, du chlorhydrate d'ammoniac et du bleu.

Voici comment on transforme le bleu en violet par l'action du chlore et de l'eau. On étend le bleu en couches de 2 cm. sur des dalles en terre réfractaire superposées et chauffées à 280° (3). On fait arriver la vapeur, laisse tomber à 160°, puis on fait passer pendant 3 heures environ un mélange de chlore et de vapeur d'eau. Les vapeurs sont enlevées à l'aide d'un ventilateur. Si l'on remplace le chlore par l'acide chlorhydrique, on agit d'une façon intermittente, pendant 7 heures, en opérant à 220-230°.

Pour fabriquer le violet avec le chlorhydrate d'ammoniaque,

(1) « Couleurs vertes et violettes » *Moniteur Scientifique* 1859.
(2) *Bull. Soc. Chim.*, 2ᵉ s. 1891, p. 536. « Fabrication de l'outremer ».
(3) Description du four employé dans *Chemiker Zeitung*, année 1890, p. 1119.

sans nitrate d'ammoniaque, il faut chauffer le mélange dans des creusets poreux, placés dans un four situé au-dessus du four à bleu et chauffés par la chaleur perdue de ce dernier.

Le violet produit par l'action du chlore diffère du bleu en ce qu'il a perdu 1/6 de sodium et fixé O et H^2O. L'auteur donne les formules approximatives suivantes :

$$\underbrace{Na^6Al^4Si^6S^4O^{21}}_{\text{Bleu}} \qquad \underbrace{Na^5H\ Al^4Si^6S^4O^{24}}_{\text{Violet}}$$

Le violet contient aussi beaucoup d'hyposulfite (bleu 0,29 % ; violet 2,3 %).

Chauffé à 280-290°, dans un courant d'hydrogène, il se transforme en bleu clair de formule $Na^5H^5Al^4Si^6S^4O^{24}$.

Par oxydation du violet on obtient du rouge.

Le violet d'outremer est une couleur que l'industrie n'utilise pas.

Violet de Mars

On l'obtient en calcinant l'orangé de Mars beaucoup plus longtemps et à température plus élevée.

CHAPITRE VII

COULEURS BRUNES

Parmi les couleurs rangées dans cette classe les bruns Van Dyck occupent une place à part, en raison de leur grande consommation. Toutes les autres couleurs brunes ont beaucoup moins d'intérêt industriel.

Bruns Van Dyck

Sous cette désignation générale se placent une série de couleurs allant du rouge brun au brun nettement violet. Les beaux bruns Van Dyck de nuance rouge se rapprochent beaucoup plus du rouge que du brun. Tous les ouvrages que nous avons cités sont unanimes pour reconnaître dans les bruns Van-Dyck « des ocres jaunes fortement calcinées ». Ce n'est pas ainsi que se préparent industriellement les bruns Van-Dyck.

On peut ranger les procédés employés en 3 classes :

1° *Procédé de Bohême.* — C'est à Prague que cette industrie a pris naissance. La matière première employée est le résidu de fabrication de l'acide sulfurique de Nordhausen, dont nous avons indiqué le traitement à propos du rouge d'Angleterre ou de Prusse, rouge qui n'est autre chose qu'une variété de brun Van Dyck. La température à laquelle on opère la calcination et la durée de cette calcination permettent d'obtenir des nuances marquées de 1 à 5. La nuance 1 tire nettement sur le rouge et la nuance 5 sur le violet. Cette dernière ne peut être obtenue qu'en opérant à haute température et longtemps. Par mélange de ces

5 nuances s'obtiennent toutes les variétés commerciales, dont les principales se désignent généralement ainsi :

Brun Van Dyck O. R. (ordinaire rouge).
Brun Van Dyck R. (rouge).
Brun Van Dyck O. V. (ordinaire violet).
Brun Van Dyck V. (violet).
Le broyage en est difficile.

2° *Procédé allemand.* — En Allemagne, on fabrique les bruns Van Dyck en calcinant convenablement les résidus de pyrites provenant de la fabrication de l'acide sulfurique. Ces résidus sont surtout constitués, comme on sait, par de l'oxyde de fer tenant de petites quantités de soufre. Les résidus de pyrites sont mélangés avec des oxydes de fer naturels à teneur élevée. Cette série de bruns Van Dyck est souvent désignée sous le nom de brun Van Dyck M. On prépare quelquefois des bruns Van Dyck de nuance très pure par simple calcination de certains oxydes naturels. Cette série est désignée par la lettre O.

Cette fabrication a été montée en France par M. Delestre qui produisait déjà en 1900 (1), 300.000 kgs de bruns Van Dyck de différents tons.

3°· *Procédé anglais.* — En Angleterre, on prépare les bruns Van Dyck en partant du sulfate de fer. C'est donc un procédé tout à fait analogue à celui utilisé en Bohême.

La fabrication existe depuis très longtemps : « Les anglois qui exploitent très en grand les vitriols, auxquels ils appliquent différents procédés, emploient pour la pulvérisation du rouge de fer le même méchanisme que pour le lissage de la poudre. C'est un tonneau qu'on fait mouvoir sur deux axes par une manivelle ou par l'eau. On place dans ce tonneau les masses desséchées de colcothar, ou rouge lavé et plusieurs boulets. Le mouvement de rotation qui facilite celui des boulets et les frottements entre les parties sèches achève, en peu de temps, une pulvérisation qui occuperoit bien des bras » (2).

(1) Ch. Coffignier. « L'industrie des couleurs et des vernis à l'exposition de 1900 ». *Revue de Physique et de Chimie*, année 1901, p. 60.
(2) Tingry. *Traité sur l'art de faire et d'appliquer les vernis*, p. 96.

Les bruns Van Dyck anglais sont réputés et, sous des noms bien divers, tels que, par exemple, *rouge indien, rouge toscan,* on trouve, dans le commerce, des couleurs qui ne sont que des variétés de bruns Van Dyck.

Ainsi que nous l'avons déjà dit, le nombre des nuances commerciales est très grand. En poudre, ou broyés à l'huile, les bruns Van Dyck sont consommés en énorme quantité dans la peinture en bâtiment.

Brun de manganèse

La fabrication du brun de manganèse a été indiquée par Lefort dans sa *Chimie des couleurs,* où il signale l'emploi de cette couleur par les anciens. C'est un bioxyde de manganèse obtenu en précipitant une solution de chlorure de manganèse par le carbonate de soude. Le précipité est oxydé par l'eau de Javel, ou la liqueur de Labarraque. L'adjonction se fait peu à peu et en remuant bien. On termine par un lavage à l'eau faiblement sulfurique et par plusieurs lavages à l'eau.

Couleur d'un beau brun foncé, sans emplois industriels.

Brun de chrome

Persoz a observé que la calcination du chromate de manganèse, obtenu par précipitation d'un sel de manganèse à l'aide du chromate de potasse, donnait un oxyde de chrôme et de manganèse d'une nuance puce.

Brun de Prusse

Le peintre Tœffer, en calcinant du bleu de Prusse au contact de l'air, obtint une couleur brune. Cette calcination peut être aisément faite dans des capsules plates en fer. Au bout de peu de temps le bleu de Prusse est complètement décomposé et il reste une masse brune, mélange de peroxyde de fer et de charbon. Contrairement au bleu de Prusse, c'est donc une couleur très fixe, employée uniquement dans la peinture fine.

Brun de Florence

Le brun de Florence est du ferrocyanure de cuivre. C'est un brun rougeâtre, très chaud de ton, très solide, mais dont le prix n'en permet l'usage que dans la peinture fine. On prépare le brun de Florence de la façon suivante. A une solution chaude de 1 kgr. de sulfate de cuivre, ajouter successivement 2 solutions chaudes contenant : la première 1 kgr. de carbonate de soude cristallisé et la seconde 1 kgr. de ferrocyanure de potassium. Il est extrêmement important d'opérer sur de petites quantités pour avoir un beau produit. Dès que l'on passe à des opérations mettant en œuvre de 5 à 10 kgr. de chaque produit, par exemple, on remarque de grandes stries blanches et le lavage est fort pénible. De plus, le produit obtenu est beaucoup moins foncé. En partant de 1 kgr. de sulfate de cuivre on obtient o k. 700 de brun de Florence.

Brun rouge

Sous le nom de brun rouge, on a décrit une couleur obtenue en chauffant dans un creuset, jusqu'à fusion, 1 partie d'oxyde de fer et 10 parties de litharge ou de minium (1). Mais le produit commercial que l'on rencontre sous le nom de brun-rouge est une variété d'ocre ou de brun Van Dyck.

Brun d'ulmine

On obtient cette couleur brune en traitant le sucre ou l'amidon par la potasse. On fond jusqu'au moment où la teinte désirée est obtenue. On lave à l'eau acide, puis à l'eau légèrement ammoniacale.

(1) Roret. *Manuel du fabricant de couleurs*, t. II, p. 82.

Bistre

Le bistre est un brun obtenu en broyant à l'eau les parties les plus compactes des suies recueillies dans les cheminées où l'on brûle du bois. Uniquement employé en peinture fine.

Sepia

La sepia est la sécrétion que l'on récolte dans la *poche à encre* ou *poche à noir,* d'un grand nombre de céphalopodes. Ces poches sont mises à sécher au soleil. On fait ensuite bouillir avec du carbonate de potasse qui fait entrer la matière colorante en solution. On reprécipite par un acide, filtre et lave. Couleur employée en aquarelle.

Bitume

On a donné différentes recettes pour rendre le bitume siccatif, mais elles conduisent toutes à des résultats médiocres. Un certain nombre de spécialistes y arrivent par des procédés qu'ils conservent secrets. Couleur brune, utilisée dans la peinture d'art où elle a surtout causé de bien désagréables surprises : noircissement et craquelures.

Momie

On prétend qu'on obtient ce brun, peu employé dans la couleur fine, en broyant des débris de momies égyptiennes.

CHAPITRE VIII

TERRES COLORÉES

Historique

Les terres colorées constituent une importante série de couleurs naturelles. La coloration est due à la présence de peroxyde hydraté de fer. On trouve parfois du manganèse, du cuivre et du sulfate ferreux. On a employé les terres colorées dès la plus haute antiquité. De tous temps également on a su transformer les ocres jaunes en ocres rouges par l'action de la chaleur. C'est en France que se trouvent les plus grands gisements d'ocres et c'est en France que s'approvisionnent les différents pays. A l'heure actuelle, on extrait les ocres de 2 gisements importants : en Bourgogne et dans la Vaucluse. Il est assez curieux de constater que les auteurs anciens ne mentionnent pas ces gisements. Voici, en effet, ce qu'écrit Tingry en 1803 (1) : « L'ancienne Auvergne, toutes les contrées voisines des volcans, ainsi que certaines mines de fer en fournissent. Elles deviennent un objet de commerce, sous les noms d'Ocre jaune foncée, d'Ocre jaune claire... ».

A notre époque, on estime la production de la Bourgogne à 12.000 tonnes et celle du Vaucluse à 24.000 tonnes environ.

Quant à l'exportation elle se résumait, en 1899, par les chiffres suivants (2) :

Allemagne	5,607,969 kgs.
Etats-Unis	3,531,970 kgs.
Angleterre	3,302,017 kgs.

(1) *Traité théorique et pratique sur l'art de faire et d'appliquer les vernis*, t. II, p. 93.

(2) *Revue des produits chimiques*, mars 1901.

Russie .... 2.650,419 kgs.
Autriche .... 1,103,004 kgs.

Avec les divers autres pays le total de l'exploitation atteint 22.074.567 kgs.

Nous étudierons successivement comme terres colorées :

Les ocres ;
Le minium de fer ;
Les terres d'ombre et de Sienne ;
La terra-rosa ;
Les terres de Cologne et de Cassel ;
La terre verte.

I. — Ocres

Il existe des ocres de différentes couleurs : jaune, brun, rouge.

Ocres jaunes. — Dès le début de l'exploitation, en Bourgogne, le filon ocreux, d'une épaisseur de 1 mètre, se trouvait à 2 ou 3 mètres sous une simple couche de terre végétale. Depuis un certain nombre d'années on va chercher l'ocre à des profondeurs atteignant 30 mètres, l'exploitation se fait à l'aide de puits et de galeries et dépend de la législation minière. Au Vaucluse, au contraire, l'exploitation se fait pour ainsi dire en surface.

Si l'on considère un filon bourguignon de 1 mètre d'épaisseur, le minerai qui le compose prend les noms suivants :

1° à la partie supérieure, le *commun* (o m. 50 à o m. 60).

2° à la partie médiane, la *belle* (o m. 25).

3° à la partie inférieure, le *gruain* (o m. 10).

Le minerai extrait subit toute une série de traitements : broyage, tamisage, lavage et décantation. A l'aide de ventilateurs on peut classer facilement par degrés de finesse, les ocres les plus fines étant entraînées le plus loin. Le classement peut donc se faire au moyen d'une série de chambres de dépôt.

Ces divers procédés mécaniques permettent de présenter à la consommation les qualités ci-dessous.

L'indication en est portée sur les barils, au moyen d'une marque à feu.

Ocre sans médaille

Jaune commun en poudre ordinaire J. C.

Ocres de première qualité

Jaune commun en poudre J. C. 1re qualité.
Jaune commun lavé J. C. L. 1re qualité.
Jaune fin en poudre J. F. 1re qualité.
Jaune fin lavé surfin J. F. L. S. 1re qualité.

Ocres de qualité supérieure

Jaune commun lavé surfin supérieur J.C. L. S. qualité supérieure.
Jaune fin lavé supérieur J. F. L. qualité supérieure.
Jaune fin lavé surfin supérieur J. F. L. S. qualité supérieure.
On a publié un grand nombre d'analyses d'ocres naturelles. En voici quelques extraits :

	Origines [1]	
	St-Jeorges sur la Pré (Cher)	La Berjaterie (Nièvre)
Argile	69,5	64,4
Peroxyde de fer	23,5	26,9
Eau................	7	9
	100,0	100,0

[1] **Roret.** *Manuel du fabricant de couleurs*, t. II, p. 3.

	Ocre d'Oxford brute	Ocre de Welsh brute	Ocre d'Irlande brute [1]
Eau hygroscopique	6,887	2,000	9.050
Eau combinée	8,150	12,500	12,000
Chaux	0,998	«	0,258
Anhydride sulfurique	1,321	1,315	2,685
Alumine	6,475	33,315	16,770
Sesquioxyde de fer	12,812	20,705	26,381
Silice	63,478	29,725	32,502
Sulfate de cuivre	»	0,515	»
Oxyde de cuivre	»	»	0,630
	100,121	100,075	100,260

	Ocre de Derbyshire brute	Ocre française
Eau hygroscopique	5,400	1,800
Eau combinée	6,000	9,200
Sesquioxyde de fer	76,081	20,730
Alumine	1,040	13,750
Chaux	0,561	0,190
Anhydride sulfurique	1,744 Silice	54,000
Pyrite de fer	4,783	
Silice et sulfate de baryum	4,394	
	100,000	99,67

On peut voir, par l'examen de ces chiffres, que les compositions des différentes ocres sont extrêmement variables.

Comme complément des analyses données plus haut, nous indiquons ci-dessous les résultats fournis par un laboratoire officiel. Les analyses ont porté sur deux types d'ocres du Vaucluse.

	Jaune clair	Jaune foncé
Argile	59,00	55,60
Sesquioxyde de fer.	35,30	37,00
Eau............	5,50	7,20
	99,80	99,80

Les ocres du midi sont donc très riches en peroxyde de fer.

(1) G. Hurst. *Chemical News*, avril 1889. « Ocres, terre de Sienne et terre d'ombre ».

Ocres rouges. Les ocres rouges sont obtenues par simple calcination des ocres jaunes ; soit en calcinant les fragments bruts de minerais sur des plaques métalliques, soit en opérant dans des caisses fermées. On dit que, plus l'ocre est riche en sesquioxyde de fer, plus la teinte rouge obtenue est foncée. Pourtant, les ocres du midi, très riches en sesquioxyde de fer, se prêtent mal à la préparation des ocres rouges. Les ocres rouges du Midi sont infiniment moins riches de tons que les ocres de Bourgogne. Les ocres rouges se font en diverses qualités, marquées de la façon suivante :

Ocre sans médaille

Rouge commun en poudre ordinaire R. C.

Ocres de première qualité

Rouge commun en poudre R. C. 1re qualité.
Rouge de Prusse n° 2 en poudre R. N° 2 1re qualité.
Rouge de Prusse n° 1 en poudre R. N° 1 1re qualité.
Rouge de Prusse n° 1 lavé surfin R. N° 1 L. S. 1re qualité.

Ocres de qualité supérieure

Rouge commun lavé supérieur R. C. L. qualité supérieure.
Rouge commun lavé surfin supérieur R. C. L. S. qualité supérieure.
Rouge n° 1 lavé supérieur R. N° 1 L. qualité supérieure.
Rouge n° 1 lavé surfin supérieur R. N° 1 L. S. qualité supérieure.

Sur une ocre jaune de Toucy, nous avons déterminé les pertes à la calcination : 7,5 % après 5 ou 15 minutes au rouge vif et 9,5 % après 30 minutes ou 1 heure 1/2 au rouge vif.

Ocre de Ru. L'ocre de *Ru*, ou de *Rue*, doit son nom à son origine. On trouve cette ocre déposée dans les ruisseaux où coulent les eaux de lavage des minerais de fer. L'ocre de Ru est loin d'avoir une composition analogue à celles des ocres jaunes. Elle est beaucoup plus riche en sesquioxyde de fer (jusqu'à 85 %). A côté du sesquioxyde de fer on trouve une faible quantité de silice et de carbonate de chaux (4 à 5 %) et 10 à 12 % d'eau.

L'ocre du Ru est jaune brunâtre.

II. — Minium de fer

Le minium de fer s'emploie maintenant en énormes quantités pour remplacer le minium de plomb dans les peintures préservatrices des ouvrages métalliques.

C'est en Belgique que De Cartret prépara pour la première fois du minium de fer, ayant la composition suivante (1) :

Eau hygroscopique	2,75
Peroxyde de fer	68,27
Argile	27,60
Alumine	0,27
Chaux	0,40

Cette industrie a pris un grand développement en France, notamment dans les Ardennes. On trouve le minerai à Villers-le-Tourneur ; il se présente sous l'aspect de blocs caverneux d'un jaune sale ; soumis à la calcination, ce minerai passe au rouge foncé. On le concasse ensuite en grains très petits qui sont lavés. Un broyage et un tamisage donnent une poudre rouge, fine, ayant la composition suivante :

Argile	20,00
Peroxyde de fer	73,00
Chaux	0,80
Magnésie	traces
Perte par calcination	6,00
	99,80

Le minium de fer est donc beaucoup plus riche en peroxyde de fer que les ocres.

En Bourgogne se trouvent, dans les gisements d'ocres, des

____

(1) Roret. *Manuel du fabricant de couleurs,* t. II, p. 81.

carbonates de fer mélangés à des argiles compactes. En calcinant ces carbonates de fer, à l'air libre et en vase clos, on obtient des miniums de fer, peu riches en argile, mais à très grande teneur en sesquioxyde de fer (82 à 85 %).

III. — Terre d'ombre

La *terre d'ombre naturelle* tire son nom de son origine. C'est d'une ville de l'Italie. Nocéra, dans l'Ombrie, que vinrent les premières terres d'ombre. L'île de Chypre nous en envoie maintenant. C'est une variété d'ocre colorée en brun. On fait subir à cette terre colorée les mêmes traitements qu'aux ocres. La coloration est due à la présence du fer et du manganèse, ainsi que le montre l'analyse suivante : (G. Hurst, *loc. citée*).

	Terre d'ombre de Chypre
Eau hygroscopique	4,325
Eau combinée	8,450
Peroxyde de fer	36,475
Bioxyde de manganèse	12,285
Alumine	2,735
Carbonate de chaux	5,560
Silice	29,564
	99,394

Hurst a trouvé, dans différentes terres d'ombre, des proportions de bioxyde de manganèse variant de 7,11 à 11,53 %.

Quand on calcine légèrement la terre d'ombre naturelle, on fait passer sa couleur au brun chocolat ; le produit est connu commercialement sous le nom de *terre d'ombre brûlée*.

IV. — Terre de Sienne

Sous les noms de *terre de Sienne naturelle,* ou de *terre d'Italie naturelle,* on trouve des terres colorées de qualités fort différentes. Les terres venant d'Italie sont les plus recherchées. D'un jaune beaucoup plus chaud que celui des ocres, les qualités varient avec la nature du minerai employé et avec les soins plus ou moins grands apportés dans leur traitement. La coloration est toujours due au peroxyde de fer ; mais il y a du manganèse en faible quantité.

Les Ardennes préparent des terres de Sienne, mais elles ne sont employées que dans la couleur industrielle ; les terres italiennes se consomment dans la couleur fine et dans la décoration. Le minerai des Ardennes se trouve à Comion (par Maubert). Grains relativement fins, auxquels on fait subir le même traitement qu'au minerai servant à fabriquer le minium de fer.

Quand on calcine ces terres, on les fait passer au rouge brun doré. Avec les belles qualités, on obtient des tons extrêmement chauds. Le produit se dénomme *terre de Sïenne brûlée*. Voici deux analyses de Hurst (*loc. citée*).

	Terre de Sienne crue d'Italie	Terre de Sienne brulée d'Italie
Eau hygroscopique	17,550	9,450
Eau combinée	9,000	3,275
Sesquioxyde de fer........	45,820	45,650
Bioxyde de manganèse	1,190	traces
Alumine	2,840	3,480
Carbonate de chaux	0,960	1,223
Silice	22,650	36,912
	100,016	100,000

La calcination de 2 terres de Sienne intaliennes nous a donné les pertes suivantes

	Terre de Sienne	Terre d'Italie
5 minutes au rouge sombre	8 % de perte	9 % de perte
15 minutes au rouge vif	12 % de perte	10 % de perte
30 minutes au rouge vif	12 % de perte	10 % de perte
1 heure au rouge vif	12 % de perte	10 % de perte

V. — Terra rosa

Sous ce nom, on fait usage, en peinture fine, d'une sorte d'ocre, colorée en rouge lilas. Elle nous vient d'Italie. Certains auteurs prétendent que c'est un produit naturel, d'autres, au contraire, que c'est un produit de fabrication.

VI. — Terre de Cologne

C'est à tort que l'on a donné le nom de *terre* à cette couleur. Elle renferme, en effet, peu de matières minérales ; elle est surtout constituée par des bois fossilisés qu'un long séjour dans la terre a décomposé. On trouve la terre de Cologne aux environs de Cologne ; on la purifie par lavages. C'est un brun foncé.

VII. — Terre de Cassel

Analogue à la terre de Cologne, mais d'un brun plus noirâtre. Voici les pertes que nous avons constatées à la calcination :

Après   5 minutes au rouge sombre   79   % de perte.
Après 10 minutes au rouge sombre . . . .   79,8 % de perte.

Les terres de Cassel et de Cologne sont employées dans la fabrication des *verts à voitures.*

Terre verte

La terre verte est une ocre colorée par le protoxyde de fer. On l'a employée dès l'antiquité.

Il en existe dans de nombreux pays : en Italie, en Hongrie, en France, en Allemagne, dans l'île de Chypre, etc. Ces terres sont travaillées comme les ocres.

La qualité la plus belle est utilisée dans la peinture artistique sous le nom de *Terre de Vérone.* C'est une couleur extrêmement solide mais sans vivacité de ton.

Voici les résultats de quelques analyses :

	Analyse de Delesse (1) (Verone)	Analyse de Klaproth (1) (Chypre)	Analyse de Hurst (2)
Eau hygroscopique ...	4,49	8,00	1,45
Eau combinée	»	»	3,65
Silice	51,21	51,50	52,12
Alumine	7,25	»	3,165
Protoxyde de fer	20,72	20,50	26,870
Magnésie	6,16	1,50	10,665
Soude	6,21	»	»
Potasse	»	18,00	»
Bioxyde de manganèse.	traces	»	traces
Chaux			2,065

D'après Hurst, la terre verte serait un silicate ferreux.

En soumettant une terre verte à la calcination, nous avons noté les pertes suivantes :

5 minutes au rouge vif	9 , %	de perte
15 minutes au rouge vif	10,5 %	de perte
30 minutes au rouge vif	10,5 %	de perte
1 heure au rouge vif	10,5 %	de perte
1 heure 1/2 au rouge vif	11,5 %	de perte

Nous avons eu l'occasion de voir que, sous le nom de *serpentines*, on employait des terres vertes dans la fabrication des *verts à la chaux*.

(1) Roret. *Manuel du fabricant de couleurs*, t. II, p. 205.
(2) *Loc. cit.*

CHAPITRE IX

COULEURS NOIRES

Les couleurs noires sont constituées par des corps qui absorbent tous les rayons composant la lumière blanche.

Chevreul a indiqué une méthode simple pour reconnaître si un noir est pur ou mélangé. On prend un disque en carton blanc et on en recouvre la moitié du noir à essayer. On le monte sur une aiguille puis on le fait tourner rapidement. Avec un noir pur, le blanc reste blanc. Avec un noir mélangé la partie blanche semblera colorée de la nuance de la complémentaire de la couleur ajoutée.

Noirs de charbon

Ce sont des noirs ordinaires, très employés dans la peinture en bâtiment, en raison des bas prix auxquels ils sont offerts.

Ils sont en général produits par la distillation en vases clos de schistes bitumeux que l'on rencontre principalement en France et en Ecosse. On admet que les schistes traités donnent environ moitié de leur poids d'un charbon impur que l'on recueille dans des étouffoirs en tôle. Après refroidissement, on réduit en poudre pour livrer à la consommation.

Selon la profondeur du noir et l'impalpabilité de la poudre les noirs de charbon sont dénommés : *noir de charbon impalpable, n° 1, n° 2, n° 3*. Ce ne sont pas toujours les noirs les plus beaux qui contiennent le plus de carbone. C'est ainsi, par exemple, que nous avons trouvé les quantités suivantes de cendres sur deux qualités extrêmes :

Noir de charbon impalpable .... 63 , %
Noir de charbon n° 3 .... 5o,4 %

Par calcination du bois en vase clos on peut également obtenir un noir de charbon, mais c'est un noir gris.

Noir d'ivoire

Obtenu par calcination de l'ivoire, le noir d'ivoire véritable est infiniment supérieur aux noirs de charbon. Il doit être réduit en poudre fine. Le véritable noir d'ivoire est d'un prix élevé ; aussi certains noirs vendus sous ce nom ne sont que des noirs d'os.

Le noir d'ivoire s'emploie dans la peinture ordinaire et dans la peinture artistique.

Noir d'os

Quand on calcine les os la matière organique se décompose et il reste un résidu charbonneux finement divisé. En traitant par l'acide chlorhydrique on fait entrer en solution la majeure partie des sels minéraux des os. On lave ensuite à l'eau et on réduit en poudre le noir restant.

Noir de vigne

La calcination des sarements de vigne, en vase clos, donne une masse qui, traitée par l'eau, abandonne du carbonate de potassium et laisse un résidu d'un noir bleuté employé dans la peinture fine.

On remplace souvent les sarements de vigne par ceux d'aune, d'osier et de peuplier.

Noir de pêches

Se prépare comme le noir de vigne, en utilisant les noyaux de pêches et, en général, ceux d'un grand nombre de fruits.

Noirs de fumée

Les noirs de fumée s'emploient en grande quantité et se préparent de différentes façons. Nous allons résumer rapidement les méthodes employées ; on en trouvera la description détaillée dans l'ouvrage de M. Schweizer : *La Distillation des résines* (p. 135 et suivantes).

Ce sont toujours les combustions incomplètes des composés organiques qui permettent d'obtenir des noirs de fumée :

1° *Par les bois résineux.* — Dans une chambre en bois, avec plafond constitué par un tissu épais, on amène les produits de la combustion incomplète des racines de bois résineux placés dans une autre chambre fermée immédiatement après l'allumage, mais d'une façon incomplète. Par un conduit, on reçoit dans une citerne les produits goudronneux. Le noir recueilli sur le tissu doit être purifié car il est mélangé de produits goudronneux. On y arrive par une calcination en vase clos à haute température, en opérant dans des tubes en tôle de fer épaisse qui sont luttés avec un couvercle muni d'une petite ouverture pour le dégagement gazeux. Cette opération est longue et difficile à conduire.

On a construit des appareils perfectionnés pour cette fabrication.

2° *Noir de résine.* — En partant de la colophane, placée dans une capsule mise elle-même sur une autre capsule remplie d'eau. Le tout est recouvert et une ouverture permet aux produits de la combustion imparfaite de se rendre dans une grande chambre.

Il est plus facile de fondre la colophane et de la verser lentement sur une capsule où a lieu la combustion.

Des dispositifs particuliers permettent de fabriquer un noir de résine en partant des huiles de résine.

3° *Noir de lampe.* — En employant des lampes construites pour une combustion incomplète et en brûlant des huiles, du pétrole, de la naphtaline, etc., on obtient un très beau noir, léger. Il existe un grand nombre d'appareils et on fait, dans l'installation moderne, une alimentation automatique de toutes les lampes en fonctionnement.

Les noirs de fumée sont légers ; ils se vendent en fûts pesant de 50 kgr. à 6kgr. 250. Mais leur grand débit est en paquets de 1 kgr. 0 kgr. 500, 0kgr. 250 ou 0 kgr. 125 et 0 kgr. 060.

CHAPITRE X

BRONZES-COULEURS

Historique

On désigne maintenant, sous ce nom, des alliages métalliques réduits en poudre fine, présentant une assez grande variété de colorations et employés à l'aide de vernis spéciaux, dits *vernis à bronzer*. Depuis longtemps déjà l'usage de petites feuilles d'alliages divers existe dans la décoration. Ces petites lamelles se trouvent encore, toujours sous leur ancien nom d'*aventurines*.

Dans la dorure, pour remplacer l'or en feuilles, d'un prix trop élevé pour certains travaux, on employait déjà au xviiie siècle des feuilles minces d'alliages de cuivre. « Ce qu'on appelle *clinquant* ou *auripeau* est du cuivre jaune battu jusqu'à ce qu'il ait été réduit en feuilles minces comme du papier ; il sert aux passementiers. L'*or d'Allemagne* est de l'oripeau rebattu, jusqu'à ce qu'il soit aussi mince que l'or en feuilles : on le garde aussi dans des livrets de papier rougeâtre ; *la bronze* est ce même or d'Allemagne broyé. Le bronze ordinaire, appelé chez les ouvriers *métal,* est un alliage de cuivre avec du léton ou de l'étain » (1).

L'or ou l'argent en feuilles minces (1/1000e de millimètre environ), broyé avec de l'eau gommée, donne l'or ou l'argent en *coquilles* dont l'usage remonte très loin, car toutes les enluminures du moyen âge ont été faites avec ces préparations.

La fabrication des bronzes-couleurs a pris naissance, en tant qu'industrie, au commencement du xviiie siècle. Peu de temps après, un fabricant de papiers peints, *Holzinger,* en chauffant la

____

(1) Watin. *L'art du peintre doreur et vernisseur*, p. 177. Edition de 1773.

poudre de bronze dans des conditions différentes, parvenait à obtenir diverses couleurs. Vers la fin du même siècle, en 1781, un Français, *Couvier*, associé à un batteur d'or faux de Fuerth, obtenait une poudre de bronze ayant tout à fait l'apparence de l'or. En 1850, *Brandeis*, de Fuerth, apportait une modification importante dans les procédés de fabrication. Depuis cette époque, l'industrie des bronzes-couleurs a pris de plus en plus d'importance ; son grand centre est resté à Fuerth, en Bavière, mais il existe des usines dans d'autres pays, notamment en Allemagne. En France il s'en trouve une en Normandie.

Fabrication

La fabrication des bronzes-couleurs comprend deux parties : la préparation du métal et sa réduction en poudre. Deux métaux principaux entrent dans la fabrication des bronzes : le cuivre et le zinc. Selon la nature des nuances désirées les proportions varient. L'alliage déterminé est fondu dans des creusets en graphite, tenant jusqu'à 400 kg., placés dans des fours chauffés au coke métallurgique. La coulée se fait dans des moules en fer parfaitement graissés. Les barres obtenues ont 1 cm. 1/2 carré sur 30 cm. de long. Les barres réunies en faisceaux sont martelées dans le but de les égaliser, puis passées au laminoir un grand nombre de fois. Les bandes ainsi obtenues sont cassantes, il faut les recuire à blanc dans des fours chauffés au bois. Ces bandes ont environ 3 cm. de largeur, on les découpe en morceaux de 60 cm. que l'on réunit par 100 à 120 et qu'on aplatit à l'aide de marteaux puissants, mus mécaniquement. Deux paquets réunis, soit 200 à 240 lames, sont à nouveau chauffés à blanc et assemblés sous le marteau. La frappe dure jusqu'au moment où la largeur atteint 8 cm. Un troisième paquet, préalablement chauffé, est alors ajouté, et l'on martelle à nouveau les 300 à 360 lames. On arrête le martelage quand la largeur atteint 12 à 13 cm. et on coupe en bandes de 90 cm. de longueur. Les bandes sont décapées dans l'acide sulfurique dilué, brossées et lavées ; le poli est donné par cuisson dans le tartre. Après séchage, 1.000 à 1.100 bandes polies sont réunies et soumises à nouveau au martelage. Quand la largeur de la bande obtenue atteint 20 cm., on ajoute un deuxième paquet ; on élargit à 24 cm. et la préparation première est terminée. En terme d'atelier, on a le *métal préparé en lingots*, métal à l'aide duquel se fabriquent les bronzes en poudre.

Pour fabriquer l'or faux en feuilles, on prépare d'une façon analogue ce qu'on appelle le *métal à souder*. On choisit des lames d'épaisseur égale et bien conditionnées que l'on découpe en petits carrés, réunis par milliers et enveloppés de laiton. Les paquets chauffés à blanc sont ensuite placés dans des moules en baudruches. A l'aide de marteaux, on les amincit suffisamment pour les remettre enfin au batteur à la main.

Celui-ci coupe des baudruches en petits carrés de 10 à 15 cm. et y intercale les feuilles de métal, de manière à former un moule composé de 1.000 feuilles. Chaque moule est enveloppé dans une feuille de parchemin et battu à la main jusqu'au moment où l'épaisseur mince nécessaire est obtenue. Les feuilles sont alors étendues sur du papier de soie pour composer des cahiers.

Les déchets rentrent dans la fabrication des bronzes en poudre.

Le battage à la main est une opération longue et difficile ; l'ouvrier travaille avec un marteau pesant 6 à 7 kgr. Dans une semaine, il ne bat guère que 28 moules de 1.000 feuilles.

Comme on le voit, cette industrie a une main-d'œuvre considérable et on peut dire que la matière première entre pour bien peu de chose dans la valeur du produit manufacturé.

L'or faux rouge est riche en cuivre, il se travaille assez facilement.

L'or faux vert contient beaucoup de zinc, son travail est très difficile.

Les bronzes-couleurs s'obtenaient jadis par simple broyage au moulin à bras des déchets des batteurs d'or faux, broyage suivi d'un tamisage.

Nous avons eu occasion de parler plus haut des perfectionnements successivement apportés. Dans le *Privilege Brandeis* (16 octobre 1850), on peut lire :

« Dans mon nouveau système, je broie dès le principe mes matériaux avec une graisse quelconque, ce qui rend inutiles toutes les anciennes manipulations. Au lieu du simple déchet, qu'il était souvent impossible de se procurer en quantité suffisante, je prends du cuivre brut, je le fonds en y ajoutant du zinc en quantité proportionnée aux alliages que je cherche, je le bats à l'aide d'un marteau mû par la vapeur, entre des feuilles de baudruche.

« Lorsque le métal est devenu assez mince pour qu'une livre puisse couvrir 700 pieds carrés, je le fais passer dans un tamis de fer muni de gratte-bosses à 10 mailles par pouce carré. Un robinet placé sur le tamis l'arrose d'huile d'olive ou de graisse fondue que les gratte-bosses du tamis mélangent fortement avec le métal. Les feuilles de métal brisées en tous petits morceaux passent à travers le tamis. Ils sont mis ensuite dans une machine à broyer mue par la vapeur.

« La machine à broyer n'exige aucune construction spéciale ; l'huile empêche que le bronze ne perde son apparence par un broyage trop fin. Je fais broyer pour les qualités ordinaires 1 heure 1/2, pour les moyennes 2 heures 1/4, pour les demi-fines, 3 heures et pour les tout à fait fines 4 heures. Je débarrasse ensuite le bronze de l'huile superflue par de l'eau bouillante à haute pression ».

La fabrication actuelle se fait ainsi : quand le métal a été préparé comme il a été dit plus haut, il est découpé en petits morceaux et fortement pilonné dans des creusets en fonte fermés hermétiquement. Le pilon en fer monte et descend à l'aide de poucets, il est également animé d'un mouvement de rotation en spirale. Le passage successif dans divers pilons permet d'obtenir une poudre métallique assez fine. A l'aide de cylindres tournant rapidement, on fait voler la poudre que l'on recueille dans des caisses placées à diverses hauteurs. On comprend que les différentes caisses contiennent ainsi des poudres de finesses variées.

Les poudres grossières passent dans des moulins à polir, caisses cylindriques où des brosses animées d'un mouvement rapide viennent frotter la poudre sur des parois cannelées.

Les bronzes à grande finesse se préparent à l'aide de ceux recueillis dans les caisses. On les mélange avec de la gomme arabique et on les broie sur une meule munie de cylindres en granit. Le mélange est traité par de l'eau dans de grandes caisses en fer. On laisse reposer ; le bronze le plus fin se dépose le dernier. Après avoir décanté l'eau on sépare les différentes couches.

Beaucoup de couleurs sont obtenues en modifiant la composition des alliages. Les fabricants font ainsi 40 à 50 nuances en mélangeant leurs types primitifs : or rouge, or pâle, or riche vert, or vert anglais, cuivre naturel.

D'autres colorations s'obtiennent par cuisson. Les bronzes en poudre sont chauffés dans des bassines en cuivre, en présence de l'air. L'ouvrier fait varier la température et le temps de chauffe selon la couleur désirée, toujours difficile à obtenir exactement par un procédé aussi empirique. On chauffe parfois dans un bain d'huile, de cire, de suif ou de paraffine.

On trouve dans le commerce des bronzes dits *bronzes patentés* qui sont colorés artificiellement à l'aide de matières colorantes organiques.

A côté des bronzes or de diverses nuances, l'industrie livre des bronzes blancs et de l'aluminium. Pour le bronze blanc, ou *argentan,* les opérations mécaniques sont à peu près les mêmes ; la matière première est l'étain pour l'argentan. Mais le battage se fait à la main et un ouvrier ne bat guère que 7 kg. 500 par semaine.

L'aluminium est traité de la même façon que l'étain.

Les modifications proposées dans la fabrication des bronzes-couleurs peuvent se résumer ainsi (1) :

a) *Procédé Werder,* consistant à réduire en poudre les alliages à l'aide d'une fraise en acier, en présence d'eau ; la poudre humide est passée au laminoir, toujours en présence d'eau.

b) *Procédé Rostaing.* — Les bronzes fondus sont réduits en fines gouttelettes à l'aide de la force centrifurge. On passe ensuite au laminoir en présence d'eau.

c) *Procédé Fuchs.* — Les bronzes en lames minces sont amalgamés, on distille le mercure dans un courant d'hydrogène, il reste une masse spongieuse.

d) Réduction de l'oxyde de cuivre dans un courant de vapeur d'essences de pétrole.

Ces diverses modifications ne paraissent pas avoir reçu de sanctions industrielles.

(1) Guignet. *Fabrication des couleurs.* p. 16.

Propriétés

Les bronzes-couleurs sont des poudres extrêmement fines, à nuances métalliques très riches et d'un aspect particulièrement agréable à l'œil. Ils ont une solidité relative et s'emploient, en feuilles, à l'aide des mixtions, comme la dorure, et, en poudre, avec des vernis spéciaux maigres dits vernis à bronzer.

Analyse

L'analyse des bronzes-couleurs n'offre rien de particulier. Elle se pratique comme celle des alliages.

Les nuances commerciales sont ainsi composées (1) :

	Nuances claires	Nuances rouges
Cuivre	83	90 à 94
Zinc	17	10 à 16

La quantité de cuivre contenue dans diverses qualités se trouve dans le tableau suivant :

Bronzes français rouge cuivre	97,32 %
Bronzes français orangé	94,44 %
Bronzes français jaune pâle...........	81,29 %
Bronzes anglais orangé	90,82 %
Bronzes anglais jaune vif	82,37 %
Bronzes anglais jaune pâle	80,42 %
Bronzes bavarois rouge cuivre.........	98,92 %
Bronzes bavarois violet	98,82 %
Bronzes bavarois orangé	95,30 %
Bronzes bavarois jaune vif	81,55 %

Le reste est constitué par du zinc.

Voici, d'autre part, la composition des alliages de divers bronzes-couleurs (2).

(1) Roret. *Manuel du fabricant de couleurs*, t. II, p. 284.
(2) *Dictionnaire de chimie industrielle.*

	Cuivre	Zinc	Etain	Fer
Jaune pâle	82,33	16,59	»	»
Jaune foncé	84,6o	15,39	»	0,16
Jaune rouge	90,00	9,6o	»	0,07
Jaune orange	98,93	0,73	»	0,20
Cuivre	99,90	»	»	0,08
Violet	98,22	0,50	traces	traces
Vert	84,32	15,02	»	0,30
Blanc	»	2,30	94,46	0,03

Usages

Tous les pays du monde consomment des bronzes-couleurs employés dans tous les genres de décoration. De plus, un débouché sérieux se trouve chez les doreurs, les relieurs, les lithographes et les imprimeurs.

TROISIÈME PARTIE

EMPLOI DES COULEURS

CHAPITRE PREMIER

BROYAGE DES COULEURS

Les couleurs en poudre peuvent être employées telles que le fabricant les fournit au commerce si l'impalpabilité des poudres est poussée à un point suffisant. Mais c'est là une des grosses difficultés de la fabrication des couleurs et, malgré tous les soins, malgré la perfection de certains appareils, il arrive souvent que la finesse manque, principalement quand les couleurs sont employées pour des travaux soignés de carrosserie.

Il en résulte la nécessité d'un broyage humide à l'huile ou à l'essence, selon l'emploi que l'on a en vue.

D'un autre côté, pour les applications artistiques, on fait subir à la couleur en poudre un broyage spécial ou une autre préparation particulière. Ce sont ces différents cas que nous allons examiner. Nous ferons deux grandes classes : couleurs industrielles et couleurs artistiques.

I. — Couleurs industrielles

Les couleurs s'adressant à l'industrie sont broyées à l'huile de lin ou à l'essence de térébenthine ; dans le premier cas elles sont utilisées dans la peinture en bâtiment ; dans le second elles trouvent leur emploi en carrosserie.

Broyage à l'huile

Tout broyage parfait doit être précédé d'un malaxage. Cette opération a pour but d'incorporer parfaitement la poudre et le liquide, de manière à ne faire travailler la broyeuse que comme machine donnant de la finesse à la pâte.

Le type de malaxeur le plus répandu est celui construit sur le même principe que les pétrins mécaniques.

La fig. 17 fait parfaitement comprendre comment s'obtient le malaxage.

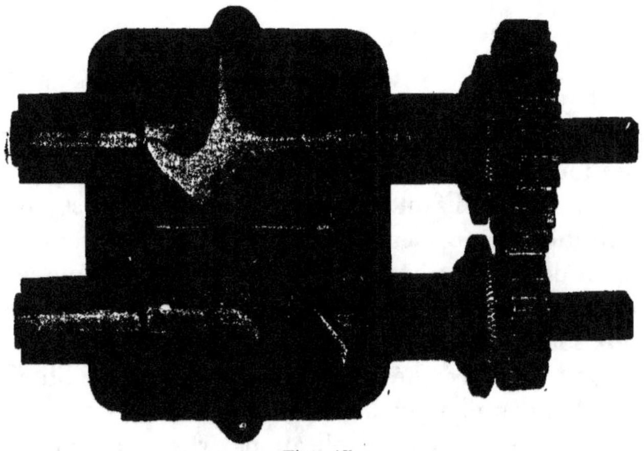

Fig. 17

Le fond de l'appareil est constitué par une cuve formée de 2 demi-cylindres tangentiels. Dans chacun d'eux tourne une palette de forme spéciale, à des vitesses différentes. On place la poudre et le liquide dans la cuve, puis on met les palettes en mouvement, à l'aide du volant que l'on voit à droite de la figure 18, représentant une vue d'ensemble du mélangeur-pétrisseur.

A l'aide d'un cône et de 2 poulies on peut, en tournant le volant à droite ou à gauche, actionner les palettes dans un sens ou dans un autre.

Avec beaucoup de couleurs ce malaxeur donne d'excellents résultats, le mélange se faisant très bien et assez rapidement. Mais, avec le sulfure de zinc, par exemple, il n'en est plus de même. Quand ce genre de malaxeur ne convient pas, il faut opérer le malaxage à l'aide de meules tournant sur une cuve fixe.

Le broyage s'effectue dans des machines à 3 cylindres en granit,

Fig. 18

machines analogues à celles qui servent à préparer la pâte de chocolat. Les 3 cylindres sont animés de vitesses différentes, le mélange d'huile et de poudre est pris entre les 2 premiers cylindres où le broyage commence ; la matière entraînée sur le cylindre intermédiaire se trouve broyée à nouveau entre ce cylindre et le troisième. Un couteau incliné ramasse la pâte sur le dernier cylindre.

Il est nécessaire de faire passer une seconde fois à la machine la pâte résultant du premier broyage.

Le broyage à l'huile se fait aisément ; il est évident que le rendement en couleur broyée dépend des dimensions données aux cylindres de la machine et de la vitesse avec laquelle on met celle-ci en mouvement. Mais il dépend aussi de la nature de la poudre soumise au broyage, de son état de finesse et de sa densité.

La fig. 19 montre une de ces machines, à dispositif simple (1).

Dans le but de réduire les dimensions d'encombrement, on a construit des broyeuses à 3 cylindres inclinés (fig. 20).

Enfin, pour les grosses productions, en accouplant 2 modèles

Fig. 19.

analogues en batterie, on obtient une broyeuse à grande puissance et tenant relativement peu de place (fig. 21).

On broie couramment à l'huile les ocres jaune, rouge ou noire ; il est fort rare, à part le vert anglais et le bleu charron, d'avoir d'autres couleurs à broyer. Quant aux proportions d'huile et de poudre, elles ne sont pas invariables ; on comprend aisément que le degré de fluidité demandé intervient pour beaucoup.

Voici quelques notes prises au cours de différents broyages et qui indiquent les quantités d'huile employées pour 100 kgs de diverses couleurs, pour des broyages faits sans malaxage préalable :

(1) Cette machine est construite avec soins, marche régulièrement et nous a toujours donné de bons résultats.

Ocre jaune supérieure .. 5o k.; 52 k.; 53 k.; 54 k.; 55 k.; 6o k.
Ocre jaune fine........ 5o k.; 54 k.; 54 k.
Ocre rouge supérieure .. 45 k.; 45 k.; 6o k.
Ocre rouge fine........ 46 k.; 47 k.; 5o k.
Ocre noire supérieure ... 64 k.; 67 k.; 68 k.; 72 k.
Ocre noire fine .... 56 k.; 58 k.; 66 k.; 67 k.
Brun Van Dyck OR.... 25 k.; 27 k.; 3o k.
Mexico .... 45 k.; 47 k.; 5o k.
Bleu charron fin....... 15 k.; 16 k.; 17 k.
Vert anglais demi-fin... 14 k.; 15 k.; 16 k.; 18 k.
Outremer ordinaire .... 36 k.

Fig. 20.

Ces quantités d'huiles sont donc très variables ; la qualité de la poudre fait qu'il est nécessaire, pour des nuances semblables, de faire usage de plus ou moins d'huile.

Fig. 21.

Deux exemples vont nous le montrer très nettement.

100 kg. ocre jaune n° 1 demandent 52 kg. d'huile.

100 kg. ocre jaune n° 2 demandent 73 kg. d'huile.

L'ocre dénommée n° 1 correspond à une qualité supérieure à celle dénommée n° 2. Il en est de même pour l'exemple suivant relatif à l'ocre noire.

100 kg. ocre noire n° 1 demandent 73 kg. d'huile.
100 kg. ocre noire n° 2 demandent 54 kg. d'huile

Quand on fait précéder l'opération du broyage d'un malaxage, on obtient une pâte infiniment plus belle et on réduit généralement la proportion d'huile nécessaire, ainsi que le montre le tableau suivant :

Ocre jaune supérieure.......... .... 37 k.; 39 k.; 40 k.
Ocre jaune fine .... 42 k.; 48 k.
Ocre rouge supérieure.......... 35 k.; 41 k.
Ocre rouge fine .... 38 k.; 43 k.
Ocre noire supérieure .... 63 k.
Ocre noire fine .... 50 k.
Bleu charron fin .... 15 k.; 16 k.
Vert anglais demi-fin........... 14 k.

Il ressort de tout ceci que sous la même désignation l'industrie peut donc offrir des produits d'une valeur bien différente. Nous venons de voir qu'il est possible de modifier les qualités des couleurs broyées à l'huile en faisant un choix parmi les poudres ; il ne faut pas oublier que la façon de conduire le broyage intervient aussi et, enfin, que la qualité des huiles employées joue un rôle très important. On peut, par des économies relativement petites, réduire considérablement la valeur du produit fabriqué. Ainsi les 2 variétés d'huile de lin les plus courantes sont l'huile Bombay et l'huile Plata ; la seconde coûte de 1 à 2 fr. de moins les 100 kg. que la première, mais elle est plus colorée et moins siccative. L'écart de siccativité est même assez sensible : aussi, employée au broyage, l'huile Plata fournira une couleur de qualité bien inférieure à celle obtenue avec la même poudre et de l'huile Bombay.

La grosse consommation de ces couleurs se fait, comme nous l'avons déjà dit, dans la peinture en bâtiment. Toutes ces couleurs broyées sont livrées aux peintres dans des cylindres métalliques à fermeture hermétique, cylindres pouvant contenir, d'après leurs dimensions, de 1 à 50 ou 60 kgs d'ocre broyée. A côté de ces couleurs, et se consommant en quantité énorme, se place la céruse broyée à l'huile, base de toute la peinture en bâtiment. Il convient d'y ajouter le blanc de zinc, le sulfure de zinc et les lithopones.

Pour ces broyages il faut choisir des huiles peu colorées ; on fait habituellement 3 qualités de céruse : la première est constituée par de la céruse chimiquement pure, la seconde et la troisième qualités, dites céruse broyée n° 1 et céruse broyée n° 2, par un mélange de céruse et de sulfate de baryte : la céruse n° 1 contient 25 pour 100 de sulfate de baryte et la céruse n° 2, 50 pour 100.

Comme il y a un écart de 5 fr. par 100 kg. entre chaque qualité, il est évident que le consommateur aurait tout intérêt à faire uniquement usage de céruse broyée pure.

Les céruses sont livrées en barils pesant 60 à 65 kg., 120 à 130 kg., ou, exceptionnellement, 220 à 230 kg.

Pour le blanc de zinc, le sulfure de zinc et les lithopones, l'emballage se fait dans des fûts métalliques minces, fermés par une plaque soudée. Ces fûts sont protégés par des barils en bois. Ce dispositif est également employé parfois pour la céruse. L'emballage est dit en silos. Voici les quantités d'huile absorbées par 100 kgs de ces blancs :

Céruse..................	11 kos.
Blanc de zinc...........	20 à 25 d'huile de lin.
Blanc de zinc...........	25 à 30 d'huile de pavot.
Sulfure de zinc.........	25 kos.
Lithopones.............	13 à 14 kos.

Le broyage du sulfure de zinc présente de sérieuses difficultés. Les inventeurs ne sont parvenus à offrir un bon produit qu'en employant une huile spécialement travaillée et en malaxant à l'aide de meules étudiées pour le produit.

Pendant fort longtemps le broyage à l'huile de la céruse se faisait en employant la poudre. Il en résultait un double inconvénient : dangers constants pendant la préparation de la poudre, nouveaux dangers de respirer des poussières au moment du broyage. Un perfectionnement très sérieux a donc été réalisé le jour où la maison Besançon, à Paris, et la maison Lefèvre, à Lille, ont introduit dans leurs usines le broyage humide. En mélangeant au malaxeur la pâte aqueuse avec de l'huile, l'eau se sépare assez rapidement, l'huile prend sa place et il suffit alors de décanter pour éliminer toute l'eau avec la plus grande facilité. Mais il est indispensable, pour réussir complètement, d'employer l'huile de pavot. L'huile à ajouter est calculée d'après la teneur en eau de la pâte malaxée. Il faut ajouter assez d'huile pour avoir la proportion indiquée plus haut, 10 parties d'huile pour 90 parties de céruse.

A côté du progrès réalisé au point de vue hygiène, il y a également un avantage très appréciable au point de vue industriel, puisqu'on supprime ainsi les dépenses occasionnées par le séchage.

Broyage à l'essence

Le broyage à l'essence s'opère sur des machines à 3 cylindres, semblables aux machines dont on vient de parler, mais de dimensions plus restreintes. Les couleurs employées sous cette forme sont principalement les suivantes : céruse, jaunes de chrome, noir d'ivoire, verts à filets. Les noirs, notamment, sont consommés en assez grande quantité dans la carrosserie.

Le broyage est plus long et plus difficile à l'essence qu'à l'huile. Il y a une perte assez sérieuse d'essence par évaporation et usure plus rapide des machines ; de plus, les couleurs employées étant d'un prix plus élevé que les précédentes, il s'ensuit que les couleurs broyées à l'essence sont plus chères que les couleurs broyées à l'huile.

Nous établissons, comme nous l'avons fait pour les couleurs broyées à l'huile, les quantités approximatives d'essence de térébenthine à employer pour 100 kg. de chacune des couleurs suivantes :

Céruse .... 12 k.; 13 k.; 16 k.; 18 k.; 19 k.
Jaune de chrome pur n° 1 ..... 43 k.; 44 k.; 50 k.; 60 k.;
Jaune de chrome pur n° 2 ..... 35 k.; 37 k.; 38 k.; 50 k.;
Jaune de chrome pur n° 3 ..... 37 k.; 40 k.; 50 k.; 60 k.
Jaune de chrome pur n° 4 ..... 32 k.; 35 k.; 38 k.; 50 k.
Vert à filets surfin n° 1 ...... 75 k.
Vert à filets surfin n° 2 ...... 48 k.
Vert à filets surfin n° 3 ...... 36 k.

Vert à filets surfin n° 4......	32 k.
Vert à filets fin n° 1..........	31 k.
Vert à filets surfin n° 2......	25 k.
Vert à filets surfin n° 3......	20 k.
Vert à filets fin n° 4..........	19 k.
Noir d'ivoire colle d'or A....	117 k.; 119 k.; 113 k.
Noir d'ivoire colle d'or B....	80 k.; 83 k.; 91 k.
Noir d'ivoire n° 1 A..........	122 k.; 125 k.; 134 k.
Noir d'ivoire n° 1 B..........	90 k.; 100 k.; 106 k.
Noir d'ivoire n° 2 A..........	95 k.; 105 k.; 95 k.
Noir d'ivoire n° 2 B..........	75 k.; 80 k.; 75 k.;
Vert de Londres n° 2........	15 k.; 18 k.; 20 k.; 23 k.
Bleu de Berlin ,............	100 k.; 107 k.; 120 k.; 125 k.
Mexico	52 k.; 55 k.; 60 k.; 70 k.
Mine-orange	16 k.; 18 k.; 20 k.
Ombre brûlée, qualité supérieure	50 k.; 53 k.; 56 k.; 70 k.

Il y a toujours une perte assez notable d'essence pendant le broyage, perte par évaporation due à l'échauffement. Selon le nombre de tours qu'il est nécessaire d'effectuer, la perte varie dans des limites assez élastiques. Dans le broyage du noir d'ivoire, pour les belles qualités notamment, on ajoute toujours à l'essence une certaine quantité de vernis gras, dit vernis *colle d'or*.

Les différences considérables que l'on remarque s'expliquent de différentes façons. Pour une même couleur, elles proviennent pour ainsi dire uniquement de la façon dont le serrage des cylindres a été fait. Il faut, en effet, que ceux-ci soient assez rapprochés pour donner un bon broyage ; si ce serrage est exagéré, la perte en essence atteint un chiffre très élevé.

Pour les noirs d'ivoire, ceux marqués A correspondent à des broyages où l'essence domine par rapport au vernis ; ceux marqués B correspondent, au contraire, à des broyages où le vernis domine par rapport à l'essence. Nous avons donné des chiffres extrêmes pour montrer l'importance qu'il y a à suivre attentivement l'opération du broyage. Mais dans la majorité des cas, pour la céruse, par exemple, nous avons toujours employé de 12 à 14 % d'essence. Il est encore nécessaire de se souvenir que, pour une même couleur, il peut y avoir un écart entre les quantités de liquide absorbé, écart provenant de l'état physique et de petites différences dans la composition chimique.

La carrosserie emploie principalement le noir et le jaune ; l'industrie des meubles laqués utilise surtout, et en très grande quantité, le jaune et la céruse. Enfin, dans la préparation des bronzes imitation, il est fait usage de beaucoup de nuances diverses : blanc, jaune, vert, mexico, etc.

La qualité des couleurs broyées à l'essence, à valeurs égales de poudre, résulte de la perfection avec laquelle le broyage a été effectué ; pour les noirs d'ivoire, il y a à tenir compte aussi, dans une large mesure, de la valeur du vernis colle d'or.

Les couleurs broyées à l'essence sont livrées, comme celles broyées à l'huile, dans des cylindres métalliques à fermeture hermétique.

Broyage à l'eau

Dans la décoration, on demande quelquefois des couleurs broyées à l'eau. Ces broyages sont assez pénibles. On facilite l'opération en ajoutant un peu de glycérine. Voici un exemple de ce mode de broyage.

Terre de Cassel	5 kos.
Eau	5 litres
Glycérine	o k. 200.

II. — Couleurs fines

Nous examinerons sous ce titre les préparations que l'on fait subir aux couleurs en poudre qui s'emploient spécialement dans les arts. Cela nous conduit naturellement à parler de genres différents, à chacun d'eux correspondant un broyage spécial des couleurs. Nous suivrons l'ordre suivant :

Peinture à l'huile,
Aquarelle,
Gouache,
Pastel.

Peinture à l'huile

Les couleurs qui doivent servir dans la peinture d'art sont broyées très finement à l'huile. On emploie pour cela de l'huile d'œillette très pure. Un choix minutieux de l'huile et une parfaite fabrication des poudres sont les éléments de base pour pouvoir offrir aux artistes des produits de valeur.

Le broyage s'effectue le plus souvent à la main (certaines couleurs, les laques notamment, ne supportent pas un autre broyage).

Le mélange de la poudre avec l'huile se fait d'abord à l'aide d'un long couteau flexible. Une petite quantité de cette pâte est placée sur une table bien plane en granit ou en verre dépoli. Une molette très lourde, en granit ou en porcelaine, promenée de haut en bas et de droite à gauche, permet ainsi d'obtenir un broyage très fin, mais qui exige une main-d'œuvre considérable. Prenons pour exemple une laque de garance ; pour obtenir 1 kgr. de produit broyé il faut environ une journée de travail. Aussi, pour certaines couleurs, on peut arriver à réduire cette main-d'œuvre dans une très grande proportion en employant des machines à cylindres comme celles dont nous avons parlé précédemment, mais de tailles bien réduites. L'usage d'une petite machine et la substitution de cylindres en porcelaine aux cylindres en granit, permet d'obtenir une finesse très grande au broyage. On arrive à faire une économie de main-d'œuvre dans la proportion de 50 à 75 pour 100. Voyons maintenant quelques nuances pour les proportions de poudre et d'huile.

Carmin

Carmin nacarat	200
Huile d'œillette	150

Laque carminée

Laque	200
Huile d'œillette	175

Laque de garance

Laque de garance foncée   100
Huile d'œillette   175

Toutes ces indications n'ont de valeur que dans un cas particulier, car tout dépend de la couleur qui peut être obtenue par des procédés de fabrication bien différents.

Pour un certain nombre de couleurs, on ajoute pendant le broyage un mélange de cire et d'huile d'œillette, mélange préparé dans les proportions suivantes :

Cire vierge 0 k.750
Huile d'œillette 2 k.500

Citons deux exemples d'un broyage fait dans ces conditions :

Noir de vigne

Noir de vigne   100
Huile d'œillette   60
Cire à l'huile   7

Vert émeraude

Vert   300
Huile d'œillette   250
Cire à l'huile   80

Les couleurs broyées sont ensuite enfermées dans des tubes en étain fermés par un bouchon à vis. La pâte est placée dans un cylindre à l'intérieur duquel se meut un piston que l'on fait manœuvrer à l'aide d'une vis ; à l'une des extrémités on peut placer une série de tubes creux en cuivre de longueurs et de diamètres différents ; sur ces tubes on glisse les tubes en étain, le bouchon étant vissé.

Le mouvement du piston chasse la couleur du tube creux ; elle entre alors dans le tube en étain tout en le déplaçant. On ferme celui-ci à l'aide d'une pince, en faisant deux plis. Le tube nettoyé est recouvert d'une large bande en papier de couleur assortie à celle enfermée dans le tube. Cette bande, appelée *manchette,* est recouverte d'une étiquette portant le nom de la couleur et la marque du fabricant.

La fig. 22 représente une machine à mettre en tubes.

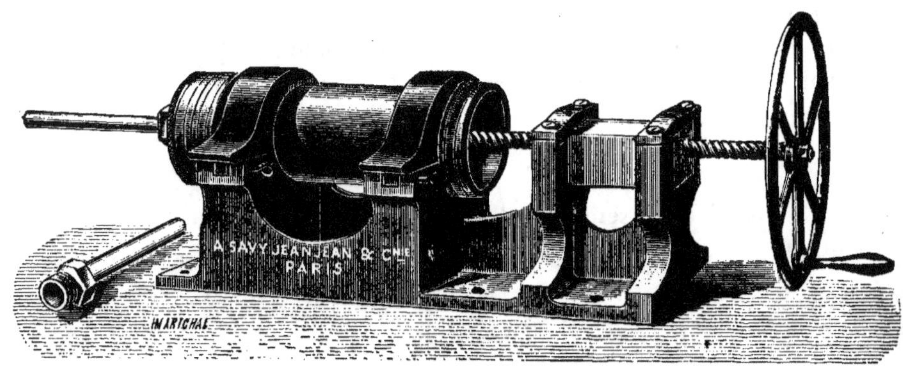

Fig. 22.

On fait des tubes de toutes dimensions, désignés par des numéros. Voici leurs dimensions et leurs contenances.

Numéros	Diamètre en m/m.	Hauteur en m/m.	Contenance en c.c.
1	13	42	3
2	13	52	5
3	13	75	8
5	19	62	10
6	19	83	15
8	19	120	25
10	25	145	55

On obtient, en soignant un peu moins le broyage et en ne faisant usage que de couleurs relativement bon marché, toute une gamme de nuances destinées à la décoration et aux grands travaux artistiques. Généralement les tubes les plus petits, et aussi les plus courants, vendus pour cet usage sont des tubes n° 10.

Aquarelle

Le nom indique que l'on se trouve en présence d'un genre de peinture à l'eau. Au moyen âge, toutes les enluminures étaient obtenues à l'aide de couleurs délayées dans l'eau. Ce sont les Anglais qui ont donné une certaine importance à l'aquarelle et tout le monde connaît leur fameuse société des aquarellistes, association qui est aujourd'hui presque centenaire.

L'aquarelle se fait comme le lavis ; on part des teintes claires pour terminer par les tons les plus foncés.

Les couleurs en poudre préparées pour l'aquarelle subissent un broyage à l'eau et comme aujourd'hui on les livre en tubes, comme les couleurs pour la peinture à l'huile, on ajoute pendant le broyage une solution gommeuse et de la glycérine : on obtient ainsi ce qu'on appelle les *couleurs moites*. Pourtant, on livre aussi les couleurs pour aquarelle sous forme de pastilles placées dans de petits godets en porcelaine. La solution gommeuse est une dissolution saturée de gomme arabique.

Voici le mélange broyé pour quelques nuances :

Blanc d'argent.

Blanc d'argent 200
Glycérine 30
Solution gommeuse 30
Eau 20

Bleu de cobalt.

Bleu de cobalt 130
Glycérine 50
Solution gommeuse 50
Eau 90

Jaune de Naples.

Jaune de Naples	100
Glycérine	15
Soltion gommeuse	10
Eau	10

Les couleurs moites se mettent en tubes de deux dimensions ; les tubes n° 1 et n°2 qui sont désignés commercialement sous les noms de *demi-tube* et *tube*.

Pour faire sécher uniformément et en couches minces les couleurs à l'aquarelle, Günther Wagner a proposé d'ajouter pendant le broyage une solution de dichlorhydrine dans la glycérine et l'alcool (1).

Gouache (2)

Les éventails peints au siècle dernier ont été faits en grande partie à la gouache, sorte de peinture en détrempe. On fait, dans les gouaches, fort peu de nuances, et le travail est conduit d'une façon diamétralement opposée au travail de l'aquarelle. Pour l'aquarelle, on emploie du papier à grains très prononcés ; pour la gouache, au contraire, du papier lisse et on commence par l'application des tons les plus foncés. Tous les effets de gouache sont obtenus en épaisseur, tandis que l'aquarelle permet, en général, des effets de transparence.

On évite la détrempe d'une teinte par la suivante en utilisant le fiel de bœuf. On prépare celui-ci en faisant bouillir le fiel naturel avec du noir de quille pendant une heure, ajoutant de l'alcool, filtrant et étendant le liquide filtré avec de l'eau.

Fiel de bœuf	600
Noir de quille	100
Alcool	300 cmc.
Eau	1 litre

(1) Couleur à l'aquarelle. Brevet allemand 122.336, Novembre 1898.
(2) De l'italien *guazzare*.

Quand on prépare soi-même une gouache on délaye la couleur en poudre dans une solution gommeuse, en employant juste assez de cette solution pour fixer la couleur sur le papier, mais en évitant l'excès qui donnerait du brillant et ferait perdre par suite tout l'effet artistique cherché.

L'industrie prépare des couleurs pour gouache par broyage des poudres avec une solution gommeuse à laquelle on ajoute parfois un sirop de sucre.

Ci-dessous nous donnons quelques exemples :

Blanc d'argent.

Blanc d'argent	250
Solution gommeuse	250
Eau	40

Blanc d'argent.

Blanc d'argent	250
Solution gommeuse	250
Sirop de sucre	20
Eau	20

Rouge de Venise.

Rouge	300
Solution gommeuse	70
Sirop de sucre	40
Eau	100

Jaune de chrome.

Jaune	500
Solution gommeuse	200

A l'aide des gouaches, on obtient rapidement de fort beaux modèles pour papiers peints, tapisseries, etc. Enfin, on s'en sert pour
décorer quantité d'objets : boîtes de confiserie, écrans, etc.

Les gouaches préparées se livrent dans de petits flacons en
verre.

Pastel

Le pastel est un dessin fait à l'aide de crayons de couleurs, *tendres, demi-durs,* ou *durs,* sur une esquisse très légère au fusain.
Les pastels tendres s'écrasent et s'étendent à l'estampe, les deux
autres s'emploient comme les crayons.

On prépare, en chaque couleur, toute une série de tons dégradés. La pâte à colorer, formant le corps du pastel, est un blanc,
généralement de la terre de pipes ou du blanc d'Espagne. La pâte
est coulée en cylindres, ceux-ci sont découpés à longueur et mis à
sécher. Voici, par exemple, comment on peut obtenir une série de
pastels bleus.

Premier ton.

Bleu 500   Blanc 110

Deuxième ton.

Bleu 400   Blanc 260

Troisième ton.

Bleu 200   Blanc 350

Quatrième ton.

Bleu 100   Blanc 400

Cinquième ton.

Bleu 50   Blanc 400

Sixième ton.

Bleu 20   Blanc 5oo

Septième ton.

Bleu 5   Blanc 5oo

Le pastel se fait sur un papier à grains, non collé. Il y a une adhérence très faible, aussi est-on obligé de mettre les œuvres sous verre. Pour éviter, on a proposé de *fixer* à l'aide de vernis dits *fixatifs* (solutions alcooliques et sucrées de gomme laque). Ces produits se vendent, mais le caractère du pastel disparaît par perte du velouté et de la fraîcheur qui caractérisent ce genre.

On a très bien défini cet emploi des fixatifs pour le pastel en disant que c'était vouloir mettre un vernis sur les joues d'une jeune fille.

On prépare par une méthode analogue toute la série des crayons de couleur.

Falsifications des couleurs fines

La falsification des couleurs fines destinées aux artistes se pratique encore assez fréquemment pour qu'il soit urgent de signaler la façon d'opérer, dans le but principal de mettre en garde les artistes contre des produits dont ils ne peuvent tirer aucune satisfaction et dont l'emploi compromet singulièrement la durée de leurs œuvres.

Ce qui ajoute à la gravité du fait c'est que beaucoup attribuent bien à tort les vices qu'ils constatent à des défauts de notre fabrication nationale, alors qu'ils devraient uniquement s'en prendre à certains fabricateurs tournant par trop facilement des difficultés de fabrication ou allant même jusqu'à suppléer complètement à des procédés qu'ils ignorent par l'emploi de honteux mélanges.

D'une façon générale, la fabrication des couleurs demande un soin tout particulier et la possession absolue d'une foule de tours de mains sans la connaissance desquels il est impossible d'arriver à un résultat.

20

Prenons, par exemple, la fabrication des jaunes de cadmium : on sait qu'il est possible d'obtenir des nuances allant du jaune citron au jaune rougeâtre, sans pour cela modifier la composition de la couleur qui reste toujours un composé chimique nettement défini, le sulfure de cadmium.

Mais, alors que tous les jaunes de cadmium de nuances diverses, obtenus normalement, sont des couleurs extrêmement solides, susceptibles de se mélanger aux autres, il n'en est plus de même quand le sulfure contient un excès de soufre et c'est là le cas de beaucoup de jaunes de cadmium de nuance très claire. Alors, ces jaunes employés avec des couleurs à base de plomb finissent par brunir et on le comprend aisément. De sorte que, on attribue souvent à la couleur elle-même ce qui est uniquement dû aux impuretés qu'elle contient. On fait ainsi usage d'une couleur falsifiée, au sens absolu du mot, sans que pour cela le fabricant soit sciemment un falsificateur, mais parce qu'il est un fabricant *inhabile*. On pourrait reprendre pour d'autres couleurs, et dans un autre ordre d'idées, ce qui vient d'être dit pour le jaune de cadmium. Mais nous voulons abréger et aborder tout de suite les véritables falsifications.

Nous prendrons d'abord quelques exemples grossiers où le falsificateur vise simplement à la diminution sensible de son prix de revient. Voici, par exemple, une formule pour vert émeraude. On sait que ce vert est un oxyde de chrome hydraté, très solide et très belle couleur.

Vert émeraude pur........	100
Blanc léger	3o
Vert foncé	5

Le blanc léger est du carbonate de magnésie et le vert foncé est une laque verte préparée avec du vert malachite. Cette dernière laque est introduite pour rehausser le ton qui a nécessairement baissé par suite de l'adjonction de 3o pour 1oo de blanc.

Dans le même ordre d'idées, il est fort aisé à certains fabricants de composer leur gamme de vermillons chinois, anglais et français qui, logiquement, doivent tous être du sulfure de mercure pur. On prend donc un seul vermillon pur, il constituera le vermillon chinois ; avec 20 pour 1oo de blanc il se transformera en vermillon anglais et si l'on en ajoute 3o ce sera alors un vermillon français. Comme on le voit le procédé est fort simple, mais il est certainement peu scrupuleux.

D'une façon générale ce procédé d'adjonction de blanc peut se pratiquer sur beaucoup de couleurs. Au point de vue du fabricant il a un double avantage : il lui permet de substituer à une matière chère une substance à bas prix, légère ; et le mélange final absorbe pour un même poids, une plus forte proportion d'huile.

Combien d'artistes ont eu entre les mains des couleurs ainsi truquées et parmi les plus belles et les plus solides : bleu de cobalt, vermillon, jaune de cadmium, etc.

Prenons maintenant une couleur, peu employée il est vrai, mais qui offre un certain intérêt, le *bistre*. Cette couleur provient du traitement de la suie des cheminées dans lesquelles on a brûlé du bois. Dans certains tubes portant l'étiquette *bistre* les artistes peuvent trouver un simple mélange de momie et de terre de Cologne ! Or, chacun sait combien l'usage de la momie doit être proscrit : c'est à elle qu'il faut attribuer très souvent les craquelures que l'on remarque sur beaucoup de tableaux du commencement du xix° siècle. Les artistes qui connaissent les défauts du bitume savent que la momie produit les mêmes accidents à un degré encore plus marqué.

Sans vouloir étendre outre mesure les recettes de véritable cuisine dont il vient d'être parlé, il convient pourtant d'en citer encore une.

Une couleur fort peu employée, dite *pourpre impérial,* mais qui est un composé chimique défini, peut être imitée et nous ajoutons, a été imitée, au moyen du mélange suivant :

Laque rose 70
Laque orangée 22
Laque carminée.......... 15

Cela suffit pour comprendre le peu de solidité que doit avoir une couleur faite avec un semblable mélange où toutes les laques sont à base de couleurs organiques artificielles.

Enfin, et pour nous arrêter, rappelons ce que nous avons déjà signalé à propos du violet de cobalt. C'est le plus solide de tous les violets, mais c'est une couleur fort chère, qu'il est assez délicat d'obtenir toujours de la même nuance. Aussi, à la place de ce phosphate de cobalt calciné, on peut trouver le mélange suivant :

<pre>
Laque au ponceau   70
Blanc de plomb..........   60
Outremer   40
</pre>

Hâtons-nous d'ajouter qu'il est très facile de décéler la supercherie car le ton ainsi obtenu est plat et très laid.

Nous ne pousserons pas plus loin cet examen car nous pensons avoir atteint le but que nous nous proposions, c'est-à-dire montrer sur quelles bases déraisonnables sont parfois composées les couleurs fines. Cette question présentait une certaine importance si l'on veut bien se souvenir du nombre considérable d'articles écrits pour combattre et condamner les couleurs modernes.

Il nous semble que la lutte a été mal engagée parce qu'il ne faut pas s'en prendre aux industriels sérieux, et il y en a beaucoup ; mais c'est aux falsificateurs qu'il faut s'attaquer : espérons qu'il y en a peu.

CHAPITRE II

DE L'EMPLOI DES COULEURS

Toutes les couleurs, soit en poudre, soit broyées, doivent être amenées, pour l'emploi, à un état tel qu'elles soient facilement applicables à l'aide de pinceaux. D'après les préparations qu'on leur fait subir résultent différents genres de peinture.

I. — Peinture à l'huile

La peinture à l'huile est surtout utilisée dans le bâtiment. Pour préparer cette peinture, on fait usage de couleurs broyées à l'huile. Quand le peintre désire une teinte mate, il allonge la couleur broyée avec de l'essence de térébenthine ; quand, au contraire, il veut une teinte brillante, il allonge avec un mélange d'huile et d'essence en mettant d'autant moins d'essence qu'il désire une teinte plus brillante. Dans tous les cas, une peinture ainsi préparée sécherait trop lentement ; il faut y ajouter une proportion plus ou moins grande de siccatifs liquides ou de siccatifs solides.

Siccatifs liquides. — Le siccatif liquide, dont les peintres font grand usage, s'obtient en cuisant l'huile de lin en présence d'oxydes de plomb et de manganèse, de manière à amener l'huile à l'état de masse pâteuse qu'on additionne d'une grande quantité d'essence de térébenthine ou de *white-spirit.* Avec ce dernier dissolvant, on abaisse considérablement le prix de revient, tout en fabriquant un produit sensiblement peu inférieur. Mais les exigences de la comsommation, qui réclame souvent un siccatif à l'essence de térébenthine pure, ont conduit les fabricants à créer un type obtenu en dissolvant un résinate de manganèse dans l'essence de térébenthine. Un siccatif au résinate, à l'essence pure, est bien inférieur à un bon siccatif au *white-spirit*.

Enfin, pour les teintes blanches, le commerce offre des siccatifs liquides à l'huile et à l'essence, à peine colorés en jaune. On les obtient en cuisant l'huile dans certaines conditions, et en présence d'eau.

Siccatifs solides. — Pour éviter le grave inconvénient résultant du peu de siccativité relative du blanc de zinc, Leclaire et Barruel, les promoteurs de ce genre de peinture, eurent tout d'abord l'idée d'employer une huile de lin cuite au manganèse et d'ajouter ensuite des siccatifs solides dont ils donnèrent les premières formules. Ces produits sont à base de sels de manganèse et de zinc ; on en rencontre sous une quantité infinie de marques : *siccatif zumatique, siccatif de la Vieille-Montagne, siccatif de Paris, siccatif Astral*, etc. Il convient d'ajouter aux sels actifs un produit inerte pour diminuer l'action siccative qui serait beaucoup trop énergique. Voici, d'ailleurs, la formule donnée par la Vieille-Montagne :

Sulfate de manganèse sec....	6,66
Acétate de manganèse sec....	6,66
Sulfate de zinc sec	6,66
Blanc de zinc..............	980

On peut remplacer l'acétate de manganèse par le borate du même métal.

Les siccatifs solides dont font usage les peintres ont une composition très éloignée de celle que nous venons de donner. Le bas prix auquel on les offre ont même donné naissance à des produits qui ont des propriétés siccatives dérisoires, en raison de leur composition.

En premier lieu, tous les siccatifs en poudre que l'on rencontre dans le commerce contiennent, au lieu de blanc de zinc, du sulfate de chaux que l'on peut se procurer, comme l'on sait, à très bas prix ; quelquefois, on remplace seulement une partie plus ou moins grande de blanc de zinc par du blanc minéral.

Voici quelques formules de peintures à l'huile, prêtes à l'emploi :

Blanc.

Blanc de zinc broyé............	3 kg 600
Outremer fin	o kg oo6
Esence	o lit. 8oo
Huile de lin.................	o lit. 200
Siccatif liquide blanc	o lit. 200

Crême.

Céruse pure broyée	7 kg 5oo
Jaune de chrome pur n° 1	o kg o7o
Essence	1 lit. 75o
Siccatif liquide pâle...........	o lit. 2oo

Bleu ciel.

Céruse pure broyée	7 kg 5oo
Bleu charron surfin	o kg 5oo
Essence	1 lit. 75o
Siccatif liquide pâle...........	o lit. 2oo

Brun Van Dyck.

Brun van Dyck O. R...........	3 kg
Huile de lin	1 lit. 5oo
Essence	o lit. 6oo
Siccatif liquide	o lit. 2oo

Chêne.

Terre d'ombre naturelle........	3 kg
Sulfate de baryte	1 kg
Huile de lin	1 lit. 75o
Essence	2 lit.
Siccatif liquide	o lit. 15o

Noyer.

Ocre jaune	4 kg 5oo
Ocre rouge	o kg 45o
Noir de charbon	o kg 15o
Huile de lin.................	2 lit. 5oo
Essence	2 lit. 5oo
Siccatif liquide	o lit. 25o

Brun havanne.

Mexico	6 kg
Huile de lin	4 lit. 25o
Essence	2 lit. 25o
Siccatif liquide	o lit. 15c

Pour obtenir des teintes bien préparées on fait usage de machines composées d'un entonnoir et d'une partie mobile taillée venant frotter sur le fond de l'entonnoir. Toutes ces parties sont émaillées (fig. 23).

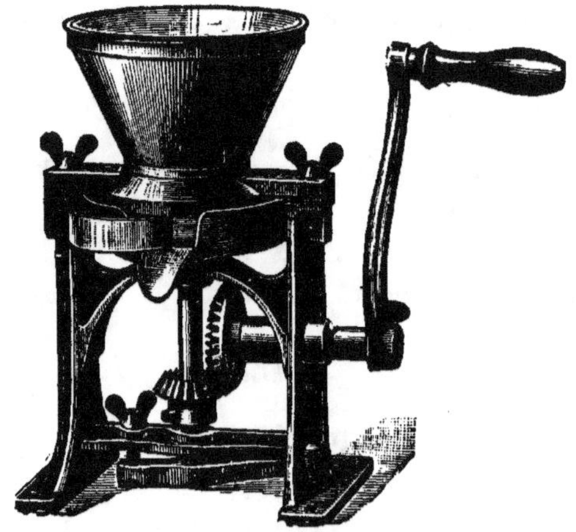

Fig. 23.

Pour la fabrication industrielle, on emploie des modèles plus grand, mis en mouvement par un moteur (fig. 24).

Les peintures préparées qui se vendent dans les bazars s'obtiennent par simple mélange des couleurs en poudre dans la quantité voulue d'huile de lin et d'essence de térébenthine. On ajoute une certaine quantité de siccatif en poudre ou de siccatif liquide.

Fig. 23

On comprend aisément qu'il est commode de créer une gamme aussi riche qu'on le désire. Quelques exemples feront voir comment s'obtiennent ces peintures :

I. — Bois clair.

Ocre jaune	3 kg
Huile de lin	1 kg 500
Essence de térébenthine	1 kg 500
Siccatif solide	0 kg 250

II. — Bois foncé.

Ocre jaune	3 kg
Noir de charbon..............	0 kg 100

Ocre rouge . . . . o kg 5oo
Huile de lin . . . . 1 kg 5oo
Essence de térébenthine . . . . 1 kg 5oo
Siccatif solide . . . . o kg 25o

III. — Vert jardin.

Vert anglais n° 2 . . . . 9 kg
Huile de lin . . . . 1 kg 5oo
Essence de térébenthine . . . . 1 kg 5oo
Siccatif solide . . . . o kg 25o

IV. — Vert d'eau.

Vert anglais n° 3 . . . . 2 kg
Sulfate de baryte . . . . 7 kg
Céruse . . . . 2 kg
Huile de lin . . . . 1 kg 5oo
Essence de térébenthine . . . . 1 kg 5oo
Siccatif solide . . . . o kg 25o

V. — Gris clair.

Céruse . . . . 7 kg
Sulfate de baryte . . . . 7 kg
Noir de charbon . . . . o kg o5o
Bleu d'outremer . . . . o kg o6o
Huile de lin . . . . 2 kg 25o
Essence de térébenthine . . . . 2 kg 25o
Siccatif solide . . . . o kg 5oo

VI. — Jonc.

Jaune de chrome n° 1 . . . . o kg 5oo
Sulfate de chaux . . . . 7 kg
Céruse . . . . 1 kg
Huile de lin . . . . 1 kg 5oo
Essence de térébenthine . . . . 1 kg 5oo
Siccatif solide . . . . o kg 25o

VII. — *Bleu foncé.*

Bleu d'outremer . . . . 3 kg
Sulfate de chaux . . . . 5 kg
Céruse . . . . 1 kg 500
Huile de lin . . . . 2 kg
Essence de térébenthine . . . . 2 kg
Siccatif solide . . . . 0 kg 250

VIII. — *Blanc.*

Céruse . . . . 5 kg
Sulfate de baryte . . . . 5 kg
Huile de lin . . . . 1 kg 500
Essence de térébenthine . . . . 1 kg 500
Siccatif solide . . . . 0 kg 250

II. — Fresque et détrempe

La peinture à la fresque était un genre très courant dans l'antiquité. Ce mode d'emploi des couleurs consistait simplement à les appliquer délayées à l'eau sur un mortier frais.

La fresque est abandonnée de nos jours ; son emploi exige l'usage de couleurs d'une solidité à toute épreuve.

Les décors pour le théâtre sont peints à la détrempe : les couleurs sont délayées dans une solution de *colle au baquet* ou *colle de peau*. Celle-ci s'obtient en faisant bouillir dans l'eau, soit des rognures de peau (brochettes), soit de longs fils obtenus en découpant les peaux de lapin (vermicelle).

La détrempe commune, dans la peinture en bâtiment, se fait en délayant des couleurs à l'eau en présence de colle. Voici comment les auteurs anciens recommandaient de procéder, pour le blanc (1) :

« 1° Ecrasez le blanc d'Espagne dans l'eau, laissez-le s'y infuser une couple d'heures ; 2° faites pareillement infuser du noir de

______

(1) Watin et de Montigny. *Art du peintre doreur et vernisseur*, 12ᵉ édition, p. 68.

charbon dans l'eau ; 3° mélangez le noir avec le blanc, ne les mêlez qu'à mesure, suivant la teinte que vous désirez ; 4° la teinte faite détrempez-la dans de la colle d'une force suffisamment épaisse et chaude ; 5° couchez sur le sujet : on peut donner plusieurs couches.

« *Dose pour 4 mètres carrés.* — Blanc de Bougival, 2 pains (c'est à peu près 1 kgr), 1/2 livre d'eau pour l'infuser, plus ou moins de charbon aussi infusé à part, et près de 1 litre de colle pour détremper le tout ».

Les auteurs modernes indiquent : (1).

$$\text{Eau} \dots\dots\dots\dots\dots\dots\dots\dots \quad 20 \text{ litres}$$
$$\text{Colle Totin} \dots\dots\dots\dots\dots \quad 2 \text{ kg.}$$

pour faire la détrempe que l'on doit préparer la veille.

Il est bien rare maintenant que les peintres fassent eux-mêmes cette préparation. L'industrie leur fournit des produits tout préparés, appelés *Blancs fixes,* qu'il suffit de délayer dans l'eau chaude ou froide (Blanc fixe à chaud ou à froid) au moment de l'emploi. On a même encore simplifié la préparation en offrant ces blancs à l'état de pâte (blanc gélatineux, parfumé à la nitrobenzine). Il n'y a qu'à délayer dans l'eau froide pour amener de suite à bonne consistance.

III. — Peinture à la chaux

La peinture à la chaux se fait en éteignant d'abord la chaux avec peu d'eau, puis en noyant la chaux éteinte, de manière à former une pâte. Pour donner la première couche on emploiera 1 kgr. de cette pâte dans 10 litres d'eau, après un repos de quelques heures.

Pour la seconde couche, on teinte à la nuance voulue et on ajoute 20 % d'une solution saturée d'alun. C'est une bonne peinture commune pour endroits humides.

(1) Nimbeau. l'*Entrepreneur de peinture*, p. 225.

IV. — Peinture au silicate

L'emploi du silicate de potasse a donné des résultats encourageants en peinture ; mais le silicate de soude n'est pas recommandable, en raison de la facilité avec laquelle il devient efflorescent à l'air. On fait ainsi des peintures mates très solides. M. Guignet (1) a observé qu'une façade faite en calcaire tendre de Touraine, recouverte de peinture au silicate, a donné une surface dure qui s'est parfaitement conservée pendant dix ans. Au bout de ce laps de temps il s'est produit un salpêtrage sous l'enduit qui est tombé en entraînant une partie de la pierre.

M. Kessler a proposé de recouvrir les peintures au silicate d'acide hydrofluosilicique qui donne un fluosilicate de potasse très peu soluble.

Ce mode de peinture se pratique de la façon suivante (2) :

On donne une première couche d'une solution de silicate non teinté, marquant 22° B.

La deuxième couche se donne avec un silicate marquant 24° B et teinté à la nuance désirée par l'emploi de terres colorées, d'oxyde pierreux de zinc, de noir.

Pour la troisième couche, on prépare comme pour la seconde, mais en employant un silicate marquant 26° B.

V. — Peinture à l'oxychlorure de zinc

Ce genre de peinture a été indiqué par Sorel (3) qui a remarqué que les tartrates alcalins retardent le durcissement que l'on constate quand on mélange l'oxychlorure de zinc et le blanc de zinc.

A une solution de chlorure de zinc on ajoute du tartrate de potasse et de l'empois de fécule.

On délaye dans le liquide ainsi obtenu du blanc de zinc naturel ou différemment teinté.

(1) *Fabrication des couleurs*, p. 188.
(2) Nimbeau. l'*Entrepreneur de peinture*, p 245.
(3) Guignet. *Fabrication des couleurs*, p. 186.

La peinture s'emploie au pinceau et sèche en 2 heures.

M. Rey opère ainsi : il prépare une solution de chlorure de zinc neutre, concentrée à 58° B, et ajoute 5 litres d'une solution de carbonate à 2 % à 2 litres de chlorure de zinc. Le liquide ainsi obtenu sert à détremper le blanc de zinc ; la peinture sèche en 3 heures mais ne peut pas être conservée plus d'une heure. Si l'on ajoute à ce défaut capital celui qui résulte de l'impossibilité d'obtenir des nuances unies, on comprend aisément pourquoi cette peinture est restée dans l'oubli.

VI. — Peinture à la caséine

Depuis quelques années les peintures mates à l'eau, sous des noms très différents, ont été lancées dans le commerce. Ces peintures sont dites à l'eau, mais il entre souvent dans leur composition une quantité plus ou moins grande d'huile.

M. Bessier (1) a donné une formule de préparation d'un badigeon en poudre contenant de la caséine :

Caséine en poudre	7
Chaux éteinte	20
Sulfate de baryte, carbonate de chaux ou kaolin	100
Dextrine	8
Poudre de savon	8

Il existe beaucoup de brevets où l'on retrouve l'emploi de la caséine.

M. Hall (2) a fait breveter une formule de peinture à la caséine, dans laquelle se trouve indiqué l'emploi de l'huile.

Caséine	20
Ammoniaque	1
Eau	170
Aldéhyde formique	2,5

(1) Brevet 336539.
(2) Brevet 337723.

Sulfate de baryte, carbonate de chaux ou kaolin	100 à 200
Bioxalate de potasse	2
Huile	25
Eau	50

Les peintures à la caséine permettent d'obtenir de beaux mats ; elles sont relativement solides. On sait d'ailleurs que la caséine donne avec la chaux éteinte un ciment dur et que les tonneliers utilisent cette propriété pour boucher les trous des futailles.

VII. — Peinture à l'œuf

C'est un genre de peinture très ancien, dont on faisait usage au moyen-âge et qu'on a essayé de remettre à la mode dans ces dernières années. On préparait la peinture en détrempant la couleur broyée à l'eau avec des jaunes d'œufs émulsionnés dans l'eau froide (1). Quelquefois on ajoutait du blanc d'œuf et aussi des résines en solution dans une essence.

Le blanc et le jaune d'œuf contiennent des matières albuminoïdes et le jaune une huile dite *huile d'œuf*, jaune foncé, qui rancit et se décolore avec le temps.

VIII. — Peinture au lait

Ce genre de peinture est tout simplement une variante des peintures à la caséine.

Voici comment on opère (2) :

Lait écrémé	1 lit.
Chaux éteinte	0 kg 200
Huile d'œillette	0 kg 130

On remue bien et on ajoute :

Lait écrémé	1 lit.
Blanc d'Espagne	0 kg 300

(1) Vibert. *La science de la peinture*, p. 242.
(2) *Cosmos*, 1903. p. 574, t. XLIX.

En adjoignant 6o gr. de poix de Bourgogne, 6o gr. de chaux et 6o gr. d'huile, on fait une peinture *au lait résineux*.

Ceci nous permet de montrer qu'on indique souvent comme nouveautés des choses très anciennes.

A. Cadet-Devaux, le 2 messidor, an IX, présentait à la Société académique des sciences et arts de Paris, une note sur la peinture au lait (1) :

« Prenez lait écrémé deux litres ; chaux récemment éteinte 18o gr., huile d'œillette, ou de lin ou de choix 125 gr. ; blanc d'Espagne 2 kg. 5oo ».

Le même auteur ajoute :

« Depuis j'ai donné à cette peinture une bien plus grande solidité, car ma prétention a été de la substituer non seulement à la peinture en détrempe, mias encore à la peinture à l'huile.

« *Peinture au lait résineux*. — Pour peindre les dehors, j'ajoute de plus aux proportions *de la peinture au lait détrempé* : chaux éteinte 6o gr., autant d'huile et de poix blanche de Bourgogne ».

IX. — Peinture au caoutchouc

Ces peintures sont des peintures à l'huile auxquelles on ajoute une solution de caoutchouc dans la benzine, le sulfure de carbone, le toluène, etc.

On augmente ainsi la résistance, tout en obtenant beaucoup de souplesse.

Jeffery, en 1841, avait déjà indiqué l'usage de la glu marine que l'on obtient en incorporant de la gomme laque pulvérisée (63 gr.) dans une dissolution de caoutchouc dans l'huile lourde de goudron (3 gr. dans 34 gr.).

X. — Peintures vernissées

Ce genre de peintures, qui a pris depuis quelques années une si grande extension, n'est certainement pas destiné, comme beaucoup

____

(1) Watin et de Montigny *Art du peintre doreur et vernisseur*. 12ᵉ édition, p. 99.

de personnes semblent le croire, à se substituer d'une façon absolue à l'ancien mode de travail. D'abord, les peintures vernissées
ne permettent pas d'obtenir le fini exigé dans la carrosserie de luxe ;
ensuite, leur emploi est assez difficile parce qu'elles tirent beaucoup
au pinceau.

On les obtient en mélangeant des couleurs broyées à un vernis
convenablement choisi. Les facteurs qui interviennent pour donner
la valeur au produit final sont donc la qualité du vernis et le soin
apporté au broyage primitif des poudres et au mélange ultérieur
des poudres broyées avec le vernis.

On fait généralement un malaxage et un broyage avec un vernis
particulier dans lequel il entre une forte proportion d'huile cuite
sans oxydants et dénommée *stand'oli*. Le mélange avec des vernis
spéciaux fluides et très chargés en huile se fait dans des appareils
analogues à celui représenté fig. 25.

Fig. 25

L'intérieur est garni de porcelaine et contient un grand nombre
de billes également en porcelaine. On fait tourner le broyeur pendant plusieurs heures.

En opérant avec des vernis très communs, à base de benzine comme solvant de la résine, on est arrivé à préparer à des prix extrèmement bas des peintures vernissées, fort peu solides il est vrai, mais présentant un très beau brillant et pouvant rendre des services dans certains cas particuliers.

Avec d'autres vernis à base de colophane, mais à l'essence de térébenthine comme dissolvant, on prépare, à l'aide d'ocres, des produits séchant vite, très brillants, connus sous le nom de *siccatifs à parquets*.

Bien que l'industrie des peintures vernissées soit récente, l'usage de la peinture vernissée ne l'est pas. Wattin (1) décrit un genre de peinture qu'il désigne ainsi : *de la détrempe vernie appelée chipolin* qui est « sans contredit le chef-d'œuvre de la peinture d'impression ». Cette peinture, dit-il, « à le brillant et la fraîcheur de la porcelaine ». Il décrit tout au long le procédé qui consiste à encoller d'abord, puis à passer plusieurs couches de blanc à la colle ; adoucir et poncer ensuite, peindre à la peinture à la colle et encoler ; enfin, terminer en donnant deux ou trois couches de vernis à l'esprit de vin. Watin indique même l'origine du mot *chipolin* (2) : « terme qu'on prétend tirer d'un mot italien *cipolla*, qui veut dire ciboulle et donné à la détrempe vernie-polie, parce que dans la première opération on emploie de l'ail ».

XI. — Peinture des voitures

La peinture des voitures est une opération longue et délicate qui ne peut être faite que par des ouvriers spéciaux. On commence par donner des couches d'impression à la peinture ordinaire, puis on applique ce qu'on nomme l'*apprêt*, peinture spéciale, à base d'ocres, ou plus généralement maintenant d'une matière terreuse grise, le *filling-up*.

Ces apprêts pour bois ou métal constituent des teintes maigres, capables de bien durcir. M. Thomas (3), contrairement à ce que

(1) *Art du peintre doreur et vernisseur*, édition de 1773, p, 76.
(2) *Loc. cit.* p. 339.
(3) *Manuel du peintre en voitures*, p. 167.

nous avons vu, indique des formules où l'on trouve des teintes gras-
ses :

	1	2
Céruse à l'huile	340	200
Ocre	400	»
Filling-up	87	400
Huile de lin	58	»
Colle d'or	115	200
Essence	»	200

Voici une formule employée :

Filling-up	2 kg
Céruse à l'huile	0 kg 500
Essence	0 kg 750
Siccatif liquide	0 kg 200
Vernis à teintes ou ver- nis flatting	0 kg 250

Ainsi que nous le disions plus haut, la mise en peinture d'une
voiture exige beaucoup de temps. Pour fixer les idées, nous donnons ci-dessous la série des opérations subies par les voitures de
l'Urbaine à leur rentrée aux dépôts :

La peinture des voitures pour les coupés devra comporter les
opérations suivantes :

1° Toute voiture dont le vernis sera brûlé, sera alcalisée et
poncée.

2° Les voitures dons les fonds entiers sont mauvais seront brû-
lées et refaites à neuf.

3° Ponçage des tôles à l'essence.

4° Une couche de blanc à l'intérieur des voitures et deux couches à l'extérieur.

5° Sept couches d'apprêt au Filling-Up.

6° Deux masticages au vernis.

7° Une couche de guide pour ponçage.

8° Un ponçage.

9° Netteyage et 1re couche de gris.

10° Révision des mastics.

11° Ponçage et dressage.

12° Une couche de gris.

13° Une couche de noir de fumée.

14° Une couche de noir d'ivoire.

15° Deux couches de vernis à polir.

16° Deux polissages.

17° Cannage de caisse et découpage des corps en noir.

18° Réchampissage et découpage des noirs du train.

19° Lavage de la caisse et du train avant la finition.

20° Raccords à la caisse et au train avant la finition.

21° Finition de la voiture avec du vernis superfin à caisses (non siccatif).

22° Le coffre, le fond de cave et l'intérieur de la voiture devront recevoir : 1° une couche de gris ; 2° une couche de noir de fumée ; 3° une couche de japon à ferrures.

23° Raccords de finition et réception.

24° Lavage au moment de la livraison.

25° Raccords des vis et plaques et des boulons au moment du départ.

26° La plus grande uniformité dans la teinte des voitures sera conservée.

27° Règle générale, entre chaque couche il y aura vingt-quatre heures d'intervalle. — Un délai minimum de 3 jours sera observé entre l'achèvement de la peinture et la réception de la voiture.

APPENDICE

I. — Encaustiques

Les encaustiques sont des préparations à base de cire que l'on emploie pour l'entretien des parquets. Mais on a préconisé également l'usage des peintures à la cire. De Caylus, au milieu du xviii° siècle, a même affirmé que c'était un procédé très en usage chez les anciens.

De Montabert, dans son *Traité de peinture*, décrit le procédé qui consiste à broyer les couleurs avec des essences d'aspic, de cire, de citron, etc., dans lesquelles on a fait dissoudre de la cire. Il ajoutait également que la détrempe était obtenue en incorporant un vernis préparé par dissolution d'élemi dans les mêmes essences.

Pour les parquets, on fait usage d'encaustique à l'essence ou d'encaustique à l'eau. L'encaustique à l'essence s'obtient par simple dissolution de cire dans l'essence.

L'encaustique à l'eau se prépare en dissolvant la cire dans l'eau, à la faveur du savon et du sel de tartre. Les formules qui ont été données présentent de grandes variations. Nous en indiquerons quelques-unes :

	1	2	3
Cire	3o gr.	125 gr.	5oo gr.
Savon blanc	3o gr.	2 gr.	25o gr.
Sel de tartre	15 gr.	1 gr.	2oo gr.
Eau	1 litre	1 litre	1o litres

La seconde formule est extraite de l'*Entrepreneur de Peinture*, par F. Nimbeau (p. 211). Elle ne peut conduire à un bon résultat, car il y a manifestement insuffisance de sel de tartre et de savon et beaucoup trop de cire.

Voici comment nous avons préparé de l'encaustique en employant la formule 3. On fait fondre à feux doux la cire puis on ajoute le savon et le sel de tartre avec un peu d'ammoniaque. Quand le mélange est bien fait, on incorpore 100 gr. de colle gonflée à l'eau, puis 10 litres d'eau chaude. On teinte avec :

rocou pour la nuance pitch-pin ;

rocou et extrait de Cassel pour chêne clair ;

extrait de Cassel pour chêne foncé ;

orcanette pour rouge brique.

II. — Brou de noix

Le brou de noix naturel s'obtient en plaçant les enveloppes des noix dans une cuve avec de l'eau pendant un mois. Au bout de ce temps on fait bouillir.

Dans l'industrie, pour la mise en couleur des bois, on fait usage d'un brou de noix artificiel, obtenu en dissolvant la terre de Cassel dans une solution de potasse caustique.

	1	2
Potasse d'Amérique	5oo gr.	3oo gr.
Terre de Cassel	225 gr.	6oo gr.
Bois d'Inde	125 gr.	» gr.
Eau	6 litres	6 litres

La dissolution est facilement obtenue après quelques minutes d'ébullition.

III. — Nuances par mélanges

Nous donnons ci-dessous une série de mélanges permettant d'obtenir des nuances courantes, par mélanges de couleurs en poudre, couleurs se trouvant dans le commerce.

Gris perle

Blanc de zinc	4 kg 5oo
Bleu charron surfin	o kg 020
Bleu d'outremer fin	o kg 120

Gris clair

Blanc de zinc	4	kg	500
Bleu charron surfin	0	kg	070
Bleu d'outremer fin	0	kg	470

Gris foncé

Blanc de zinc	4	kg	500
Bleu d'outremer fin	0	kg	650
Bleu charron surfin	0	kg	110
Noir d'ivoire	0	kg	700

Gris ardoise

Blanc de zinc	5	kg	
Noir d'ivoire	1	kg	500

Gris beige

Blanc de zinc	4	kg	
Mexico moyen	1	kg	700
Noir d'ivoire	0	kg	500

Gris bleu

Blanc de zinc	3	kg	500
Noir d'ivoire	0	kg	100
Bleu de Prusse	0	kg	001

Jaune citron

Blanc de zinc	2	kg	200
Jaune de chrome supérieur, n° 1	1	kg	

Jaune sable

Blanc de zinc	9	kg	
Mexico moyen	2	kg	700

Jaune crême

Blanc de zinc	5	kg	600
Jaune de chrome supérieur n° 1	0	kg	100

Ton pierre

Blanc de zinc	9 kg	500
Jaune de chrome supérieur n° 1	o kg	200
Mexico moyen	o kg	200

Ton ivoire

Blanc de zinc	5 kg	
Ocre jaune	o kg	o5o

Ton bambou

Blanc de zinc	7 kg	3oo
Jaune de chrome supérieur n° 1	6 kg	6oo
Mexico moyen	5 kg	5oo

Bleu ciel

Blanc de zinc	3 kg	55o
Bleu charron surfin	o kg	o3o
Bleu d'outremer fin	o kg	18o

Bleu marine

Bleu d'outremer surfin	3 kg	5oo
Noir d'ivoire	o kg	3oo

Vert d'eau

Blanc de zinc	1 kg	
Vert anglais surfin n° 2	o kg	100

Vert nil

Blanc de zinc	8 kg	5oo
Vert Victoria foncé	2 kg	5oo
Vert anglais surfin n° 2	1 kg	5oo

Vert réséda

Blanc de zinc	3 kg	5oo
Vert en grains fin n° 4	o kg	4oo
Vert en grains fin n° 1	o kg	2oo
Jaune de chrome supérieur n° 3	o kg	o2o

Rose

Blanc de zinc	7 kg	
Rouge romain rubis	o kg	7oo
Rouge romain vermill. super.	o kg	3oo
Sulfate de baryte	1 kg	5oo

Saumon

Blanc de zinc	1 kg	9oo
Jaune de chrome super. n° 3 . .	o kg	2oo
Rouge romain fixe clair	o kg.	1oo

Lilas

Blanc de zinc	2 kg	2oo
Bleu d'outremer surfin	2 kg	
Rouge romain fixe clair	o kg	1oo
Rouge vermillonné super	o kg	1oo
Sulfate de baryte	o kg	5oo

Mauve

Blanc de zinc	7 kg	
Bleu d'outremer surfin	2 kg	
Rouge romain fixe clair	o kg	57o
Rouge vermillonné super	o kg	23o
Sulfate de baryte	1 kg	1oo

Ton bois

Ocre jaune	3 kg	3oo
Mexico foncé	o kg	66o
Ombre naturelle Q. S.	o kg	825

Ton brun

Mexico foncé	3 kg 36o
Sienne naturelle Q. S.	o kg 78o
Ombre naturelle Q. S.	o kg 36o

IV. — Décapants

Depuis quelques années, on remplace la potasse ou la lampe, pour enlever les vieilles peintures, par différents liquides : On a d'abord proposé des mélanges qui ne paraissent pas avoir de grands avantages. D'autres, au contraire, méritent de fixer l'attention. Voici deux recettes différentes (1) :

1° Dissolution dans le benzol de cires diverses, même minérales, avec adjonction d'alcool pour précipiter la cire ; 4 parties de paraffine, 4 parties de graisse dure des corroyeurs, 8 parties de benzol. On gélatinise à chaud en ajoutant 7 parties d'alcool méthylique.

2° Préparer la solution suivante :

Citrons	2 kg.
Acide chlorhydrique	1 kg.
Eau	1 kg.

puis ajouter :

Acide oxalique	2 kg.
Mélasse brune	3 kg.

Les recettes où il n'entre que des corps neutres donnent des décapants à propriétés très précieuses : sans action sur les mains de l'ouvrier, ils n'abîment ni les boiseries, ni les pinceaux, qu'ils nettoient au contraire.

On a encore préconisé un mélange d'acétate d'amyle, d'alcool, d'acétone, de benzine et d'éther de pétrole (2).

Le produit suivant est basé sur une observation analogue (3) :

---

(1) *Revue des produits chimiques*, 1903, nᵒˢ 19 et 23.
(2) Brevet americain 447898. décembre 1903.
(3) *Revue des produits chimiques*, 1904, nᵒ 16.

Benzol .... 48 p. 5
Acétone .... 49 p.
Paraffine .... 2 p. 5

On peut transformer ce liquide en pâte en ajoutant 2 parties de cérésine.

Terminons par les quelques recettes suivantes (1) :

Acétone .... 150 p.   150 p.
Benzine .... 20 p.   150 p.
Bisulfure de carbone .... 20 p.   »
Acétate d'amyle .... 10 p.   »
Paraffine .... 4 p. 4   7 p. 5

Dans un autre ordre d'idées, on a également bréveté pour le même usage la composition suivante (2) :

30 parties de chaux éteinte ;
75 parties de potasse ou de soude ;
60 parties de pétrole ;
75 parties de savon mou ;
300 parties d'alcool ou d'acétone ;
450 parties de craie.

Ce mélange ne répond pas aux qualités que l'on exige maintenant des décapants.

(1) Brevets américains.
(2) Rrevet 335633.

TABLE DES MATIÈRES

CHAPITRE V

Couleurs vertes

CHAPITRE VI

Couleurs violettes

CHAPITRE VII

Couleurs brunes

CHAPITRE VIII

Terres colorées

CHAPITRE IX

CHAPITRE X

TROISIÈME PARTIE

CHAPITRE PREMIER

CHAPITRE II

APPENDICE

INDEX ALPHABÉTIQUE

ERRATA

Page   6, ligne 33, *au lieu de* : de cobalt, *lisez* : de manganèse.

Page   27, ligne 20, *au lieu de* : vert, *lisez* : jaune.

Page   55, ligne 28, *au lieu de* : solution tirée, *lisez* : solution titrée.

Page   62, ligne 10, *au lieu de* : nacarta, *lisez* : nacarat.

Page   71, ligne 9, *au lieu de* : céruse de Kremmtz, *lisez* : céruse de Kremnitz.

Page 151, ligne 11, *au lieu de* : aluminates de potasse, *lisez* : aluminates de cobalt.

Page 218, ligne 6, *lisez* : acide sulfurique à 60°.

Page 241, dernière ligne, *au lieu de* : bicarbonate, *lisez* : bichromate.

Page 243, ligne 9, *au lieu de* : vert, *lisez* : jaune.

Page 253, renvoi (1), *au lieu de* : t. II, *lisez* : t. I.

Page 254, renvoi (3), *au lieu de* : t. II, *lisez* : t. I.

Page 261, *complétez ainsi la dernière ligne* : que pour faire du rouge.